DOBRO DOŠLI

(WILLKOMMEN)

Kroatische Küste

Draußen mehr erleben

mit MARCO POLO Autorin Veronika Wengert

In Kroatien fühlt sich die Reisebuchautorin, Journalistin und Übersetzerin pudelwohl. Mit kroatischen Wurzeln im Gepäck hat sie ein paar Jahre in ihrem Lieblingsland gelebt – und ist, sooft es geht, dort unterwegs. Am liebsten reist sie mit dem Nachtzug an, entdeckt Buchten und Berge und schlemmt Trüffelpasta.

INHALTSVERZEICHNIS

*OUTDOOR GUIDE KROATISCHE KÜSTE

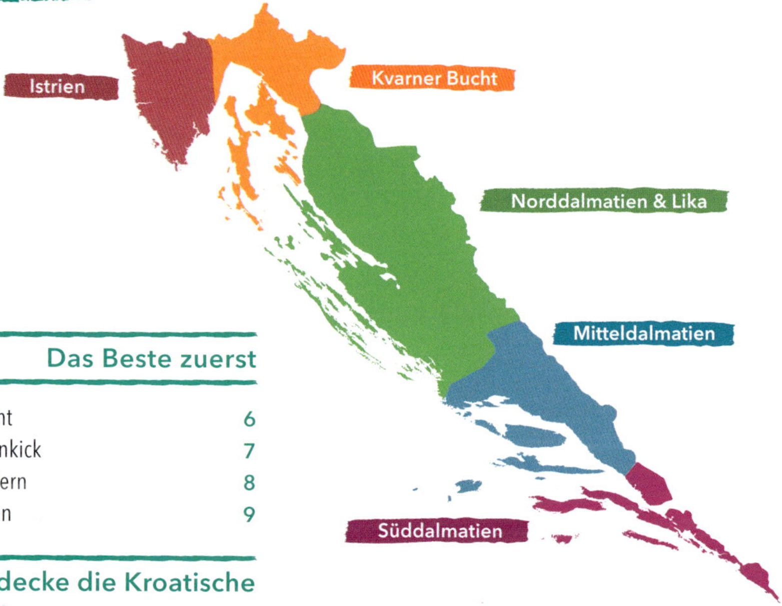

Istrien
Kvarner Bucht
Norddalmatien & Lika
Mitteldalmatien
Süddalmatien

GPX-Tracks als Download zur einfachen Orientierung

QR-Code scannen oder über Website short.travel/93tml herunterladen

Legende

Aktivitäten

- Zu Fuß
- Mit dem Fahrrad
- Am & im Wasser
- Fun & Action
- Naturerlebnis
- ★ Outdoor-Highlights

- Lokale Spezialitäten
- Serviceangaben
- Beste Zeit
- Ausrüstung
- GPS-Koordinaten

Preise Aktivitäten/pro Erw.

€ bis 10 €
€€ bis 25 €
€€€ über 25 €

Preise Unterkunft/pro DZ

€ bis 75 €
€€ bis 150 €
€€€ über 150 €

Versteckte Buchten warten am Kap Kamenjak an der Südspitze Istriens

BEST OF ENTSPANNT

*TYPISCHES FÜR GENIESSER

Berühmt sind die Lavendelfelder auf Hvar, doch auch anderswo duftet und grünt es

Lavendel-Liebe auf dem Dorf

Entspanne dich auf der privaten Lavendelfarm Deklevi zwischen betörenden Düften, Olivenbäumen und Weinreben auf roter Erde und finde Ruhe in einer Hängematte oder am Picknicktisch unter schattigen Bäumen, die auf Gäste warten. Duftende Mitbringsel erinnern dich an diesen betörenden Ausflug.

→ S. 66 Istrien

Aromen einer Insel

Im Duftgarten Miomirisni vrt auf Lošinj verschmelzen Spaziergänge und kulinarische Genüsse zu einem Fest für die Sinne inmitten eines duftenden grünen Paradieses. Schnuppere dich durch, freu dich an den satten Farben und deck dich mit Naturprodukten ein, die du vor Ort auch verkosten kannst.

→ S. 94 Kvarner Bucht

Ein Fels im Wasser

Schlendere den Küstenpfad in Brela an der Makarska Riviera entlang. Dort, wo das Meer flüstert und der winzige Felsen Kamen Brela im Wasser eine tolle Kulisse bietet. Der wirkt zu jeder Tageszeit einfach fotogen. Komm früh, dann hast du ihn ganz für dich allein auf dem Foto.

→ S. 155 Mitteldalmatien

Verstecktes Strandparadies auf Vis

Entdecke auf Vis die verborgene Bucht Uvala Stiniva an der Südküste, ein abgeschiedenes Paradies, umrahmt von steilen Felswänden und kristallklarem Wasser – und ein echtes Naturwunder. Mit dem Taxiboot kommst du ganz bequem hin. Wenn du eine Challenge magst, kannst du auch auf einem steilen Pfad in die Traumbucht hinuntersteigen.

→ S. 159 Mitteldalmatien

Auf Napoleons Pfaden unterwegs

Wandere auf dem Napoleonweg und probiere auf Weingütern die lokalen Rotweine, für die die Halbinsel Pelješac in Süddalmatien so berühmt ist. Im Herbst leuchten die Rebblätter flammend rot – vergiss den Fotoapparat nicht!

→ S. 182 Süddalmatien

BEST OF ADRENALINKICK

*DIE EXTRAPORTION ACTION

Steilwände als Spielbrett: Kletterabenteuer im Nationalpark Paklenica

Radtour mit Klippensprung

Erlebe den ultimativen Nervenkitzel am Kap Kamenjak! Hier, an der Südspitze Istriens, kannst du atemberaubende Klippensprünge wagen und mit dem Fahrrad zu zerklüfteten Buchten radeln. Ein Päuschen in einer schattigen Schilfbar krönt deinen Adrenalin-Ausflug.

→ S. 48 Istrien

Abseilen in die Tiefe

Tauche ein in die faszinierende Welt der Höhle von Pazin, wo ein unterirdisches Abenteuer auf dich wartet. Entdecke einen unterirdischen Fluss, während du dich abseilst. Die Grotte am Ende einer tiefen Schlucht inspirierte auch schon den Romanautor Jules Vernes.

→ S. 64 Istrien

Eine steile Sache

Erklimme die imposanten Felsen des Nationalparks Paklenica in Norddalmatien und genieße den Adrenalinschub, wenn du aus der Vogelperspektive auf die schroffe Schlucht schaust. Du kannst dich an steilen Felshängen entlanghangeln – und triffst viele Gleichgesinnte.

→ S. 122 Norddalmatien & Lika

Tobendes Wasser, pure Action

Wage dich auf das tosende Wildwasser des schäumenden Flusses Cetina, im Hinterland von Omiš. Ob du dabei Neuling oder Profi bist – Rafting in Mitteldalmatien ist ein unvergessliches Abenteuer, das deinen Puls rasen lässt. Im Team gilt es, reißende Stromschnellen zu umschiffen – in traumhaft grüner Natur.

→ S. 153 Mitteldalmatien

Kiteboarden im Flachwasser

Das Neretva-Delta in Süddalmatien lockt mit optimalen Windbedingungen. Hier kannst du über die Wellen surfen und die Freiheit beim Kitesurfen in dieser einzigartigen Landschaft genießen. Ein Päuschen am Strand? Zehen in den Sand stecken und ein Getränk in der Beachbar genießen.

→ S. 181 Süddalmatien

BEST OF MIT KINDERN

*SPANNENDES FÜR KLEIN & GROSS

Schöner baden: Sandstrände, seichtes Wasser und Bergkulisse bei Nin

Teuflische Abenteuer

Entdecke mit deinen Kindern die geheimnisvolle Welt von Teufelsschlucht und Wasserfall: Zeleni vir im gebirgigen Gorski kotar, wo jeder Schritt zu einem neuen Abenteuer führt. Da Wasser ja immer geht, folge dem rauschenden Bach und luge in eine geheimnisvolle Höhle hinein!

→ S. 78 Kvarner Bucht

Braunbären begegnen

Das Bärenrefugium Kuterevo in der abgeschiedenen Bergregion Lika ist ein Muss für alle, die Tiere lieben. Hier kannst du mit den Kindern Braunbären in ihrer natürlichen Umgebung beobachten und mehr über sie erfahren. Freiwillige aus aller Welt führen dich umher. So nah kommst du Meister Petz sonst nirgendwo!

→ S. 120 Norddalmatien & Lika

Sandburgen bauen

Der flache Sandstrand – eine Seltenheit in Kroatien! – in der Lagune von Nin in Norddalmatien ist ideal für Familien. Deine Kinder können hier sicher planschen, buddeln und mit Heilschlamm matschen. All das ist eingerahmt vom gezackten Velebit-Gebirge – eine wunderbare Kulisse für eure Familienfotos.

→ S. 123 Norddalmatien & Lika

Wasser marsch auf der Krka

Eine Bootsfahrt durch den Nationalpark Krka ist wie ein Märchen. Wasserfälle und smaragdgrüne Seen begeistern Kinder und Erwachsene gleichermaßen. Es gibt eine winzige Klosterinsel, eine Höhle und so viel mehr zu entdecken!

→ S. 128 Norddalmatien & Lika

Abenteuer auf der Pfaueninsel

Entdecke das Inselchen Lokrum – das geht auch mit Kindern ganz bequem! Die Bootsfahrt beginnt in Dubrovniks Altstadt. Auf Lokrum erwarten euch ein geheimnisvoller Salzsee, eine alte Burgruine zum Erkunden und tolle Badeplätze. Das Beste? Überall laufen bunte Pfauen frei herum, die ihr bestaunen könnt.

→ S. 188 Süddalmatien

BEST OF BEI REGEN

*SCHÖN, AUCH WENN ES REGNET

Wunderbare Wasserfälle: Naturschauspiel im Nationalpark Plitwitzer Seen

Kreisrunde Häuser aus Stein

Lass dich vom Regen nicht abhalten und erkunde die traditionellen Steinrundhäuser im kompakten Kažuni-Park von Vodnjan in Istrien. Das sind nur ein paar Schritte, alles ganz überschaubar, aber eine willkommene Abwechslung an Tröpfeltagen.

→ S. 62 Istrien

Elegante Pause an der Promenade

Die Riviera von Opatija lockt mit stilvollen Cafés, ideal für eine genüssliche Auszeit bei Regen mit Blick auf das Meer – nach einem ausgedehnten Küstenspaziergang entlang der Kvarner Bucht. Das macht sogar im Winter Spaß, der hier recht mild ist. Der 10 km lange Lungomare ist asphaltiert, perfekt bei Regenwetter.

→ S. 74 Kvarner Bucht

Magische Farben bei Regen

Die Plitwitzer Seen bieten bei Regen eine mystische Atmosphäre. Genieße die grüne Schönheit in Ruhe, wenn kaum Leute unterwegs sind – am besten mit rutschfesten Sohlen, da die Holzbohlenwege dann ganz schön glatt werden. Dafür hast du sie dann (fast) ganz für dich!

→ S. 119 Norddalmatien & Lika

Majestätische Architektur und Ausblicke

Entdecke die historischen Festungen von Šibenik in Norddalmatien und lass dich von der majestätischen Architektur und den Ausblicken auf die regennasse Stadt verzaubern. Mit Schirm und guter Laune ausgestattet können dir ein paar Tropfen nicht den Urlaubstag verderben.

→ S. 128 Norddalmatien & Lika

Eine Burg mit Geschichte

Tauche ein in die Geschichte Kroatiens bei einem Besuch der Burg Klis, die schon mal „Game of Thrones"-Drehort war. Von dort ist es nur ein Katzensprung in den Etno Park Stella Croatica, beides unweit von Split. Beides garantiert auch bei Regenwetter fesselnde Einblicke.

→ S. 150 Mitteldalmatien

Entdecke die Kroatische Küste

Faszinierende Installationen: Meeresorgel und Sonnengruß in der Altstadt von Zadar

LANDSCHAFT & LEUTE
*AN DER KROATISCHEN KÜSTE

Komiža an der Westküste der Insel Vis: Steinhäuser säumen das Meer

An Kroatiens Küste erheben sich majestätische Berge und jede Bucht erzählt ihre eigene Geschichte. Über tausend Inseln bieten ein echtes Abenteuer, nur darauf wartend, von dir entdeckt zu werden. In diesem liebevoll von Einheimischen gepflegten Naturparadies findest du alles, was dein Herz begehrt – sei es Action oder entspanntes Genießen in ruhiger Schönheit. Tauche ein in diese Welt, wo das Meer den Himmel berührt und jeder Tag eine neue, spannende Entdeckung verspricht.

Karge bis grüne Inselwelten

Erlebe Kroatiens Adriaküste – ein beeindruckendes Festlandpanorama, das sich über 1777 km erstreckt. Und das ist noch nicht alles. Die Inseln dazugerechnet, kommst du auf unglaubliche 5865 km Küstenlinie. Hier finden alle ihren Lieblingsplatz! Faszinierend: Kroatiens Inselwelt umfasst 1244 Inseln. Fünf davon – Krk, Pag, Vir, Murter und Čiovo bei Trogir – sind sogar bequem per Brücke vom Festland aus erreichbar. Perfekt für spontane Roadtrips und Inselhopping, etwa zwischen Cres und Lošinj oder Pašman und Ugljan. Die Vielfalt ist riesig: von wilden Felsriffen bis hin zu lebhaften Inseln mit allem Komfort. Und auf den autofreien Inselchen? Da sind manchmal Elektro-Caddys das Transportmittel der Wahl! Nicht alle kroatischen Inseln konnten ihre Wälder behalten. Viele wurden für den Schiffbau abgeholzt und verwandelten sich in schroffe Karstlandschaften. Der kräftige Bora-Fallwind hat zusätzlich einzigartige Landschaften geformt. Inseln wie Rab oder Pag wirken auf der Festlandseite fast kahl. Die Kornaten, ein Archipel mit 150 Inseln zwischen Biograd na moru und Šibenik, bestehen größtenteils aus steinigen Wüsten. Doch es gibt auch grüne Paradiese: Auf Lošinjs Čikat-Halbinsel stehen 300 000 Aleppokiefern, die im 19. Jh. angepflanzt wurden, dicht an dicht. Und Inseln wie Mljet oder Korčula? Sie haben ihren üppigen Grünschleier sorgsam bewahrt und bieten so einen starken Kontrast zur kargen Schönheit ihrer Nachbarn.

1831 M

hoch ist Kroatiens höchster Gipfel, Dinara

NATUR IN ZAHLEN

130

Gänsegeier-Paare leben rund um die Insel Cres

10–12 JAHRE

kommt der lurchartige Grottenolm ohne Essen aus

8871

verschiedene Pilzarten gedeihen in Kroatiens Wäldern

1,3 KG

wog der Weltrekord-Trüffel, den Giancarlo Zigante 1999 in Istrien fand

240 KM/H

erreicht die Bora im gefürchteten Velebit-Kanal

1244

Inseln, Eilande, Felsen und Riffe gibt es in Kroatien, doch nur knapp 50 sind bewohnt

2266 KM

ist der Kroatische Fernwanderweg lang, der Osten, Norden, Westen und Süden verbindet

11 M

breit ist der Kanal zwischen Cres und Lošinj, der die beiden Inseln seit der Römerzeit voneinander trennt

Bunte Häuser und steile Gassen in der malerischen Altstadt des istrischen Hügelstädtchens Labin

Berge und Buchten entdecken

Istrien, Kroatiens nördlichste Halbinsel, bezaubert mit sanften Hügeln und malerischen Bergdörfern. Im Osten erhebt sich das Ćićarija-Gebirge, und das Učka-Massiv schützt die Riviera von Opatija. Badeinseln wie Krk, Cres, Lošinj und Rab bieten perfekte Orte zum Entspannen.

Hinter der Kvarner Bucht versteckt sich die Hochebene Gorski kotar, ein grünes Refugium, das im Winter Skifreuden und im Sommer kühle, schattige Erholung bietet. Am Übergang zu den Weiten Likas tanzen die Kaskaden der Plitwitzer Seen, Kroatiens berühmtestem von acht Nationalparks, ergänzt durch 13 Naturparks landesweit.

Südlich der Region Kvarner Bucht erstreckt sich das Velebit-Gebirge, eine felsige Kulisse parallel zur Küste. Hier formen die vom Bora-Wind geprägten Inseln Rab und Pag eindrucksvolle Landschaften. Spektakuläre Schluchten wie der Zrmanja-Canyon, bekannt aus den Winnetou-Filmen, und die atemberaubenden Wasserfälle des Krka-Nationalparks bei Šibenik prägen die Region. Weiter im Hinterland erreicht man Kroatiens höchsten Gipfel, die Dinara mit 1831 m, jüngster Naturpark des Landes, an der Grenze zu Bosnien und Herzegowina.

Chillen im Schatten des Biokovo

Split, Kroatiens quirlige Nummer zwei, begrüßt dich mit dem Waldpark Marjan, einer grünen Oase auf einem Hügel über der Stadt – ein Paradies für Wanderfans und Ruhesuchende. Nur einen Steinwurf entfernt sind die Sonneninseln Hvar und Brač, die du dir auf keinen Fall entgehen lassen solltest.

Südlich von Split verführt Omiš mit seinem atemberaubenden Naturtheater: Hier bahnt sich der Cetina-Fluss seinen Weg durch steile Felsen zur Adria – ein Traumziel für Rafting-Begeisterte, Sandstrandfans und alle, die gern klettern und wandern und den Nervenkitzel mit Meerblick lieben.

Weiter geht's zur Makarska Riviera, wo sich das Biokovo-Gebirge bis fast ans Meer streckt und den Stränden nur einen schmalen Sonnenplatz lässt. **Insider-Tipp** Dort gibt es einen gläsernen Skywalk, eine Aussichtsplattform direkt über den Felsen – das ist echt wow! Nicht zu vergessen die Halbinsel Pelješac mit ihrer Brücke, die elegant den Küstenstreifen von Bosnien-Herzegowina umfährt.

Zum krönenden Abschluss erwartet dich Süddalmatien mit dem leuchtenden Juwel Dubrovnik, umgeben von den grünen Inseln Korčula und Mljet, deren stille Schönheit einfach verzaubert.

Wo man gut baden kann

Entlang der nördlichen Adriaküste, vor allem an Istriens Westseite, erwarten dich sanft ins Meer abfallende Strände – ideal für alle, die flache, ruhige Gewässer bevorzugen. In Dalmatien, von Senj bis zur Makarska Riviera, triffst du hingegen auf eine wilde, felsige Küste mit versteckten Buchten und steilen Klippen – ein Naturschauspiel der besonderen Art. Herrliche Badebuchten gibt es an der Südküste von Korčula und auf der Halbinsel Kalifront auf Rab.

SPICKZETTEL KROATISCH

ja/nein/vielleicht da/ne/možda
bitte/danke molim/hvala
Entschuldige!/Entschuldigen Sie! Oprosti! Oprostite!
Gute(n) Morgen!/Tag!/Nacht! Dobro jutro!/Dobar dan!/Laku noć!
Hallo!/Tschüss!/Auf Wiedersehen! Bok! (Ćao!)/ Bok! (Ćao!)/Doviđenja!
Ich heiße ... Zovem se ...
Wie heißen Sie?/Wie heißt du? Kako se zovete? Kako se zoveš?
Ich komme aus ... Dolazim iz ...
Darf ich ...?/Wie bitte? Smijem li ...?/Molim?
Das gefällt mir (nicht) To mi se (ne) sviđa
gut/schlecht dobro/loše
Ich möchte .../Haben Sie ...? Htio (f: Htjela) bih .../Imate li ...?
Sprechen Sie Deutsch?/ Sprichst du Deutsch? Govorite li njemački?/Govoriš li njemački?

Und ja, an einigen dieser Orte ist auch FKK möglich. Sandstrände sind in Kroatien allerdings eine Seltenheit, meist herrschen Kiesel und Felsen an den Badeplätzen vor. Doch es gibt sie, die Sandparadiese, wie in Medulin im Süden Istriens, in Lopar auf Rab oder in der Lagune von Nin in Norddalmatien. Hier kannst du weit ins seichte Wasser waten, bevor du nasse Knie bekommst.

Hausgemacht und naturverliebt

In Kroatien ist Natur mehr als nur Kulisse – sie prägt die Identität des Landes und der Menschen. Das Wort „domaće", das für alles Hausgemachte steht, lässt Herzen höherschlagen. Es geht um edlen Wein, reichhaltiges Olivenöl vom Nachbarn, frischen Fisch direkt aus der Adria. „Domaće" ist mehr als ein Wort, es ist eine Art ungeschriebenes Gütesiegel, ein Echo aus Tradition und Gemeinschaft.

Jeder in der Bora getrocknete Pršut, jeder Inselschafskäse, stolz serviert, feiert die Natur und ihre Schätze. Regional, saisonal und eben „domaće" ist gelebter Alltag in Kroatien, tief verwurzelt und keineswegs nur ein Trend. Lass dich darauf ein, du wirst begeistert sein!

Perfekt für ein Päuschen: die charmante Uferpromenade von Novalja auf der Insel Pag

TIERE & PFLANZEN

*HINEIN INS NATURPARADIES

Karger Fels umrahmt die Vrženica-Bucht bei Baška auf Krk

In Kroatiens Küstenregion zeigt sich die Natur in Bestform: Zottige Braunbären, majestätische Gänsegeier und verspielte Delfine sind Teil der Szenerie. Blühende Vielfalt und duftende Kräuterpracht schmücken die Landschaft in Nationalparks und Schutzgebieten – die Natur ist vielerorts wunderbar bewahrt.

Wildtiere in Wäldern und Bergen

In den Wäldern von Lika, Velebit und Gorski kotar leben Bären, Wölfe, Wildkatzen und Luchse. Rund 50 Wolfsrudel mit etwa 250 Tieren und 100 Luchse, das Symbol des Nationalparks Risnjak (Kroatisch ris = Luchs), sind hier anzutreffen. Geschätzte 1000 Bären bevölkern diese Bergregionen. Im Refugium Kuterevo, im Velebit-Gebirge, erlebst du Bären hautnah. Pelješac ist für Goldschakale bekannt, die dir in der Dämmerung schon mal auf der Straße begegnen können. Die katzenartigen Mungos auf Mljet wurden vor über hundert Jahren gegen Giftschlangen eingeführt. Wildpferde, etwa im Vinodol, ergänzen das Tierleben. Und die flinken Geckos prägen das Bild in der Küstenregion überall.

Meer, Luft und Höhlen als Heimat

Die adriatischen Gewässer beherbergen etwa 220 Große Tümmler, die man am Limski kanal oder um die Inseln Lošinj und Molunat beobachten kann. Vereinzelt zeigen sich Wale, und ab und an wird von den eigentlich ausgestorbenen Mittelmeer-Mönchsrobben berichtet. Auch die selten gewordenen Meeresschildkröten und Thunfische sind hier heimisch. Insider-Tipp Der Naturpark Vransko jezero, mit App-unterstützter Vogelbeobachtung, ist ein Muss für Vogelbegeisterte. Hier gibt es Kormorane und 234 andere Vogelarten. Auch das Reservat Palud in Istrien ist ein Vogelparadies.

Die Höhlen der Dinariden sind Heimat für viele Fledermausarten. Einzigartige Entdeckungen wie beispielsweise der Blutegel Croatobrachus mestrovi in der tiefen Höhle Lukina jama- (1392 m) oder die langlebigen Grottenolme in Karsthöhlen faszinie-

7 TYPISCHE TIERE

Gänsegeier Über Cres kreisen die selten gewordenen Gänsegeier (Bjeloglavi sup). Etwa 130 Paare leben hier und profitieren von der traditionellen Schafzucht, die ihnen Nahrung bietet.

Luchs Fast ausgestorben, in den 1970er-Jahren wieder angesiedelt: Der Eurasische Luchs (ris), erkennbar an seinen Ohrpuscheln, lebt heute im kroatischen Bergland.

Zikaden Im Sommer unüberhörbar sind die Zikaden (cikade), deren Paarungsrufe bis zu 120 Dezibel erreichen können – so laut wie ein Presslufthammer!

Gottesanbeterin Die schielende Schönheit der Macchia ist die froschgrüne Gottesanbeterin (bogomoljka). Sie ist eine elegante Tarnkünstlerin und gehört zu den Fangschrecken.

Boškarin-Rind Dieses gewaltige istrische Urrind (boškarin) mit gabelförmigen Hörnern war fast ausgestorben, erlebt aber eine Renaissance. Auf der Istarska farma am Kap Kamenjak kannst du diese beeindruckenden Tiere sehen.

Mönchsrobbe Nur noch extrem selten trifft man die bis zu 2,5 m langen Robben an der Adria. Früher lebten sie in der Wasserhöhle Medvidina špilja (Mönchsrobbengrotte) auf der Insel Biševo.

Große Tümmler An der Mündung des Limski kanal sowie um Lošinj und Molat kannst du Große Tümmler (Veliki dupin) beobachten. Das Delfin-Zentrum in Veli Lošinj bietet Infos über die etwa 220 dort lebenden Tiere und organisiert nachhaltige Beobachtungstouren.

6 TYPISCHE PFLANZEN

Olive Die Küste von Istrien bis Dalmatien ist gesäumt von vielen Olivenbäumen, die preisgekrönte Öle liefern. Die Istarska bjelica aus Istrien ist weit verbreitet. Erlebe die uralten Wildoliven von Lun auf Pag!

Lavendel Wenn im Juni die Lavendelfelder in Istrien und auf Hvar blühen, verwandeln sie die Landschaft in ein violettes Farbenmeer. Lavendel (lavanda) ist nicht nur ein Augenschmaus, sondern wird auch in der Küche und als Heilmittel verwendet.

Zypresse Die Zypresse (čempres) besticht mit ihrer schlanken, säulenartigen Form und ist ein markantes Merkmal der kroatischen Landschaft. Sie ist nicht nur optisch beeindruckend, sondern auch in der Volksmedizin von Bedeutung.

Lorbeer Der Lorbeerbaum (lavor) symbolisiert in Lovran sowohl Sieg als auch kulinarische Vielfalt. Seine Blätter sind ein beliebtes Gewürz in der mediterranen Küche.

Steineichen Der Dundo auf Rab zählt zu den größten Steineichen-Wäldern in Europa und bietet willkommenen Schatten auf Rad- und Wanderwegen.

Schwertlilie Die Iris oder Schwertlilie, auf kroatisch perunika, gilt als Nationalblume. Benannt nach dem slawischen Donnergott Perun, blüht sie einer Legende nach dort, wo sein Blitz die Erde berührt.

ren. In der Tropfsteinhöhle Jama Baredine in Istrien kannst du diese geheimnisvollen Grottenolme entdecken, die bis zu 100 Jahre alt werden und mehrere Jahre ohne Futter auskommen *(baredine.com)*.

Duftcocktail an der Adriaküste

An der kroatischen Küste vermischt sich der Duft der Macchia – ein aromatischer Mix aus Lorbeer, Ginster, Myrte, Wacholder und Erdbeerbaum – mit dem betörenden Aroma von Heilkräutern wie Lavendel, Salbei, Thymian und Rosmarin. Die Privatgärten leuchten im Farbenspiel der Oleander und Bougainvilleas. Im Trend ist Immortelle, ein natürlicher Jungbrunnen, beliebt in der Kosmetik. Neugierig? Auf Krk kannst du eine Immortellen-Plantage besuchen *(natura consulting.hr)*.

Oasen und Schattenspender

Nicht nur Sonne, sondern auch Schatten und Kühle findest du an Kroatiens Stränden, dank der zahlreichen Aleppo- und Strandkiefern. Besonders viele davon stehen auf der Halbinsel Čikat bei Lošinj. Noch beeindruckender ist der riesige Steineichenwald Dundo auf Rab, einer der größten Europas. Mljet und Korčula gelten als die grünsten Inseln Kroatiens. In den Gebirgswäldern von Lika und Gorski kotar erwarten dich im Herbst bunte Farben, die das Landschaftsbild in ein Kaleidoskop verwandeln.

Botanische Wunderkammern

Entdecke die versteckten Schätze der Biokovo- und Velebit-Gebirge, wo in botanischen Gärten alpine und mediterrane Pflanzenwelten aufeinandertreffen. Diese einzigartige Vielfalt ist ein Natur-Highlight. In Opatija laden Parks mit Palmen, Bambus und Eukalyptus zum Träumen ein, während im Arboretum Trsteno bei Dubrovnik zwei monumentale Platanen am Eingang des Gartens die Zeit bewachen. Das Neretva-Delta lockt im Herbst und Winter mit süßen Mandarinen, frisch vom Baum. Sie wachsen auf Plantagen und vor vielen Häusern. Dort findest du auch die köstlichen, süß-säuerlichen Granatäpfel. **Insider-Tipp** Auf der Suche nach Exotischem? Probier die Chinesischen Datteln (žižule), ein säuerlicher Genuss, der im Herbst auf lokalen Märkten angeboten wird. Likörliebhaber aufgepasst: In Ravni kotari, nahe Zadar, wächst die Maraska-Kirsche, die Basis für klare, himmlische Liköre.

Olivengärten von Lun: knorriger Baum mit Schaf auf der Insel Pag

Vorsicht bei diesen Pflanzen & Tieren

In der kroatischen Natur gibt es **15 Schlangenarten**, doch nur drei sind giftig: Hornotter, Wiesenotter, Kreuzotter. Robuste Schuhe und das Klopfen deines Wanderstocks helfen, sie fernzuhalten. Achte auf die **Schwarze Witwe** an steinigen Plätzen. **Haie**? Verirren sich nur selten in die kroatische Adria. Dafür lauern unter Wasser **Skorpione** und **Quallen**. Taucher können auch auf **Muränen** oder **Stachelrochen** stoßen. Gegen **Seeigel** im flachen Wasser sind Badeschuhe der beste Schutz. Eingedrungene Stacheln? Erste Hilfe: Pinzette und Desinfektion.

KLIMA & WETTER

*DURCHS JAHR

Baden oder lieber Bummeln? Auf der Uferpromenade in Rab-Stadt geht es entspannt zu

Kroatien ist nicht nur ein Sommer-Blockbuster! Erlebe die Adriaküste in all ihrer saisonalen Pracht. Sonnige Strände bringt der Sommer, Frühjahr und Herbst sind ideal für Radtouren und Wanderungen. Und der Winter? Windumtoste Spaziergänge oder Eskapaden mit Schnee im Hinterland. In Kroatien gibt's 365 Tage pure Abwechslung!

MONAT FÜR MONAT

Januar – nicht ohne Wintermütze

Das Hinterland der Küste entpuppt sich als Winterwunderland. Der Gorski kotar rollt für Skifans und Langlaufbegeisterte den weißen Teppich aus, und am Gipfel Platak summt der Skilift – allerdings längst nicht jedes Jahr. An der Küste und auf den Inseln: kalt, regnerisch und der kräftige Bora-Fallwind. Mütze auf und durch!

Februar – Karneval ohne Fellstiefel

An der nördlichen Adria kannst du weiterhin mit kühlem und teilweise nassem Wetter rechnen, aber immerhin lässt sich die Sonne ein wenig öfter blicken! In Rijeka wird auch ohne Fellstiefel Karneval gefeiert. Im Süden und auf den Inseln schnupperst du schon die ersten Vorboten des Frühlings. Die Luft riecht milder und lässt die Sehnsucht nach den wärmeren Monaten aufkommen.

März – Frühlingserwachen im Café

Es wird milder, aber kuschelige Pullover sind noch angesagt. Zeit, die Straßencafés zu stürmen und Vitamin D zu tanken! Allerdings bleibt das Wetter eine kleine Wundertüte: Sonnenschein und Regenschauer wechseln sich ab und der Wind mischt auch noch mit. Im bergigen Hinterland wie dem Velebit-Gebirge hält sich der Winter hartnäckig, während die Flüsse und Wasserfälle sich aufplustern. Die Natur beginnt, aus ihrem Winterschlaf zu erwachen.

April – die Saison geht los

Die Urlaubssaison nimmt Fahrt auf: Cafés, Hotels und Restaurants werfen ab Ostern die Motoren an und räkeln sich aus dem Winterschlaf. Noch zu frisch

DIE JAHRESZEITEN

FRÜHLING
Angenehm mild,
ab Mai traumhaft

Mal Regen, mal Wind, dann reichlich Sonne

Radtouren und Wanderungen?
Ein wahrer Genuss!

Kopfbedeckung, Sonnenbrille, leichte Regenjacke und Zwiebellook sind angesagt

SOMMER
Sonne satt, das
Thermometer klettert

Heiß, trocken, von früh bis spät Sonnenschein

Der Sommer ist perfekt für Strandurlaub, andere Aktivitäten besser morgens oder abends

Luftige Klamotten, Kopfbedeckung, Badesachen und Sonnenschutz sollten ins Gepäck

HERBST
Goldene Blätter und
der erste Regen

Mild, doch ab November wird's nass und windig

Rauf aufs Rad oder ab in die Wanderschuhe

Sonnenbrille, Regenjacke und Zwiebellook sind dein Outfit

WINTER
An der Küste ist es mild,
im Hinterland kalt

Milde an der Küste, schneereiche Berge im Hinterland

Küste: eher regnerisch, Berge: Zeit für Schneevergnügen

Wasserdicht und warm: Jacke, Schichten, Handschuhe und Mütze sind mit dabei

Die schönste Jahreszeit im Nationalpark Nördlicher Velebit ist der Indian summer

zum Baden, aber ideal für Aktivitäten, die im Hochsommer schweißtreibend sind: wandern, Rad fahren und die Natur entdecken, die jetzt ihre grüne Pracht entfaltet. Sicher, der April macht, was er will – also kann auch mal ein Regenschauer dabei sein. Aber unterm Strich ist er ein ziemlich sonniger Geselle, der den Frühling einläutet.

Mai – es wird warm

Die Sonne kriegt Power, die Temperaturen nehmen die Kurve – und die Ersten wagen sich ins noch kühle Meer. Hier gibt's den Strand noch fast für dich allein und der Outdoor-Spaß geht ohne Touri-Trubel über die Bühne. In den Bergen knospt und blüht es, während die Wasserfälle in den Nationalparks ihre volle Schaumkraft voraus zeigen. **Insider-Tipp** Für alle Foodies und Naturliebhaber: Jetzt ist die Zeit für Wildspargel, der gerade aus dem Boden schießt.

Juni – der Sommer rockt los

Schnapp dir den Sommer, bevor alle anderen es tun! Strände und Buchten sind noch nicht rappelvoll, also purer Entspannungsfaktor. Outdoor-Abenteuer? Ja, jetzt ist die perfekte Zeit für alles, was das Adrenalin pusht. Die Wassersport-Center rollen den roten Teppich aus: Ob Tauchen, Windsurfen oder Kitesurfen – such dir deine Spielwiese aus und leg los!

Juli – das große Schattenplatz-Bingo

Die Adria wird zur Badewanne. Und während alle nach dem besten Schattenplatz Ausschau halten, wird das Chillen im Meer zum Hauptevent. Aber wer sagt, dass du dich nur am Strand räkeln musst? Ab ins grüne Hinterland! Gorski kotar rollt den kühlenden Teppich aus und lässt dich ein paar Grad runterkommen. Perfekt, um der Sonnenflut für einen Tag zu entkommen.

August – Hochsaison, Hochpreise, Hochtemperatur

August an der kroatischen Küste heißt: alles im Überfluss. Die Thermometer und Preisschilder steigen parallel, und die Strände? Die beliebtesten verwandeln sich in menschliche Patchwork-Teppiche. Doch es gibt noch lauschige Buchten, etwa auf den Inseln. Radfahren oder Wandern? Nur für Frühaufsteher oder extreme Hitzeliebhaber. Wenn du der Schwüle entgehen willst, starte deine Tour bei Sonnenaufgang.

September – das goldene Zwischenspiel

Du willst noch Sommer, aber ohne glühende Hitze und entspannter? Dann ist die erste Septemberhälfte deine Reisezeit. Das Meer ist immer noch warm und die Familien mit Schulkindern sind spätestens Mitte September weg. Jetzt gehört Kroatien wieder mehr den Locals.

Oktober – Wetterroulette mit Sonnenglück

Der Oktober ist ein Überraschungsei: unvorhersehbar, aber oft ziemlich großartig. Du kannst auf goldenes Herbstwetter hoffen, aber auch Sturmböen und Regengüsse sind im Spiel. Dennoch: Im Süden Dalmatiens ist es noch angenehm warm und selbst die Nordadria hat ihre milden Tage. Nutze die Zeit für entspannte Outdoor-Abenteuer und lass dich von der Pracht der Herbstfarben überraschen! In den Bergen wird es herbstlich, mit kühlen Nächten – und oftmals sonnigen Tagen.

November – Jetzt wird es windig

November? Ein Abenteuer für Mutige mit guter Regenausrüstung. Im Norden wird es dank Jugo- und Bora-Winden ziemlich ungemütlich und das Meer zeigt seine wilde Seite. Das ist nichts für Sonnesuchende, aber wenn du bereit für eine Portion Abenteuer und wilde Natur bist, hat auch der November seine Reize.

Dezember: Hüttenzauber und Windböen

Weihnachtsflair? Dann ab nach Zadar oder Split. Der Duft von kroatischen Weihnachtsleckereien liegt in der Luft, die Städte sind festlich geschmückt und die Adventsmärkte locken mit Glühwein im Freien. Außerdem: Was gibt's Schöneres, als das Jahr am Meer ausklingen zu lassen? Ansonsten: Bora-Wind und Schnee in den Bergen. **Insider-Tipp** Ein echtes Kuriosum: Sollte auf der Insel Hvar Schnee fallen, dann zahlen Hotelgäste für ihre Übernachtung keinen Cent. Das passiert zwar extrem selten, aber mit (sehr viel!) Glück könnte es eine Übernachtung zum Null-Tarif werden.

WETTER AN DER KROATISCHEN KÜSTE (SPLIT)

Hauptsaison (Juli, Aug.) / Nebensaison

	JAN.	FEB.	MÄRZ	APRIL	MAI	JUNI	JULI	AUG.	SEPT.	OKT.	NOV.	DEZ.
Tagestemperaturen	10°	11°	14°	18°	22°	27°	31°	31°	26°	21°	16°	11°
Nachttemperaturen	5°	5°	7°	10°	14°	18°	21°	20°	17°	14°	11°	6°
Sonnenschein Stunden/Tag	4	5	6	7	9	10	12	11	8	6	4	3
Niederschlag Tage/Monat	9	8	8	7	7	6	4	3	6	8	11	12
Wassertemperatur in °C	13	12	13	14	17	21	23	24	22	19	16	14

Sonnenschein Stunden/Tag · Niederschlag Tage/Monat · Wassertemperatur in °C

AKTIV & DRAUSSEN

*DEINE URLAUBSREGION ERLEBEN

Adrenalin pur: Ziplining über der Fojba-Schlucht mit Blick auf das Kastell von Pazin

Kroatiens Küstenregion ruft und es ist Zeit, die Antwort zu geben! Hier, wo das Meer auf die Berge trifft, findest du dein nächstes großes Abenteuer. Klemm dir dein Mountainbike unter, pack die Paddel ein oder schnapp dir die Schnorchelausrüstung – es gibt eine Outdoor-Welt zu entdecken, die mehr als nur Postkartenmotive bietet. Also, Sportschuhe anziehen und los geht's: Entdecke versteckte Pfade, atme tief durch und werde Teil einer malerischen Szenerie!

Adrenalin-Kicks

Bungee-Jumping von der Maslenica-Brücke? Da stürzt du dich immerhin aus 56 m Höhe in die Tiefe – das höchste Bungee-Jumping in Kroatien *(izazov-tours.hr)*. Einen Tick sanfter geht es bei Šibenik von der Brücke über die Krka zu, dort sind es 46 m *(bungee.com.hr)*. Für einen Blick aus der Vogelperspektive empfehlen sich Zipline-Abenteuer: Flitze durch die Pazinska jama bei Pazin (Facebook: zipline.pazin), durch die Schlucht bei Omiš *(ziplinecroatia.com)* oder vom Berg Srđ in Dubrovnik *(ziplinedubrovnik.com)* durch die Lüfte. Bei den Plitwitzer Seen gleitest du über die Korana-Schlucht *(np-plitvicka-jezera.hr)*. An der Makarska Riviera wartet Tučepi auf dich *(tipextreme.hr)*, bei den Krka-Wasserfällen das Tal des Čikola-Flusses *(ziplinesibenik.com)* und auf der Insel Krk lädt auch eine Seilrutsche zum Höhenflug *(zipline-edison-krk.com)*.

Canyoning & Coasteering

Canyoning? Dabei seilst du dich ab in tiefe Schluchten, machst mutige Sprünge in kristallklare Gumpen – und das alles ausgerüstet von Kopf bis Fuß. In der Pazinska jama *(pazin-cave.com)* oder der Schauhöhle Jama Baredine bei Poreč *(speleolit.com)* warten solche Abenteuer auf dich, sicher geleitet von erfahrenen Guides, die jeden deiner Schritte begleiten. Und beim Coasteering? Da kletterst du über Küstenklippen, entdeckst verborgene Höhlen und springst in das azurblaue Meer *(pulaoutdoor.com)*.

Kayaking von der Insel Rab zur Mini-Insel Maman ist ein Abenteuer

Radfahren durch Unesco-Welterbe: die antiken Parzellen bei Stari Grad auf Hvar

Kajak & Seekajak

Entdecke Kroatiens Küstenidyll mit dem Kajak, ob vor Dubrovniks Kulisse *(kayak-dubrovnik.com)* oder im Limski kanal. Infos zu Istrien gibt es auf *istria-kayaking.com*. Lust auf Wildwasser-Action? Dann sind die Flüsse Cetina und Zrmanja genau das Richtige. Oder wie wäre es mit einer entspannten Paddeltour zu den Pakleni otoci *(kayaksup-hvar.com)* oder durch die ruhigen Gewässer der Baćinska jezera *(lifeandventures.com)* und des Vransko jezero *(vranalake.hr)*?

Klettern

Pack deine Kletterschuhe ein, denn der Nationalpark Paklenica im südlichen Velebit-Gebirge erwartet dich mit über 400 Kletterrouten *(np-paklenica.hr)* – der Top-Spot in Kroatien! Aber auch die Felswände am Limski kanal, im Buzet-Canyon oder in der Schlucht Vela draga bieten perfekte Bedingungen. Ebenso locken Omiš und das Biokovo-Gebirge mit beeindruckenden Kletterstellen.

Radfahren

Mit mehr als 150 Routen ist Istrien ein echter Lieblingsort für Radfans *(istria-bike.com)*. Die aufgelassene Bahntrasse Parenzana schlängelt sich durch drei Länder bis Poreč. **Insider-Tipp** Halte Ausschau nach dem „Bike friendly"-Siegel für radfahrfreundliche Unterkünfte. Bei Rabac an der Ostküste lockt das Bike Center Rabac *(bike4you.hr)*. Im Gorski kotar findest du historische Straßen (Karolina, Josefina, Lujzijana). Krk überrascht mit einem „echten" Radweg. Rund um Zadar warten 70 Berg- und Freizeitrouten, die du in der kostenlosen App „Zadar Bike Magic" entdecken kannst, inklusive Touren auf den Inseln Pašman und Ugljan. Die Region Šibenik lockt mit 85 Touren und auch rund um Split gibt es spannende Ecken zu erkunden *(dalmatia-bike.com)*. Inseln wie das grüne Mljet oder das hügelige Vis (E-Bikes!) sind besonders radfahrfreundlich. In größeren Städten wie Pula, Zadar oder Šibenik ermöglichen Bike-Sharing-Systeme spontane Ausflüge per App *(nextbike.hr)*.

Rafting

Auf zu den Flüssen Cetina und Zrmanja in Dalmatien! Ohne Vorkenntnisse, mit Team und Guide, erwarten dich dort spritzige Abenteuer. Für den Nervenkitzel sorgen in Omiš mehrere Anbieter *(z. B. rafting-cetina.com)*. Und die Zrmanja? Nordöstlich

MARCO POLO OUTDOOR-KNIGGE

Sei freundlich und hilfsbereit

Ein Lächeln und ein freundlicher Gruß kosten nichts. Wenn andere in Schwierigkeiten sind, biete ihnen deine Hilfe an, sei es bei der Orientierung, mit einem Pflaster oder dem Fahrradwerkzeug.

Lass dir Zeit

Lass Hektik und Stress zu Hause, wenn du in die Natur reist. Spüre ihren Rhythmus, lass dir Zeit und nimm die Landschaft mit allen Sinnen wahr.

Bleib auf festen Wegen

Auch wenn Abstecher ins Wilde locken, diese Welt gehört den Tieren und Pflanzen – sei ein guter Gast und bleib auf deinem Pfad.

Sei leise

Das tut dir und allen um dich herum gut: einfach mal das Handy stumm schalten und leise sprechen. Plötzlich sind die Geräusche der Natur ganz nah und du kommst selbst zur Ruhe.

Bleib wachsam

Rüste dich gut aus und hab immer ein Auge auf Wetter und Gelände. Sonst bringst du nicht nur dich selbst in Gefahr, sondern auch die Retter, die dir im Notfall zu Hilfe eilen.

Nimm nur Erinnerungen mit

Widersteh der Verlockung, Pflanzen, Steine oder sogar Tiere einzufangen und mitzunehmen. Sie gehören hierher, also nimm nur ein Foto für deine Erinnerungen mit.

Hinterlasse nur Fußspuren

Ob Taschentuch, Brottüte oder Bananenschale – hinterlasse keine Abfälle. Das, was andere liegen gelassen haben, kannst du mitnehmen und im nächsten Mülleimer entsorgen. So lässt du die Natur sauberer zurück, als du sie vorgefunden hast.

Mach dich schlau

Neben „Benimmregeln" gibt es auch Gesetze, an die du dich halten musst, etwa in Naturschutzgebieten. Bereite dich auf deinen Trip vor, so lernst du auch etwas über die Menschen, die an deinem Reiseziel leben.

von Zadar durchquerst du atemberaubende Winnetou-Schluchten *(raftrek.com)*.

Segeln

Setze die Segel, entdecke malerische Buchten und die Küste Kroatiens. Ein wahres Segelparadies sind die Kornaten – eine Gruppe mit rund 150 Inselchen, die zum Umschiffen einladen *(skippertipps.de)*.

SUP

SUP-Boards warten in vielen Küstenorten auf dich, bereit fürs Paddeln auf eigene Faust. Die stillen Baćinska jezera im Neretva-Delta sind ein Paradies für Einsteiger *(paddlesurfcroatia.com)*. Yoga auf dem SUP-Brett? Auch das gibt's, beispielsweise bei Pula *(mettafloat.com)*. Oder genieße Sonnenuntergangs-Touren am Kap Kamenjak in Istrien *(jistra.com)*.

Tauchen & Schnorcheln

Mit rund 110 offiziellen Tauch-Spots, von antiken Wracks bis zu Korallenwiesen, ist Kroatiens Adria ein Traum für Unterwasserfans. Viele Tauchschulen bieten Kurse für Neulinge und geführte Tauchgänge an, auch auf Deutsch – wie etwa auf der Insel Dugi otok. Das Meer rund um Lastovo fasziniert mit spektakulären Gorgonien und Steilwänden. Höhlentauchgänge erwarten dich auch auf den südlichen Inseln Mljet, Vis und Korčula. Die felsigen Küsten sind außerdem ideal zum Schnorcheln.

Wandern & Trekking

In Istrien locken die Massivberge Učka und Ćićarija, Krk fasziniert mit seinem Mondplateau. Im grünen Herz von Gorski kotar lässt der Nationalpark Risnjak durchatmen. Der Kamenjak auf Rab und der Sveti Ilija auf Pelješac bieten atemberaubende Aussichten. Für Langstreckenfans ist die Via Dinarica spannend, die von Slowenien bis Albanien reicht und durch Kroatien mit drei unterschiedlichen Trails verläuft *(trail.viadinarica.com)*. Der legendäre Premužićeva staza im Velebit-Gebirge zieht sich über 57 km. Der Fernwanderweg (CLDT) erstreckt sich von Slawonien bis zum südlichsten Punkt Istriens – ein epischer Trail von über 2000 km.

Steinmännchen-Welt im Naturpark Telašćica, Dugi otok, Norddalmatien

5 PERFEKTE TAGE

*VIEL ERLEBEN IN KURZER ZEIT

Rijeka

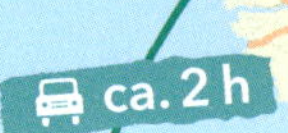

Pula

TAG 2: Vom Aussichtspunkt zur Festung

Ein Pass, eine Schlucht und das urbane Rijeka: Abwechslung in der Kvarner Bucht

TAG 1: Bummeln und Baden

Istriens Highlights: Rovinjs Gassen, das Kap Kamenjak und die Arena von Pula

Zadar

Šibeni

TAG 4: Schlucht, Strand und Stadt

Steile Schluchten, seichte Badeplätze und ein Abend in Zadar

ITALIEN

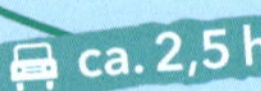

UNGARN
A3
A1
ca. 2,5 h
TAG 3: Naturwunder und kulinarische Entdeckungen
Erkunde die Plitwitzer Seen: Wasserfälle, Kaskaden und ein grünes Naturparadies
HERZEGOWINA
SERBIEN
A1
Split
TAG 5: Der See, das Meer und die Riva
Birdwatching, Festungszauber in Šibenik, Pilgerpfade unter Wasser & Splits Flaniermeile
ENEGRO
Dubrovnik
ALBANIE

Antike trifft Moderne: die Arena von Pula mit Uljanik-Werft und der Halbinsel Stoja dahinter

Du möchtest in kurzer Zeit möglichst viele Orte entdecken und Aktivitäten unternehmen, die das Flair deiner Urlaubsregion ausmachen? Dann sind „5 perfekte Tage" genau das Richtige für dich. Hier findest du die Lieblingsorte der Autorin Veronika Wengert und was sie dort am liebsten selbst unternimmt.

TAG 1: BUMMELN UND BADEN
In Istrien

- **Bummel durch die Gassen Rovinjs:** Starte den Tag mit einem Morgenspaziergang in den verwinkelten Holpergassen dieses romantischen Städtchens. → S. 67
- **Abstecher zum Kap Kamenjak:** Bezieh Quartier in Pula – und wenn du Lust auf eine Extraportion Bewegung vor der nächsten Stadterkundung hast, schnapp dir ein Fahrrad und radle zur Südspitze Istriens, dem Kap Kamenjak. Von der City zur Badebucht sind es gerade 20 km, unterwegs triffst du auf Dinos. → S. 48
- **Antike Bauten und urbanes Flair in Pula:** Ein Tag ist kaum genug für Istriens größte und urbanste Stadt. Erkunde die alte Arena, klettere auf das Altstadt-Kastell, genieße ein istrisches Eieromelett, Fritaja, mit Wildspargel oder Trüffeln. Lausche den Straßenmusikern am antiken Sergijer-Tor, schlendere über den Forumsplatz und lass den Tag am Ufer ausklingen, während die Kräne der Uljanik-Werft blinken. Hinten siehst du die Stoja-Halbinsel, dort warten Klippenspringer auf den Möwenfelsen. → S. 57

TAG 2: VOM AUSSICHTSPUNKT ZUR FESTUNG
In der Kvarner Bucht

- **Poklon-Pass mit Aussicht:** Dein Tag beginnt mit atemberaubenden Blicken auf Rijeka und die Kvarner Bucht vom Poklon-Pass aus. Verweile einen Moment, lass den Gedanken freien Lauf und atme die frische Bergluft ein. → S. 76
- **Rijeka erkunden:** In Rijeka angekommen, flaniere am Hafen und am Markt entlang (nur bis zum frühen Nachmittag) und tauche ein in die maritime Atmosphäre. Zum Stadtstrand Sablićevo ist es nicht weit, der Stadtbus hält oberhalb. → S. 87

SCHÖNER SCHLAFEN

Istrien

• Das Bike Boutique Hotel La Parenzana, ein altes Steinhaus direkt an der alten Parenzana-Bahntrasse (Werkzeugset inklusive), ist ein echter Traum für alle, die es urig und lecker mögen. Freu dich auf knarzige Holzböden, gemütliche Betten und als Krönung im Gartenlokal die Trüffelpasta gefolgt von einem Lavendel-Dessert *(laparenzana.com, €€)*.

Kvarner Bucht

• Drei Deutsche haben einen 500 Jahre alten Turm und ein charmantes Steinhaus bei Malinska auf Krk liebevoll restauriert. Jetzt gibt's hier stilvolle Apartments und geführte Wandertouren auf Deutsch *(turm-krk.de, €€)*.

Norddalmatien & Lika

• Auf dem Campingplatz Kamp Velebit kannst du in gemütlichen „Crobbit"-Erdhöhlen, einer Art hölzerne Schlaffässer, übernachten und mit unvergesslichem Bergblick aufwachen *(kampvelebit.com, €)*.

Mitteldalmatien

• Auch im Herbstwind lässt es sich herrlich campen, z. B. in Stobreč bei Split. Direkt am Meer gelegen, schön grün, mit Lounge-Restaurant und Sauna – perfekt zu jeder Jahreszeit! *(camping-split.com, €)*

Süddalmatien

• Unterhalb des gemütlichen Campingplatzes Kate in Cavtat kannst du einfach in ein Schnellboot steigen und bist ruckzuck in der Altstadt von Dubrovnik *(campingkate.com, €)*.

Hoch über Rijeka steht die schöne Burg Trsat

• **Sonnenuntergang auf Burg Trsat:** Zum Abschluss erklimme die 561 Stufen zur Burg Trsat – ein Workout mit Belohnung. Sichere dir einen Platz im Café Vintage oder einfach einen Guck-Platz an der Mauer und lass den Blick über den Sonnenuntergang schweifen. → S. 99

TAG 3: NATURWUNDER UND KULINARISCHE ENTDECKUNGEN

Im Nationalpark Plitwitzer Seen in Lika

• **Früher Start an den Plitwitzer Seen:** Beginne den Tag mit einem strategischen Vorteil – wenn du im Sommer unterwegs bis, entweder mit einem frühen Start oder einem Besuch bei Eingang 2, wo sich die Menschenmassen ein wenig verteilen. Vergiss nicht, deine Karten einige Tage im Voraus online zu buchen, es kann rappelvoll werden … → S. 119

• **Großer Wasserfall und ruhige Wege:** Ein Besuch des Großen Wasserfalls darf nicht fehlen, aber suche danach die ruhigeren Pfade auf, wo du schöne Stunden in Stille genießen kannst. → S. 119

• **Lokale Küche genießen:** Lass den Tag im Restaurant Plitvice Holiday resort mit dem lokalen Škripavac-Käse ausklingen – ein Genuss, der deinen Gaumen erfreuen wird. → S. 100

TAG 4: SCHLUCHT, STRAND, STADT

Rund um Zadar in Norddalmatien

• **Kindheitserinnerungen in der Zrmanja-Schlucht:** Starte den Tag mit einem Besuch der Zrmanja-Schlucht. Bem Aussichtspunkt Parizevačka glavica tauchst du ein in die Welt von Winnetou und genießt die spektakuläre Kulisse. → S. 123

• **Badespaß und Heilschlamm in der Lagune von Nin:** Die Lagune von Nin erwartet dich mit ihren weitläufigen Sandstränden. Im Sommer kann das Parken eine echte Herausforderung sein, doch der Spaß am Sandburgen-Bauen und die entspannende Wirkung des Heilschlamms sind es wert. → S. 123

• **Zadar entdecken:** Bummle durch die Altstadt von Zadar und finde deinen Platz auf den Stufen an der Uferpromenade Riva, um den berühmten Sonnenuntergang von Zadar zu erleben. Lass dich von den harmonischen Tönen der Meeresorgel verzaubern und bestaune, wie die Lichtinstallation „Gruß an die Sonne" nach Einbruch der Dunkelheit den Platz in ein Meer aus Farben verwandelt. → S. 131

TAG 5: GEN SÜDEN!

In Nord- und Mitteldalmatien

• **Birdwatching am See:** Auf deiner Route gen Süden liegt der Vrana-See, der größte See Kroatiens, bekannt für seine reiche Vogelvielfalt. Über 250 Arten leben im Naturpark, darunter Kormorane, Haubentaucher und Purpurreiher. → S. 108

• **Festungen und ein Unterwassermuseum:** Drei Festungen staffeln sich in Šibenik übereinander, mindestens eine solltest du mal erklommen haben. → S. 128 Oder lieber Kunst unter Wasser? Dann bist du in Trogir richtig, die Stadt ist eine Schönheit und vor den Toren wartet ein Unterwasserkreuzweg. → S. 151

• **Ausklang in Split:** Den Abend lässt du auf der Uferpromenade Riva ausklingen, dem Catwalk der Stadt, oder in Splits Oase, dem Marjan-Park → S. 138

Palmen säumen Splits Uferpromenade. Auf der Riva gilt: sehen und gesehen werden

SOUVENIRS & MITBRINGSEL

Ein Stück der Kroatischen Küste mit nach Hause bringen – nichts leichter als das! Die Regionen bieten eine Fülle an typischen und traditionellen Produkten fernab vom typischen Souvenir-Klimbim, über die sich jeder freut.

Lavendelprodukte

Die Insel Hvar verwandelt sich im Frühsommer in einen duftenden Lavendeltraum. Schnapp dir ein Säckchen, um die Atmosphäre einzufangen. Gibt es an allen Souvenirständen, etwa an der Promenade in Hvar-Stadt. Besuche die Lavendelfarm Deklevi in Istrien und hol dir das lila Gold direkt vom Erzeuger.

Arancini

Diese kandierten Schalen von Bitterorangen sind ein Hochgenuss – perfekt ausbalanciert mit einer zarten Bitterkeit. Stöbere auf dem Markt von Dubrovnik oder in Feinkost-Souvenirläden nach dieser Köstlichkeit – wenn sie es denn bis nach Hause schafft! Wer kann schon widerstehen, sie sofort zu probieren? Manchmal gibt es sie mit Zuckermandeln gemischt.

Olivenöl

Als „flüssiges Gold" bejubelt, selbst in der italienischen Olivenölbibel „Flos Olei", gilt Istrien als eine der besten Anbauregionen für Olivenöl weltweit. Berühmte Erzeuger wie Ipša, Chiavalon, Clai und Mate bieten höchste Qualität aus kleinen Manufakturen. Für ein intensives Geschmackserlebnis probier das Öl mit Trüffelaroma. In den Olivenöl-Shops von Uje findest du viele Anbieter, z. B. in Zadar und Split *(uje.hr)*.

Trüffeln

Istrien ist das Trüffel-Eldorado. Frische Trüffeln sind exporttechnisch knifflig, aber Pesto, Öl und sogar Trüffel-Chips sind ein genussvolles Andenken. Mutige probieren das Trüffel-Bier! In Feinkost-Souvenirläden, größeren Supermärkten oder in den Zigante-Trüffelshops wirst du fündig *(ziganteshop.com)*.

Eine Krawatte

Die Krawatte stammt aus Kroatien! Sonnenkönig Ludwig XIV. entdeckte die Halsbinde bei kroatischen Söldnern und machte sie in Frankreich berühmt. Am 8. Oktober feiert Kroatien den Welttag der Krawatte. Die Salons von „Croata" bieten Seidenkrawatten und -tücher. Shops gibt es u. a. in Zadar, Split und Dubrovnik *(croata.hr)*.

Eine Flasche Wein

Mit einem kroatischen Wein nimmst du nicht nur ein Getränk, sondern auch ein Stück kroatische Sonne mit. Die Qual der Wahl: kräftiger Rotwein von der Halbinsel Pelješac, unter den Weißweinen ein spritziger Grk von Korčula oder ein Žlahtina von Krk. Istriens Weißwein Malvazija und der rote Teran sind ebenfalls nicht zu verachten. Den Wein gleich auf dem Weingut kaufen und eine Verkostung einplanen – weil der Genuss vor Ort doppelt zählt!

DIE REGIONEN IM ÜBERBLICK
*HIER IST FÜR JEDEN WAS DABEI
Rijeka
KROATIEN
Pula
Istrien → S. 36
Küstenflair, Bergdörfer und Trüffelzauber – für Unternehmungslustige und Foodies
Zadar
Adriatisches Meer
Šiber
Mitteldalmatien → S. 136
Strände, Steilküsten und Antikschätze – für Sonnenbegeisterte und Adrenalinjunkies
ITALIEN

UNGARN
Kvarner Bucht → S. 70
Inselperlen, Bergwälder und K.u.k.-Charme – für Aktive und Ruhesuchende
Norddalmatien & Lika → S. 102
Inselwelten, Schluchten und Gipfelblicke – für Naturverliebte
SERBIEN
NIEN UND HERZEGOWINA
Split
Inselgrün, Festungszauber und Austern – für Strandfans und Kulturbegeisterte
Süddalmatien → S. 168
Dubrovnik
MONTENEGRO
ALBANI

Das malerische Hügeldorf Motovun im Herzen Istriens, wo reichlich Trüffeln verborgen sind

Istrien

KÜSTENFLAIR, BERGDÖRFER UND TRÜFFELZAUBER

In Istrien tauchst du nicht nur ins azurblaue Meer ein, sondern schlenderst auch durch mittelalterliche Hügeldörfer wie Motovun oder Grožnjan, eingebettet in Olivenhaine und Weinberge. Entdecke die gewellte Landschaft im Inneren der herzförmigen Halbinsel, wandere durch die geheimnisvolle Schlucht Pazinska jama oder paddle durch den fjordartigen Meeresarm Limski kanal. Werde zum Klippenspringer am Kap Kamenjak und bummle durch malerische Küstenstädte wie Poreč, Rovinj und Pula. Lass dich von der istrischen Gastfreundschaft in den Konobas verzaubern. Hier, wo hausgemachte Pasta unter großzügig gehobelten frischen Trüffeln verschwindet, wird jeder Schluck hausgemachter Wein zum Fest der Sinne.

AUF EINEN BLICK

*ISTRIEN

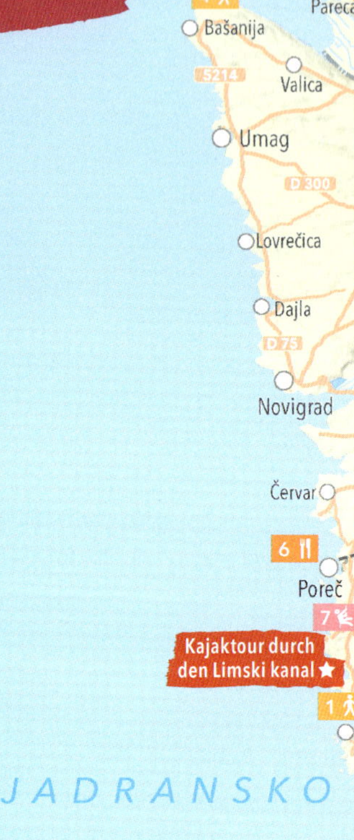

MARCO POLO OUTDOOR-HIGHLIGHTS ★

★ Radeln auf der alten Bahntrasse
Idyllische Hügeldörfer entdecken, wo früher die Schmalspurbahn schnaufte → S. 40

★ Kajaktour durch den Limski kanal
Zwischen steil aufragenden Wänden eines grünen Meeresarms paddeln → S. 42

★ Unterwegs im Vogelschutzgebiet Palud
Der Symphonie der Vögel bei einer Wanderung an der Westküste lauschen → S. 44

★ Kunst und (keine) Kirche bei Pula
Pulas grüne Oase bei einem Küstenspaziergang entdecken → S. 46

★ Mit dem Fahrrad an Istriens Südspitze
Die Tour verspricht schroffe Küsten, eine Schilfbar und Klippenspringer → S. 48

★ Durchs grüne Paradies nach Rabac
Vom Hügelstädtchen Labin über schattige Pfade ans Meer → S. 50

Radeln auf der alten Bahntrasse
Durchs grüne Paradies nach Rabac
Mit dem Fahrrad an Istriens Südspitze
33 km, 30 Min.
5 km, 15 Min.
11 km, 15 Min.
SLOVENIJA
OBALNO-KRAŠKA
PRIMORSKO-NOTRANJSKA
HRVATSKA
ISTRA
Riječki zaljev
Kvarner
Rijeka
Opatija
Kastav
Buzet
Pazin
Labin
Rabac
Pula
Medulin
Premantura
Vodnjan
Motovun
Roč
Cres
Ilirska Bistrica
Črni Kal
Obrov
Podgorje
Golac
Račice
Starod
Zabiče
Mala Bukovica
Dol pri Hrastovljah
Jelovice
Vodice
Vele Mune
Rupa
Klana
Lukini
Kućibreg
Pregara
Krbavčići
Žejane
Račja Vas
Permani
Brnelići
Mladenići
Pračana
Sveta Lucija
Brgudac
Polje
Krušvari
Šćulci
Dolenja Vas
Vižinada
Grimalda
Kašćerga
Karojba
Borut
Vranja
Vela Učka
Ika
Paz
Cerovlje
Medveja
Strpačići
Tinjan
Trviž
Ćusi
Šušnjevica
Mošćenička Draga
Škopljak
Purgarija Čepić
Gračišće
Matulini
Sveti Petar u Šumi
Blaškovići
Brseč
Batlug
Sveta Katarina
Stranići kod Lovreča
Vozilići
Orbanići
Sutivanac
Porozina
Nedešćina
Zagorje
Buriči
Cere
Beli
Mali Golji
Bričanci
Brzac
Golaš
Kranjčići
Orihi
Most-Raša
Duga Luka
Polje
Glavani
Gajana
Divšići
Rebići
Ravni
Vodice
Merag
Krnica
Koromačno
Marčana
Mali Vareški
Galižana
Pernat
Loznati
Valtura
Valun
Orlec
Jadreški
Vrana
Martinšćica
Stivan
Belej

OUTDOOR-HIGHLIGHTS

*DIE BESTEN ERLEBNISSE DRAUSSEN

Radeln auf der alten Bahntrasse ★

In Istrien lockt die Trüffelpasta an fast jeder Ecke? Kalorien ade! Denn jetzt kommt eine Radtour auf der alten Bahntrasse Parenzana ins Spiel, die sich von einem Hügeldorf zum nächsten windet. Die Landschaft wellt sich dabei wie gemalt, sodass sie sogar die Pasta blass aussehen lässt. Besonders schön ist der Abschnitt zwischen Grožnjan und Oprtalj, der gleich mehrere Bergstädtchen verbindet.

Wo die Eisenbahn schnaufte

Schwing dich auf den Sattel, es geht auf Pfade, wo einst die Schmalspurbahn Parenzana keuchte und schnaufte. Der Zug schlängelte sich früher vom italienischen Triest über die slowenische Küste bis nach Poreč, das die Italiener Parenzo nennen. Die kaum rentable Parenzana-Trasse gab es aber nur ein paar Jahrzehnte lang: 1935 war Schluss und die Gleise wurden abmontiert. Nun ist die aufgelassene alte Bahntrasse wieder da und als „Weg der Gesundheit und Freundschaft" bei Radfahr- und Wanderfans angesagt. Manche von ihnen wagen sogar die ganzen 123 km durch drei Länder – Respekt! Das ist natürlich ein ganz schönes Stück. Starte daher lieber mit einem Teilstück, das nicht allzu lang ist. Im Hinterland der Küste ist es nämlich wunderbar ruhig und grün – das macht genau den Reiz dieser Tour aus.

Durch den Pilztunnel

Am alten Bahnhof von Grožnjan geht es los. Wer einen Abstecher hinauf ins Künstlerdörfchen (mit seinen 30 Galerien!) macht, wird auf dem Holperpflaster erst mal durchgerüttelt. Unterhalb, auf der eigentlichen Trasse, schnurren die Fahrradreifen jedoch sanft. Kurz hinter dem Bahnhof heißt es: Licht an! Es geht durch den Tunnel Kalcini, in dem früher Pilze gezüchtet wurden. Immer wieder

Gemütliche Holpergassen prägen das Hügeldorf Grožnjan (li). Wegmarkierung der Parenzana-Trasse (re.)

kommst du durch Minitunnel, strampelst über geschwungene Brücken und musst ab und zu mal runterschalten, um die leichten Anstiege zu stemmen. Als Belohnung erlebst du eine Landschaft, in die du mit dem Auto gar nicht kommst.

Im Biergarten einkehren

Die Schotterpiste führt schließlich ins fast verlassene Bergdörfchen Završje: Dort gibt es gefühlt mehr Katzen als Menschen – und aus der Burgruine Palača Contarini wuchert das Grün. Weiter geht's in den Hügelort Oprtalj. **Insider-Tipp** In dem schattigen Biergarten in der Konoba Oprtalj (tgl. ab 12 Uhr) gibt es zu hausgemachter Pasta den besten Talblick. Natürlich erst, nachdem der Hügel hinauf bezwungen ist. Zurück geht es auf Nebenstraßen, wo nur wenig los ist, über die Dörfchen Mužići und Dupci zum Ausgangspunkt.

Die Tour im Überblick

Mittelschwere Mountainbike-Tour von Grožnjan über Završje nach Oprtalj und zurück (Rundtour), ca. 24 km, 3–4 Std.

Anreise bis Grožnjan mit dem eigenen Auto, Parkplatz unterhalb der Altstadt von Grožnjan (Gebühr)

Frühjahr bis Herbst

Eigenes Mountainbike, ausreichend Wasser, Snacks

45.384167, 13.724817 (Start/Ziel)

DOWNLOAD GPX-Track

Kajaktour durch den Limski kanal ★

Leinen los und ahoi! Wer den Limski kanal bisher nur von der Straße aus gesehen hat, sollte eine neue Perspektive wagen – und zwar von einem Kajak aus. Hier gibt es keine Windschutzscheiben oder Rückspiegel, nur das glitzernde Wasser, die hohen Steilwände, Austern satt und mit ein wenig Glück auch ein paar Delfine, die sich hier tummeln.

Das ist Balsam für die Muskeln

Wasser gehört definitiv zu einer Auszeit in Kroatien dazu: Schnapp dir ein Kajak und los geht's! Auf der Halbinsel Montraker bei Vrsar kannst du dir eins leihen. Das „Plitsch-platsch" der Paddel begleitet dich, während dein Seekajak an der zerklüfteten Küste dahingleitet. Dann öffnet sich der Limski kanal (oder auch Lim-Kanal), der wie ein Fjord wirkt: So breit wie fünf Fußballfelder zieht sich der Meeresarm stolze 11 km an der Westküste Istriens ins Landesinnere.

Mit etwas Glück kannst du Delfine in der Mündung des Limski kanal beobachten, die fröhlich durch die Wellen springen. Manchmal gesellen sie sich am Abend zu den kleinen Ausflugsbooten. Die Kapitäne schalten dann ihre Motoren aus, um die Tiere nicht zu stören.

Ahoi, Piraten und Wikinger

Die Felswände werden höher, je tiefer es in die Bucht hineingeht, umgeben von sattgrünen Bäumen. Oberhalb taucht die Piratenhöhle auf, als hätte jemand ein Loch in die Felswand gebohrt. Im Sommer gibt's hier Getränke.

Zugegeben, der Limski kanal sieht aus wie ein Fjord, ist aber tatsächlich ein überflutetes Tal des

Karstflusses Pazinčica. Hier wurde 1964 ein Wikingerfilm gedreht. Die Kulissen sind zwar weg, aber das Fjord-Feeling ist noch immer lebendig. Vor allem in den beiden Restaurants am Ende des Kanals, die passend Fjord und Viking heißen. Die Energiegeladensten paddeln bis dorthin, während Paddel-Neulinge lieber schon bei der Piratenhöhle kehrt machen. Seeräuber oder Pirat? Ganz wie es für deine Fitness passt!

Frischer geht's nimmer

Insider-Tipp Ein echter Tipp ist Tony's oyster shack. Bestell hier vor, denn die frischen Austern aus dem Kanal werden erst dann aus dem Wasser gefischt. Infos gibt's unter Tel. 098 41 45 12, Instagram: limfjordoysterfarm, nur mittags geöffnet. Das ist Power für die Muskeln, um die Paddelrunde zurück nach Vrsar zu rocken. Die Austernbänke unterwegs stimmen dich auf das Deluxe-Seafood ein.

Die Tour im Überblick

Mittelschwere Kajaktour durch den Limski kanal, ca. 15 km, 2–3 Std., Verlängerung möglich

Mit dem Auto auf die Halbinsel Montraker bei Vrsar | Kajakverleih bei Montraker Water Sport Center (sport-vrsar.com.hr) oder auf dem Campingplatz Koversada (maistra.com) | istria-kayaking.com

Mai–Sept.

Kajak, evtl. Neoprenanzug, Schwimmweste und Badeschuhe

45.153380, 13.599189 (Start: Montraker Water Sport Center, Vrsar), 45.130692, 13.736882 (Tony's oyster shack)

DOWNLOAD GPX-Track

Unterwegs im Vogelschutzgebiet Palud ★

Hörst du's piepen? Definitiv! Im Vogelschutzgebiet Palud bei Rovinj sind gefiederte Freunde am Start und sorgen für den musikalischsten Stopp an Istriens Küste. Unzählige Vögel in Hülle und Fülle flattern hier durch die Lüfte. Stille war gestern, heute gibt's den Vogel-Soundtrack!

Ein Konzert liegt in der Luft

Schon beim Einparken gibt's das volle Orchester: ein zartes „Tschilp-tschilp" hier, ein kräftiges „Kra-kra" da. Sobald du durch den Eingang in das Schutzreservat schlenderst (ja, nur zu Fuß!), mahnt ein Schild: „Psst!". Ganz leise, denn die Vögel sollen nicht gestört werden.

Nach einer Viertelstunde Spazierweg taucht ein Beobachtungsstand auf. Bewaffnet mit Fernglas und Vogelbestimmungs-App kannst du hier die VIP-Plätze (Indoor oder Outdoor) neben dem Schilf ergattern und die Vogelwelt genießen: Möwen lachen, Spechte hämmern und Silberreiher meditieren starr am Seeufer – die Tiere wissen, wie man die Bühne rockt! Falls du mehr wissen willst über das Leben der Tiere: Geführte Birdwatching-Touren dauern etwa zwei Stunden und können vorab gebucht werden *(natura-histrica.hr)*.

Ein Festmahl für die Vögel

Doch warum sind die Vögel hier so happy? Dank eines kurzen, schmalen Kanals, der das Sumpfgebiet mit dem Meer verbindet, serviert ihnen die Natur ein Buffet aus Fischen und Fröschen. Zitteraal trifft auf Meeräsche, und überhaupt vermischen sich Salz- und Süßwasser. Das sorgt für viele Arten von Meeres- und Seegetier. Der Kanal, ein Relikt aus K.u.k.-Zeiten, sollte das Sumpfgebiet entwässern, was aber nicht klappte. Dafür gibt es jetzt das Vogelschutzgebiet, das einzige in Istrien.

Naturgenuss im Vogelparadies: Das Sumpfgebiet am Meer zieht Reiher und Co. an (li.). Aber „Pssst!", bitte die Tiere nicht erschrecken (re.)

Ein kurzer Abstecher am Kanal entlang führt dich zu einem rauen, menschenleeren Ufer – das ist selten an der Westküste Istriens.

Trommelwirbel im Urwald

Weiter geht's zurück auf den Schotterweg zum Beobachtungsstand und dann durch den östlichen Teil des Schutzgebiets. Du umrundest den See – der im Sommer ziemlich schrumpft – in großem Bogen, kannst an der antiken Kirche des hl. Damjan (Sv. Duje) vorbeischlendern und schließlich durch dichten Urwald streifen, wenn du zurück zum Parkplatz spazierst. **Insider-Tipp** Auf dem Weg zur Hauptstraße erwarten dich im Agroturizam Mofardin kulinarische Höhenflüge. Die Peka-Gerichte unter der Schmorglocke sind wirklich zum Niederknien, du musst aber unbedingt vorbestellen *(mofardin.hr)*.

Die Tour im Überblick

Spaziergang durch das Vogelschutzreservat (Ornitološki rezervat) Palud, 9 km, ca. 2 Std.

Mit dem Auto oder Fahrrad von Rovinj ca. 6 km in Richtung Bale, rechts abbiegen (Schild) und links halten

Im Frühjahr kommen die Zugvögel, im Sommer fliegen die jungen Wasservögel aus, im Spätsommer wird das Sumpfgebiet zum Stopover-Halt für viele Vögel

Fernglas, Vogelbestimmungs-App, Snacks, Wasser

45.025862, 13.701596 (Start/Ziel)

DOWNLOAD GPX-Track

Kunst und (keine) Kirche bei Pula ★

Die Halbinsel Verudela bei Pula ist wie eine Tüte Buntes. Du findest dort farbenfrohe Kunst im Freien, eine Küstenpromenade, die zu einer „Fake"-Kirche auf Klippen führt, und eine Badebucht namens Havajka, die sich anfühlt, als sei man auf Hawaii gelandet. Den Spaziergang krönt ein Abstecher zur größten Festung Pulas, die bunte Fische und Segelschiff-Miniaturen beherbergt.

Kunst auf der Wiese

Schlanke Beine, auf denen ein wolkenförmiges Gehirn sitzt, oder ein Fischgerippe aus Metall: Im Verudela Art Park auf der Halbinsel Verudela, am Stadtrand von Pula, verzaubern moderne Skulpturen im Freien. Tagsüber sehen sie anders aus als nach Sonnenuntergang: Dann leuchten sie auf der dunklen Wiese, vom lokalen Lichtdesigner Dean Skira in Szene gesetzt, der auch den Hafenkränen von Pula eine Lichtshow verpasst hat. Das Paar Beine mit dem wolkenförmigen Gehirn stammt von Robert Pauletta, einem Künstler aus Istrien. Sie symbolisieren das Motto aller Skulpturen, „Mobilität und Reisen", was hier am Meer perfekt passt.

Warum sich nur die Skulpturen ansehen, wenn das Meer so nah ist? Das wäre schade. Der Strand Ambrela mit Beach Bar liegt direkt unterhalb.

Kirche mit einer Wand

Von dort gelangst du entlang der Küste zum Aussichtspunkt Heiliger Felsen (Sveta stijena) auf den Klippen. Wer zügig geht, braucht nicht mal eine Viertelstunde. Die Geschichte der Kirche dort ist kurios: Sie wurde einst vom Wind umgeweht und dann mit nur einer einzigen Wand wieder aufgebaut. Auf Fotos sieht man kaum, dass es sich um ein „Fake"-Gebäude handelt. Weiter geht's am Canyon Verudela mit seinen senkrechten Felswänden zum Hawaii-Strand (Havajka) unterhalb einer Ferienanlage. Weiße Kiesel und türkisblaues Wasser verströmen hier pure Karibik-Vibes. Besonders Mutige springen sogar oben von den Klippen aus ins Meer. **Insider-Tipp** An einem kleinen Leuchtturm vorbei geht es in den Kiefernwald, wo es schön kühl ist.

Schildkröten in der Festung

Übrigens ist Pula von einem Netz an alten Festungen aus K.u.k.-Zeiten umgeben. Die meisten wirken vergessen, aber die Festung Verudela auf der Halbinsel birgt das Aquarium Pula, mit Meereschildkröten-Station und K.u.k.-Marinemuseum. Das Kuppeldach öffnet den Blick aufs Meer. Fahr mit dem Bus ab dem Startpunkt zurück in die Altstadt und genieß das Kastell, die Arena von Pula und noch mehr antike Baukunst!

Die Tour im Überblick

Spaziergang auf der Halbinsel Verudela bei Pula, ca. 2,5 km, etwa 1 Std., mit dem Bus Verlängerung ins Zentrum von Pula (Arena, Kastell)

Mit dem Stadtbus 2a oder 3a von Pula Zentrum bis zur Haltestelle Verudela | Dort ist auch ein großer Parkplatz

Ganzjährig, am schönsten ist es im Sommer bei Sonnenuntergang

Feste Schuhe, Wasser, Snacks, Badesachen

44.838640, 13.832784 (Start/Ziel Verudela Art Park, evtl. Verlängerung)

DOWNLOAD GPX-Track

Küstenzauber Verudela: Badebucht, Kirche und Kunst sind auf der Halbinsel vereint

Mit dem Fahrrad an Istriens Südspitze ★

Im Sommer ist die Straße an Istriens Südzipfel am Kap Kamenjak staubig, holprig und voll mit Autos. Klingt nicht gerade einladend, oder? Stimmt, aber das gilt nur für die Blechlawine, die hier entlangrollt, nicht jedoch für die, die mit dem Rad oder zu Fuß unterwegs sind! Im Naturschutzgebiet ist der Weg das Ziel, und wer nachhaltig unterwegs ist, wird dafür belohnt.

Südlicher geht's nicht mehr

Wer umweltbewusst ist, kommt auf dem Fahrrad oder zu Fuß zum Kap Kamenjak, Karma-Punkte für die Fitness gibt's außerdem! Und du brauchst kein Navi, denn die Küste zeigt dir den Weg: Immer entlang der zerklüfteten Uferlinie – auf keinen Fall in der Mitte der Halbinsel fahren, denn die gehört den Autos –, bis es nicht mehr weitergeht, dann die Ostküste wieder hinauf. Gestartet wird an der Kassenrampe, entgegen dem Uhrzeigersinn.

Die Dinos sind los

Die Dinos winken! Nach ein paar Radlminuten grüßen ein paar Attrappen der Urzeitriesen am Wegrand, die zu einem Dino-Lehrpfad gehören. Der bleibt aber rechts liegen. Am Kiefernwald mit Kiosk und Badestrand Pinižule lässt du das Rad kurz stehen. Zu Fuß geht es ein paar Minuten nach Norden, zu echten Dinosaurier-Fußstapfen am Kap Grakalovac. Vom Strand geht es weiter nach Süden an der Küste entlang. **Insider-Tipp** Wer will, macht einen Schlenker zum Bauernhof-Restaurant Istarska farma, weg von der Bucht Polje, um das istrische Ur-Rind Boškarin zu begrüßen, das dort weidet. Auf der Fahrt nach Süden taucht die Leuchtturm-Insel Porer auf. Davor dient das Eiland Fenoliga als Landeplatz für Möwen. Hier kannst du auf der Sunset-Bank das Vogelspektakel genießen.

Sangria im Schilf schlürfen

Die Safari-Bar am südlichsten Zipfel des Kaps, nur ein paar Minuten entfernt, erkennt man an einem Piratenturm. Setz dich auf eine der versteckten Holzbänke mit Tischen im Schilf, genieße hausgemachte Sangria und knabbere an Oliven, gegrillten Sardinen oder Ćevapčići. Die Kinder freuen sich über den Upcycling-Spielplatz aus Meeresfundstücken mit Rutsche, Schaukel und Karussell. Mutige zeigen ihr Können beim Klippenspringen, und in der Kolumbarica-Bucht östlich der Safari-Bar will eine Meereshöhle erkundet werden.

Das Fahrrad wartet schon am Piratenausguck oben. Es geht an der Küste entlang, die immer wieder auftaucht und dann hinter Kiefernhainen verschwindet. Ein paar Buchten und Strandbars laden zum Chillen ein. Die Ostküste ist ein wenig flacher und bietet auf dem Rückweg perfekte Badestopps.

Zwischen Wildnis und Wasser: verborgene Badebucht an der Ostküste des Kaps (o.). Im Südwesten geht der Blick zur Leuchtturminsel Porer (li.)

Die Tour im Überblick

Einfache bis mittelschwere Radtour am Südzipfel Istriens, Kap Kamenjak bei Premantura, ca. 11 km, 2 Std.

Mit dem Bus (ab Pula), dem Fahrrad oder dem Auto nach Premantura | Fahrradverleih bei Jistra Adventures: jistra.com | Einkehr: Istarska farma (Beschilderung) | kamenjak.hr

Frühjahr bis Herbst; kein Wildzelten, abends muss das Kap verlassen werden

Wasser, Snacks

44.795978, 13.908062 (Start/Ziel)

DOWNLOAD GPX-Track

Durchs grüne Paradies nach Rabac ★

Ein Urwald mit plätscherndem Bach, Wasserfall und ein paar Naturtreppen, die deinen Fitness-Tracker ins Schwitzen bringen: Das hält die Wanderung vom Hügelstädtchen Labin runter ans Meer nach Rabac bereit. Es bleibt schön schattig und unten am Meer lässt es sich prima in die Fluten springen und so neue Energie für den Aufstieg tanken.

Revolution am Hang

Hoch über Istriens Ostküste thront Labin, das rebellische Hügelstädtchen. Hier streikten die Kohlearbeiter einst und riefen 1921 die Labiner Republik aus. Aber wie das nun mal so ist mit Revolutionen, sie dauern oft nicht lange an – nach zwei Monaten war Schluss. Mit dem Kulturfestival „Labinska Republika" erinnert man jedes Jahr im Juni daran. Doch auch sonst lohnt Labin einen Abstecher, denn dort beginnt der „Wanderweg der Göttin Sentona" (Sentonina staza).

Im Sommer ist der Pfad, der der Schutzpatronin der Reisenden gewidmet ist, wirklich schön: Er führt durch einen schattigen Wald, lässt dich an einem plätschernden Bach entlangspazieren und an einem Wasserfall vorbeischlendern.

Richtung Hotspot

Hinter der Touristinformation in Labin geht es los – links halten. Im Frühsommer blühen dort die Kakteen gelb und lila, während du schon bald ganz in der Ferne das Meer erblickst. Bäume, Büsche und Farne entlang des Weges verwandeln die Umgebung in ein grünes Paradies. Der Bach sprudelt mal wild, mal zart, und kleine Brücken führen über ihn hinüber. Weiter immer links halten, dann taucht schon ein Wasserfall auf, der sich in eine grün schimmernde Gumpe ergießt. An einigen

Stellen geht's treppab den Berg hinunter, bis man schließlich bei dem Campingplatz auf die Uferpromenade von Rabac trifft.

Abkühlung vor dem Rückweg

Rabac ist ein moderner Hotspot mit Hotels, Stränden und Eisdielen. Alles hier ist im Strandmodus und im Sommer rappelvoll. Am Maslinica-Beach beim Campingplatz ruft die verdiente Abkühlung im Meer, denn schließlich wartet der Aufstieg zurück auf den Berg. Zum Abschluss gibt es dort die perfekte Wandermahlzeit, so wie es sich gehört: **Insider-Tipp** Auf dem Hauptplatz vor dem Altstadt-Tor von Labin musst du unbedingt im Velo Kafe vorbeischauen. Infos erhältst du unter: *Titov trg, fb.com/velokafe)*. Nur hier gibt es die lokale Spezialität Krafi, eine Art süße Ravioli!

Die Tour im Überblick

Einfache Wanderung von Labin nach Rabac (auf gleichem Weg zurück), ca. 6 km, 2 Std.

Start/Ziel beim Tourismusverband, Ul. Alda Negrija 2, Labin | Großer Parkplatz (Gebühr) 900 m oberhalb, Ul. Sv. Katerine | istria-trails.com (Trail 804) | Touristenzug von Rabac (Girandella) nach Labin

Frühjahr bis Herbst
Feste Schuhe, Wasser und Badesachen
45.088506, 14.127277 (Start/Ziel), 45.079237, 14.152546 (Maslinica-Strand), 45.085705, 14.122622 (Velo kafe)

DOWNLOAD GPX-Track

Höhepunkte einer großartigen Tour: ein Wasserfall (li.) und die bunten Fassaden von Labin (re.)

MEHR ERLEBEN

*WEITERE ABENTEUER & AUSFLÜGE

Atelier unter freiem Himmel: der alte Steinbruch von Montrakter bei Vrsar

Entdecke Istrien, Kroatiens nördlichste und größte Halbinsel: Spaziere bei Rovinj durch eine antike Ruinenstadt mit Meerblick, pedaliere durch den Bikepark Rabac oder klettere in der Winnetou-Schlucht Vela draga. Bestaune im grünen Landesinneren Wasserfälle mit Badeplätzen und such den Nervenkitzel beim Wracktauchen, Wakeboarden oder Klippenspringen – Istrien ist ziemlich vielfältig!

ISTRIENS WESTEN

Kunstvoller Kalkstein

1 Spaziergang durch den alten Steinbruch Montraker bei Vrsar, 30 Min.

Klotzen, nicht kleckern. Das scheint das Motto der eindrucksvollen Steinskulpturen auf der Halbinsel Montraker bei Vrsar zu sein. Du findest sie im alten Steinbruch von Vrsar. Ein kurzer Marsch von der Altstadt entführt dich in die Welt der Open-Air-Kunst, die Zeugnis des jährlichen Bildhauer-Treffens ist. Insider-Tipp Erklimme die Aussichtsplattform: Der Mix aus Kunst und Natur ist bei Sonnenuntergang einfach magisch. Und wer weiß, vielleicht spürst du ja auch den Hauch von Casanovas Charme: Vrsar hatte es ihm angetan, so verraten es seine Memoiren. Pack die Badesachen ein, auf der Halbinsel gibt es zwei Strände!

Mit dem Auto auf den zentralen Parkplatz zwischen Altstadt und Halbinsel Montraker, im Sommer gebührenpflichtig Ganzjährig, am besten bei Tageslicht 45.151889, 13.601064 (Aussichtspunkt)

Die verlassene Stadt

2 Spaziergang durch die Ruinenstadt Dvigrad, 30 Min.

Dvigrad ist eine verlassene Stadt, in der die Natur das Kommando übernommen hat. Efeu umschlingt die Steinmauern, wilder Wein rankt durch die leeren Fenster. Die Pest ließ die Menschen im 17. Jh. fliehen, und nun kannst du in Ruhe durch die Gassen wandeln, umgeben von den Überresten von über 200 Häusern. Ein Hauch von Abenteuer liegt in der Luft, denn nicht jeder Winkel ist gesichert. Aber genau das macht den Reiz aus. Nichts wie hin, noch ist dieser Spaziergang gratis.

Umrankte Ruinenstadt Dvigrad: eine Zeitreise

Insider-Tipp Falls du den Besuch mit einer Radtour kombinieren willst, nimm die Route 273 ab/bis Kanfanar (Streckendaten: *istria-bike.com/de* > Strecken). Bei den Ruinen gibt es einen einfachen Imbiss mit aufgebrühtem Mokka-Kaffee.

ⓘ *Mit dem Auto vor dem Ortseingang von Kanfanar vor der Schranke linker Hand abbiegen, noch 2,5 km, Parkplätze davor* ◷ *Ganzjährig, am besten bei trockenem Wetter* ⚲ *45.127389, 13.811003*

Steinzeit mit Meerblick

3 🚶 Spaziergang durch die Bronzezeitsiedlung Monkodonja gradina bei Rovinj, 30 Min.

Geschichtsstunde unter freiem Himmel? Pack's an: Nur 6 km von Rovinjs Trubel wartet die Ausgrabungsstätte Monkodonja darauf, von dir entdeckt zu werden. Nach einem kleinen Schwenk von der Landstraße auf einen unauffälligen Feldweg tauchst du ein in die Welt der Bronzezeit. Die Siedlung war oval angelegt, so lang wie zweieinhalb Fußballfelder, und mehr als 1000 Menschen lebten hier. Auf dem Hügel angekommen, erwarten dich nicht nur die Überreste dicker Mauern, sondern auch eine Weitsicht bis zum Meer. Wandere durch das frühere Stadttor, spüre den Geist der ehemaligen Bewohner und lass die Steinzeit wieder aufleben.

Istriens westlichstes Kap bei Savudrija ziert ein Leuchtturm

ⓘ *Mit dem Auto oder Fahrrad an der Landstraße 5096 von Rovinj nach Bale linker Hand in den Feldweg abzweigen (braunes Schild)* ◷ *Ganzjährig, bei Tageslicht* ⚲ *45.071533, 13.696361*

Wo Boote Mikado spielen

4 🚶 Küstenspaziergang zum Leuchtturm von Savudrija, ca. 5 km, 1,5 Std.

Weiter nach Westen kommst du in Istrien nicht: Das Kap von Savudrija ist der westlichste Punkt Istriens. Im Hafen schaukeln bunte Boote auf dem Wasser und ein gemütlicher Promenadenweg führt gen Süden. Wegweiser sind unnötig, denn ein Leuchtturm dient als perfekter Orientierungspunkt. Errichtet vom verliebten Fürst Metternich für seine verlorene Liebe, ist er heute eine ungewöhnliche Übernachtungsmöglichkeit. Unterhalb, am Strand Svjetionik (Leuchtturm), ragen spitze Holzpfähle wie Mikado-Stäbchen aus dem Was-

Das gibt es nur am Kap von Savudrija: Fischerboote trocknen abends im Wind

ser: Am Abend hängen hier die Fischerboote zum Trocknen – ein besonders malerisches Fotomotiv im Sonnenuntergang. Wer tagsüber kommt, findet einen flachen Kiesstrand zum Baden, der auch für Kinder ideal ist.

Mit dem Auto bis zum Fischerhafen von Savudrija, dort parken und starten, Ziel ist der Strand Svjetionik in Savudrija-Bašanija Ganzjährig, im Sommer am besten abends 45.501667, 13.503111 (Parkplatz), 45.487503, 13.491178 (Fischerboote)

Rovinjs grünes Abenteuerland

5 Küsten- und Waldpaziergang über das Goldene Kap (Zlatni rt) bei Rovinj, ca. 4 km, 2 Std.

Das Goldene Kap (Zlatni rt) ist Rovinjs grüne Oase. Während du durch den riesigen Waldpark südlich dieses Küstenstädtchens schlenderst, umweht dich der Duft von Pinien und Kiefern. Exotische Akzente setzen Libanon-Zedern und Eukalyptusbäume, die der Parkgründer aus fernen Ländern mitbrachte. Hier kannst du entlang des Ufers zu hübschen Badebuchten, etwa beim Hotel Lone, spazieren oder dich auf sonnendurchfluteten Lichtungen entspannen. Workout-Stationen laden zu einer Fitness-Pause ein und beim Freiklettern kann man seine Geschicklichkeit am alten Steinbruch testen. Von überall bietet sich ein fantastischer Blick auf Rovinjs Altstadt. Schnapp dir ein Rad oder komm zu Fuß, denn Parkplätze sind hier schneller weg als Eis im Hochsommer!

Zu Fuß oder mit dem Fahrrad, 1,5 km südl. ab Rovinj-Altstadt | Parkplätze am Stadion oder am Parkplatz Monvi (Parkautomat) Ganzjährig, im Sommer Badesachen einpacken 45.067423, 13.636928 (Workout-Station), 45.068898, 13.627070 (Kletter-Location)

Ab auf den Unterwasser-Lehrpfad

6 Einfaches Tauchen und Schnorcheln in der Verige-Bucht auf Veli Brijun, 45 Min.

Ein Schwarm Fische schwimmt vorbei, während du über antike römische Mauern auf dem Meeresgrund staunst. Das geht im Nationalpark-Archipel Brijuni, vor der Südwestküste Istriens. Die Bucht

Die Antike erkunden? Das geht per Funkschnorchel in der Verige-Bucht

Ab ins Wasser, wo die „Baron Gautsch" auf Grund liegt

Verige, an der Ostseite der Hauptinsel Veli Brijun, bietet einen 500 m langen Unterwasser-Lehrpfad. Dort kannst du in flachem Wasser mit einem Funkschnorchel tauchen – mit einer professionellen Begleitung.

ⓘ *Überfahrt mit den Booten der Nationalparkverwaltung ab Fažana (np-brijuni.hr), weiter mit dem Leihfahrrad | Tauchen: Mai–Sept. Di, Do, Sa, Reservierung mind. 1 Tag vorher unter gaia.adventure.istria@gmail.com | €€€ Mai–Sept. 44.927253, 13.802142 (Fährableger Fažana), 44.911073, 13.776942 (Uvala Verige)*

Die Adria als Bühne

7 Wakeboarden am Wasserskilift Zelena Laguna bei Poreč

Kurz, schnell, rasant: Der Lift bei Poreč ist dein Ticket zu Wakeboard-Abenteuern auf 650 m Länge, voller Sprünge und Tricks. In der Bucht der Ferienanlage Zelena Laguna gelegen, wird das Wasser zur Bühne. Und danach? Entspannen in der coolen Bar, die gute Burger und chillige Beats serviert, oder eine Runde Beachvolleyball spielen.

ⓘ *Mit dem Auto oder Touristenzug zur Ferienanlage Zelena Laguna, südlich von Poreč | skiliftporec.com | €€€ Ostern bis Oktober 45.203983, 13.594811*

Abtauchen zum alten Dampfer

8 Anspruchsvolles Wracktauchen vor Rovinj

Tauche ab in die Vergangenheit: Die *Baron Gautsch*, ein österreichisch-ungarisches Passagierschiff, wartet tief in der Adria auf Abenteurersuchende. Nach einer tragischen Begegnung mit einer Mine vor Rovinjs Küste liegt das Wrack seit 1914 auf dem Meeresboden, 39 m unter Wasser. Über die entsprechende Sondergenehmigung verfügt das Tauchzentrum Morski puž. **Insider-Tipp** Tauch-Neulinge? Ab zum Leuchtturminselchen Porer am Südwestzipfel Istriens – dort warten ein fischreiches Riff und terrassierte Unterwasserwelten.

ⓘ *Tauchzentrum Morski puž, Veštar 1 (Campingplatz Veštar), Cocaletto bei Rovinj | diving-rovinj.com | €€€ Sommer 45.051094, 13.685128*

Hinab ans Ufer – von hier aus starten die Taxiboote auf die Insel Levan

Wer zum Taxiboot-Ableger radelt, kommt an gemütlichen Rindern vorbei

ISTRIENS SÜDEN UND OSTEN

In der Antike chillen

9 🚶 Küsten- und Waldspaziergang über die Halbinsel Vižula, ca. 2 km, 1 Std.

Die Halbinsel Vižula bei Medulin ist ein historisches Freiluft-Wohnzimmer, wo römische Eleganz auf moderne Spazierkultur trifft. Stell dir vor: Du flanierst auf den Spuren römischer Noblesse, umgeben von Ruinen, die einst beheizbare Pools beherbergten. Du schnupperst den Duft antiker Kräutergärten, während dein Smartphone an einer Solarbank neue Energie tankt. **Insider-Tipp** Mit VR-Brillen katapultierst du dich ins Römische Reich. Was früher ein Steinbruch war, ist heute eine Bühne für Events unter freiem Himmel. Und während deine Kinder auf dem Spielplatz toben, holst du dir einen Espresso am Kiosk.

Bus 25 ab Pula bis Medulin, dann ein kurzer Fußweg ⏲ Ganzjährig, VR-Brillen-Verleih von Mai bis Sept. 📍 44.819894, 13.928781 (Infopunkt)

Pedalieren mit Inselblick

10 🚲 Einfache MTB-Rundtour von Medulin nach Ližnjan mit Abstecher auf die Insel Levan, ca. 10 km, 1 Std. (plus Insel-Ausflug)

Reif für die Insel? Dort führt eine nette Radtour hin, von Medulin immer ostwärts, am Campingplatz Kažela vorbei an der Küste entlang. Unterwegs leuchtet der Ginster und man trifft auf ein paar ganz entspannte Rinder auf der Wiese. Highlight ist dort der Blick auf die Insel Levan, wo die Taxiboote ablegen: Park das Rad für ein paar Stündchen und leg eine Badepause auf der kleinen Insel mit Sandstrand ein, schlürf ein kühles Getränk und radel dann, wieder zurück auf dem Festland, weiter. Ganz im Südosten Istriens geht es am weißen Leuchtturm Marlera vorbei, dann zum Strand von Ližnjan, ehe die Straße in Ližnjan zurück nach Medulin abzweigt.

Start/Ziel Medulin | Bus 25 ab Pula nach Medulin | Öffentliche Parkplätze in Medulin ⏲ Sommer ⚙ Badesachen, Fahrrad 📍 44.803401, 13.978708 (Taxiboote nach Levan), 44.804575, 14.002730 (Leuchtturm Marlera)

Coasteering bei Pula: Nervenkitzel zwischen Klippen und Meer. In voller Montur springen Wagemutige ins Wasser

Mutprobe auf steilen Felsen

11 Klippenspringen von den Galebove stijene bei Pula

Auf den senkrechten Galebove stijene (Möwenfelsen) trennen dich 12 m vom Meer: ein Sprung, ein Kick, pures Adrenalin. Nicht jeder schafft den stilvollen Kopfsprung, manche landen mit einem unterhaltsamen Platscher, aber der Applaus des Publikums ist dir sicher. Mach's dir auf den sonnenwarmen Felsplatten gemütlich, feuere die Wagemutigen an oder werde selbst zum Star des Tages. Unter Wasser wartet dann der nächste Clou – schnapp dir den Schnorchel und erforsche die geheimnisvolle Höhle unterhalb der Klippen. Pack deine Badetasche, denn an diesen entlegenen Felsjuwelen wartet kein Kiosk – nur Natur pur.

Mit dem Auto von Pula nach Fižela auf der Halbinsel Stoja, vom Parkplatz 10 Min. Fußweg Sommer Badesachen, Snacks, Wasser mitnehmen 44.861302, 13.804588

Am Fels entlanghangeln

12 Coasteering rund um Pula, 2,5 Std.

Die Steilküsten rund um Pula und das Kap Kamenjak sind die perfekte Arena für Coasteering (bedeutet etwa so viel wie „Klippenquerklettern"), eine in England erfundene Sportart, die Klettern, Schwimmen und Springen kombiniert. Mit Mut und Geschick überwindest du natürliche Hindernisse direkt an der Küste. Ob Anfängerin oder versierter Abenteurer – dieser Herausforderung können sich alle stellen. Die notwendige Ausrüstung für Sicherheit und Komfort – Weste, Helm und Neoprenanzug – gibt es vor Ort. Erlebe Istriens Küste aus einer ganz neuen, actionreichen Perspektive.

Stadtbus bis Camping Arena Stoja, 300 m zu Fuß, der Treffpunkt ist am Kajak- und SUP-Verleih von Pula Outdoor am Strand Valovine | pulaoutdoor.com Mai–Okt. Mo–Sa 44.861922, 13.810854 (Treffpunkt)

Girandella heißt der Top-Strand von Rabac. Nur herumdümpeln? Oberhalb findest du Bike-Trails und Wanderwege

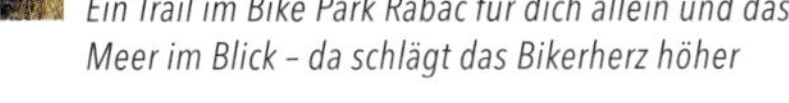

Ein Trail im Bike Park Rabac für dich allein und das Meer im Blick – da schlägt das Bikerherz höher

Adrenalinkick am Hang

13 Einfache bis anspruchsvolle Trails im Bike Park von Rabac, 2–3 Std.

Namen wie „Lazy Boy" (Fauler Junge) und „Espresso" klingen nach Chillen, sind aber die Bezeichnungen aufregender Trails im Bike Park Rabac, oberhalb des berühmten Girandella-Strandes. Ob auf dem Pumptrack oder der Jumpline – hier geht's rund. Bike oder E-Bike? Kein Ding, hier kannst du ausleihen, was du brauchst. Oben im Park schwingst du dich auf einen der 16 Trails, die jeden Geschmack treffen, den des Einsteigers bis zu dem der MTB-Halbgöttin. Im Gipfelbereich finden die Profis ihre Herausforderung, während sich im unteren Teil auch die Bike-Familien wohlfühlen. **Insider-Tipp** Für die längeren Abfahrten bringt dich ein Shuttle samt Bike nach oben.

Valamar Sanfior, Bike Center Rabac, Ul. slobode, Rabac | Parken vor Ort | valamar.com | €€€ Im Sommer 45.077314, 14.167876

Durch Steinspiralen wandeln

14 Waldbaden im Parkwald Šijanska šuma bei Pula, 1–2 Std.

Entschleunigen kannst du nördlich von Pula: Im Parkwald Šijanska šuma winden sich Spiralen aus Stein auf einer Waldlichtung – jede ist einem Himmelskörper gewidmet. Diese Spiralen sind schneckenförmige Wege, die mit geschlossenen Augen und tiefen Atemzügen zum bewussten Nachgehen der Pfade einladen. Das soll die Achtsamkeit fördern und die innere Balance stärken. Vogelgesang und das Zirpen der Zikaden untermalen die Szenerie. Der frühere „Kaiserwald" war einst Holzlieferant der K.u.k.-Kriegsmarine, heute ist er ein Ort der Ruhe. Im Herbst erlebst du hier einen schönen Indian Summer!

Spiralpfade in Šijanska šuma – tu dir etwas Gutes!

Zugang Ul. Ante Dukića/Braće Čeh, ab der großen Wiese mit Spielplatz in Richtung Labirinti, der Beschilderung folgen, rechts halten | Anfahrt etwas knifflig, lieber GPS zu Rate ziehen | naturahistrica.hr Ganzjährig, am besten Frühjahr bis Herbst 44.886011, 13.888429

Fest im Sattel

15 Reitausflüge auf der Pferderanch Barba Tone, ab 1 Std.

Auf der Ranch Barba Tone, 18 km nördlich von Pula, wartet das Reitglück auf Anfängerinnen und

Vela draga: Imposante Kalknadeln ragen aus der Schlucht, die Schauplatz legendärer Winnetou-Abenteuer war

Könner. Ob ein Ritt am azurblauen Meer oder zur Erkundung geheimnisvoller Tropfsteinhöhlen – hier warten unvergessliche Erlebnisse. **Insider-Tipp** Optional locken mehrtägige Exkursionen hoch zu Ross, übernachtet wird dabei im Zelt oder in der Scheune des Reiterhofs.

Mit dem Auto bis zur Siedlung Manjandvorci, Haus-Nr. 60 | istra-riding.com | €€€ Frühjahr bis Herbst 45.012276, 13.973601

DAS LANDESINNERE UND DER NORDEN ISTRIENS

Winnetous Schlucht

16 Spaziergang zum Aussichtspunkt der Schlucht Vela draga, 1 Std.

Die felsige Schlucht von Vela draga wirkt, als sei sie direkt aus einem Wildwestfilm entsprungen – ein Ort, wo du fast das Wiehern von Winnetous Pferd zu hören glaubst. Hier wurden 1964 Szenen des Films „Unter Geiern" gedreht; die Kulisse mit den imposanten Kalkfelsnadeln ist bis heute unverändert. Ein kurzer Panoramaweg am Rand der Schlucht ermöglicht es dir, das atemberaubende Grün der Macchia und des Strauchwalds zu bestaunen. Nimm dir Zeit für ein gemütliches Picknick und genieße die einzigartige Aussicht, die dich in die Welt der Apachen entführt. Doch sei gewappnet: Der Abstieg in die Schlucht erfordert festes Schuhwerk, es geht über Geröll und steile Pfade.

Mit dem Auto aus Rijeka in Richtung Učka-Tunnel, kurz davor die Ausfahrt Veprinac nehmen Frühjahr bis Herbst 45.320067, 14.169966 (Parkplatz), 45.306895, 14.204980 (Aussichtspunkt)

Vor göttlicher Kulisse

17 Einfache Wanderung von Pićan nach Gačišće zum Wasserfall (Slap) Sopot, 3 km, 1 Std.

Lass dich auf einen Trail ein, der Natur mit Mystik verbindet. Auf dem Wanderweg des hl. Rochus (Staza svetog Roka) geht es im Landesinneren Istriens zum Slap Sopot. Über helles Gestein fällt der Wasserfall 25 m senkrecht ab – nun ja, außer im Sommer, wenn er austrocknet und sich nur tröpfchenweise der Schwerkraft ergibt. Oberhalb

Sommer am Sopot: Sanft tröpfelt der Wasserfall

Das alte slawische Alphabet in Stein bei Hum

ist die Mehrhundertjährige Brücke (Višestoljetni most), die wirklich so heißt, ein schönes Fotomotiv. Falls dir der Sinn nach Nervenkitzel steht, wartet ein akrobatischer Abstieg. Falls nicht: Von den Aussichtspunkten, die Donnergott Perun und Muttergöttin Mokoš gewidmet sind, ist der Blick auf den Wasserfall ebenso schön.

Mit dem Auto bis Pićan, Ortsteil Floričići, von Pazin nach Plomin der Beschilderung folgen, 10 Min. Fußweg ab dem Parkplatz bei den Häusern

Ganzjährig, im Sommer kaum Wasser

45.414916, 13.996400

Steinhartes ABC

18 Einfache Wanderung auf der Allee der Glagoliter nach Hum, ca. 7 km, 2 Std.

Die Allee der Glagoliter (Aleja Glagoljaša) führt durch das grüne und ruhige Istrien. Starte beim Steinsymbol „S", das ein wenig wie ein Pilz wirkt, im Dörfchen Roč, wo das älteste kroatische Messbuch gedruckt wurde. Schlendere auf Hirtenpfaden vorbei an saftigen Wiesen und durch dichte Wälder. Der Weg ist gesäumt von steinernen Denkmälern, die dem alten slawischen Alphabet Glagoliza huldigen, erschaffen von den Slawenaposteln Kyrill und Method. Unterwegs triffst du auf den Steintisch des Kyrill und Method und auf das beeindruckende Gesetzesdokument „Istarski razvod". Das elfte Denkmal ist dann nicht aus Stein: die Kupfertür am Stadttor von Hum, der offiziell kleinsten Stadt der Welt mit zwei Straßen und hübschen Souvenirläden. **Insider-Tipp** Köstlicher Mistelschnaps wird in der Humska konoba serviert.

Einstieg Wanderpfad an der Kreuzung Hum – Roč, Straße D 44, nach Süden auf der L 50038 halten, über Forčići und Brnobići | Busse fahren nur selten | Auto vor der Stadtmauer von Roč parken

Ganzjährig, am besten Frühjahr bis Herbst

45.392888, 14.044386

Das dünn besiedelte Ćićarija-Gebirge verspricht Ruhe, Natur und atemberaubende Aussichten

Auf den Spuren traditioneller istrischer Steinhütten verläuft der Kažun-Wanderweg

Hüttengaudi im Feld

19 Einfache Rundwanderung zu Steinhäuschen auf dem Wanderweg Moj Kažun bei Vodnjan, ca. 8 km, 2 Std.

Kažuni, diese kleinen Steinhäuschen, sind ein Wahrzeichen Istriens. Ursprünglich als Aufbewahrungsort für Feldwerkzeuge genutzt, boten sie auch Schutz bei plötzlich einsetzenden Unwettern. Der Kažuni-Park bei Vodnjan, ein Mini-Freiluftmuseum, vermittelt spannende Einblicke in die traditionelle Bauweise dieser Hütten, die erstaunlicherweise ohne jeglichen Mörtel errichtet wurden. Genieße einen Kaffee vom Kiosk nebenan und lass die urige Atmosphäre der Steinhütten auf dich wirken. Rund um Vodnjan sollen noch über 2000 dieser Hütten zu finden sein. Der Wanderpfad Moj kažun (Mein Steinhaus) führt dich auf Asphalt und später auf Schotterwegen durch die idyllische Landschaft aus Trockenmauern und Olivenhainen, vorbei an zahlreichen Kažuni. Mach ein Spiel daraus und versuche sie zu zählen – das wird garantiert auch die kleinen Entdecker begeistern!

Von Bus- bzw. Zugbahnhof je 15 Min. Fußweg | Mit dem Auto Ausfahrt Vodnjan-jug (Süd), der Park kažuna liegt am Kreisverkehr, kostenloser Parkplatz | istria-trails.com/de (> Routen > 112)

Ganzjährig, am besten Frühjahr bis Herbst

44.968704, 13.846116

Ein Stück Fernweg

20 Mittelschwere Rundwanderung im Ćićarija-Gebirge, von Brest zum Berggipfel Žbevnica, ca. 6 km, 2,5 Std.

Wer sagt denn, dass es immer die Langstrecke sein muss? Hol dir dein eigenes Stück der Via Dinarica. Der Fernwanderweg schmiedet eine 2000 km lange Freundschaft zwischen Slowenien und Albanien und flüstert Geschichten im stillen Ćićarija-Gebirge Istriens. Hier, wo sich Istrien und die Region Kvarner die Hand reichen, findest du Ruhe, im Frühling ein Narzissenmeer und manchmal blockieren Schafe den Weg. Startpunkt des Mini-Epos ist das Dörfchen Brest. Hier erzählen alte Gemäuer von

Rauschende Pracht: Der Wasserfall Peć ist einer von sieben entlang der Wanderroute bei Buzet

Der Fluss Mirna hat das Kalkgestein bei Kotli ausgepült – ein perfekter Badeplatz

längst vergangenen Tagen und der Gipfel Žbevnica winkt mit dem Versprechen großartiger Aussichten. Der Aufstieg? Ein Mix aus Steilpassagen, Kraxelei und sogar einer Seilsicherung, die dir das nötige Quäntchen Mut schenkt. Oben angekommen, thronst du neben der steinernen Pyramide und wirst mit einem Rundumblick belohnt, der alle Strapazen vergessen lässt. Der Rückweg führt dich östlich des Gipfels zurück nach Brest.

Mit dem Auto an der Straße vor Brest parken, am östl. Ortseingang bei der Wasserstelle der rot-weißen Markierung folgen März–Okt. 45.454193, 14.008376 Download GPX-Track

Wo sieben Wasserfälle rauschen

21 Anspruchsvolle Rundwanderung „Pfad der sieben Wasserfälle" durch den Canyon von Buzet, ca. 13 km, 4 Std.

Beim Hügelstädtchen Buzet lockt eine grüne Schlucht, die der Fluss Mirna durchzieht, mit sieben Wasserfällen. Die Wanderung auf dem Pfad der sieben Wasserfälle (Staza 7 slapova) führt in den Canyon hinein, am ersten Wasserfall, Bačva, einem Hochseilgarten und einem gesperrten Bergwerkstunnel vorbei. **Insider-Tipp** Beim Wasserfall Peć gibt es einen gemütlichen Picknickplatz. Vela Peć ist imposante 26 m hoch! Anschließend wird es herausfordernd: Steigeisen in der Wand, Halteseile und ein wenig Mut leiten dich weiter. Das Dörfchen Kotli erwartet dich mit natürlichen Felsbecken im Fluss – perfekt für eine Abkühlung – und einer urigen Konoba, in der die Zeit stillzustehen scheint. Schließlich nimmt der Pfad einen entspannteren Turn. Er führt an den Wasserfällen Zelenščak und Grjok vorbei, die zu einem erfrischenden Bad einladen. Flankiert von dramatischen Felswänden, schließt sich der Kreis der Wanderung wieder am Ausgangspunkt.

Schluchtbeginn auf dem Mirna-Damm bei den Fitnessgeräten, der Wegmarkierung 306 Staza sedam slapova folgen, istria-trails.com/de (>Routen > 306) | Mit dem Auto bis Sveti Ivan bei Buzet Frühjahr bis Herbst 45.39522, 13.98847 (Start/Ziel)

Mehr Adrenalin geht kaum: Gut gesichert geht es über die Schlucht von Pazin

Höhle mit zwei Seen: Mit einem Guide lässt sich die Pazinska jama erkunden

Adrenalinkick über der Schlucht

22 Ziplining über der Schlucht von Pazin, 1–2 Std.

Die Schlucht von Pazin (Pazinska jama, auch Fojba-Schlucht) wirkt schon mächtig: grün und buschig wie ein Urwald, mit grauen Felswänden und mitten in der Stadt. Wie aufgetupft wirken die Häuser an der Felskante. Das alles siehst du im Höhenflug, wenn du – natürlich gut angezurrt – mit der Zipline quer durch die Schlucht braust. Zwei Teilabschnitte der Seilrutsche sind je 80 m lang, der dritte 220 m. Du landest im Hof des Schriftstellerhauses. Treppauf geht es nach dem Adrenalin-Kick wieder zum Hotel Lovac, wo du dich auf der Panorama-Terrasse ein wenig erholen und anderen zugucken kannst.

Start unterhalb der Panoramaterrasse des Hotel Lovac in Pazin | Parkplätze vorhanden | Facebook: zipline.pazin | €€€ Mai–Sept. tgl. 45.239849, 13.928404

Ab ins Erdreich

23 Mittelschwere Höhlentour in der Paziner Grotte, 2,5 Std.

Mysteriös! Die Pazinčica, ein 16 km langes Flüsschen, verschwindet in einem gewaltigen Schluckloch, das den Abschluss der 500 m langen Schlucht von Pazin bildet. Hinter der Öffnung tauchst du in eine Höhle (Pazinska jama) mit zwei Seen ein. Natürlich nicht allein, sondern bei einer Tour mit Guide und Ausrüstung. Diese mystische Gegend hat den berühmten Schriftsteller Jules Verne zu seinem Roman *Mathias Sandorf* beflügelt. Der Fluss nimmt einen unterirdischen Abstecher und taucht im Limski kanal wieder auf, ein typisches Karstphänomen.

Bus bis Pazin, ab Haltestelle 10 Min. zu Fuß | Voranmeldung spätestens am Vortag: pazin-cave.com | €€€ Mai–Sept. 45.241460, 13.928995 (Eingang neben der Brücke)

Nur Fliegen ist schöner: Gleitschirme am Himmel versprechen große Freiheit

Bunte Himmelsstürmer

24 Gleitschirmfliegen von der Rampe Raspadalica

Wie bunte Regenschirme wirken die Paraglider, die schwerelos durch die Lüfte segeln. Zu den Top-Locations in Kroatien gehört Raspadalica, 5 km entfernt von Buzet, im Nordosten Istriens. Auf 550 m Meereshöhe geht es los. Der Blick auf die hügelige Umgebung ist traumhaft. Die Thermik in dieser Ecke Kroatiens ist so gut, dass hier schon mal ein Weltcup stattfand. **Insider-Tipp** Wenn du mit dem WoMo oder Van unterwegs bist, kannst du auf dem Campingplatz Raspadalica nebenan übernachten (basic, zehn Stellplätze).

Mit dem Auto oder der Bahn bis Buzet, dann nach Nordosten | Anmeldung Tandem-Take-off: info@istraparagliding.com, Tel. 098 9 22 80 81 | €€€ | Camping: Tel. 052 9 24 73 00 Tandem: Mai–Okt. 10–18 Uhr 45.423767, 13.998054 (Raspadalica)

Klettern vor Filmkulisse

25 Abstieg und Freeclimbing in der Schlucht Vela draga

Für Kletterfans bietet die Schlucht Vela draga wahre Schätze: Die größte Felsnadel, der Hohe Turm, erreicht 50 m Höhe und bietet Routen bis zu einem Schwierigkeitsgrad von 7a/b. Der Handschuh (rukavica) – eine Felsnadel mit einer Höhe von 27 m – offeriert mittelschwere Routen (4b bis 6c). Mit Namen wie „Fu-fu" oder „I am from Austria" sind die Routen nicht nur eine sportliche Herausforderung, sondern auch ein Stück Klettergeschichte.

Mit dem Auto aus Rijeka in Richtung Učka-Tunnel, kurz davor die Ausfahrt Veprinac nehmen. Vom Panoramaweg den steilen Schotterweg absteigen, die Kletterwege sind linker Hand, rechts der beiden Tunnels und der alten Bahngleise gibt es Kletterfelsen mit mehreren Routen Bei trockenem Wetter, Frühjahr bis Herbst 45.320067, 14.169966

Beim Picknick- und Badeplatz Zarečki krov findet man unterhalb steiler Klippen eine willkommene Abkühlung

Da geht's lang: auf eigene Faust durch die Lavendelfarm spazieren

Spritziges Abenteuer am Wasserfall

26 Wasserfall Zarečki krov mit Klippenspringen und Baden bei Zarečje

Vom sanften Plätschern zum dramatischen Sturz: Der Wasserfall Zarečki krov bei Pazin fasziniert! Einst das Dach einer längst eingestürzten Höhle, ergießt sich hier das Wasser des Flüsschens Pazinčica senkrecht in eine tiefgrüne Oase. Und das Beste: Du kannst vom Felsvorsprung direkt in das bis zu 15 m tiefe Wasser springen. Unterhalb des Wasserfalls kannst du baden und dein Strandtuch auf großen Felsen ausbreiten. Im Sommer verwandelt sich der Flusslauf oberhalb des Wasserfalls allerdings in ein zartes Rinnsal – ideal zum Durchwaten und für einen Hauch von Romantik. Picknickkorb nicht vergessen!

Mit dem Auto ab Pazin nach Nordost, hinter dem Bahnübergang links, im Sommer Parkgebühr | pazin.hr April–Okt. 45.247230, 13.965043 (Parkplatz), 45.248975, 13.961578 (Wasserfall)

50 Nuancen von Lilatönen

27 Spaziergang durch die Lavendelfarm Lavanda Deklevi, 1 Std.

Was für ein Spiel der Farben! Lila blüht der Lavendel, gelb die Strohblumen und grün leuchten Rosmarin, Minze und Salbei. Auf der Lavendelfarm Deklevi spaziert man durch eine mediterrane Landschaft mit silbergrauen Olivenbäumen und knorrigen Rebstöcken – bis zu einem liebevollen Laden, in dem Naturprodukte angeboten werden: Lavendel, Honig, oder Olivenblätter, die als Tee aufgegossen werden – hier findet sich ein schönes Mitnehmsel. **Insider-Tipp** Nach dem Spaziergang warten Hängematte, Schaukel und ein Baumhaus im Schatten zur Erholung von dem betörenden Spaziergang.

Mit dem Auto bis zum Dörfchen Deklevi bei Višnjan | Tel. 098 1 38 71 05 | Facebook: Lavanda Deklevi Frühjahr bis Herbst, Lavendelblüte im Juni 45.287191, 13.738048

DER SCHÖNSTE SONNENUNTERGANG

Romantisches Rovinj

28 **Riva südlich der Altstadt**

Rovinj packt wirklich alle Farben aus und die Häuser stehen Schulter an Schulter den Hügel runter, als würden sie ins Meer rutschen. Früher war das eine Insel, bis jemand auf die Idee kam, alles zu verbinden. Mitten in der Altstadt sticht der Kirchturm spitz hervor, so markant, als wäre er extra für Postkarten da. Und wenn du denkst, das ist schon was, dann warte mal den Sonnenuntergang ab! Die beste Sicht dafür? Südlich des Stadtkerns, einfach der Nase nach die Küstenpromenade entlang bis zur Marina bummeln.

Riva, südl. von Rovinj, auf Höhe des Freibads Delfin *Frühjahr bis Herbst*

45.077114, 13.636685

LOKALE SPEZIALITÄTEN

*UND WO DU SIE PROBIEREN KANNST

Speziell ausgebildete Trüffelhunde stöbern die Edelknolle auf

Entdecke Istriens kulinarische Schätze: von den Hügeln Motovuns, wo Trüffelhunde verborgene Edelpilze aufspüren, bis hin zu handgeformten Fuži, die in herzhaften Soßen schwelgen. Jedes Gericht erzählt die Geschichte der Region, bereichert durch das Grün des Wildspargels und die festlichen Aromen der Mini-Krapfen Fritule. Reserviere im Sommer lieber vorher!

Trüffeln aus Istrien

1 Tartufi

In Istriens Eichenwäldern, besonders um Motovun, verbergen sich weiße und schwarze Trüffeln – wahre Delikatessen, aufgespürt von trainierten Hunden. Diese kostspieligen Edelpilze verfeinern Steaks und typisch istrische Pasta wie Fuži und Pljukanci. Im Trüffelstädtchen Motovun wirst du fündig!

Die **Konoba Mondo** *in der Altstadt serviert die beste Trüffelpasta weit und breit | Joakima Rakovca, Tel. 052 681 791 | konoba-mondo.com | €€*

Hausgemachte Pasta

2 Fuži

Istriens handgefertigte Pasta verführt in ihrer Eleganz. Ob mit Trüffel bedeckt, mitWildgulasch oder mit Sugo vermischt – ein Fest der Aromen.

Beim **Agroturizam Dol** *ist alles hausgemacht | Im Weiler Lukačići, 7 km südöstl. von Čerovlje | Tel. 095 848 27 66 (Reservierung) | Facebook: Agroturizam Dol | €€*

Istrischer Eintopf

3 Maneštra

Istarska Maneštra, Istriens herzhafter Eintopf, variiert in jedem Haus. Mit Bohnen, Kartoffeln und Trockenfleisch, mal als Bobići mit Mais oder als Jota mit Sauerkraut, spiegelt er die kulinarische Vielfalt wider.

In der **Konoba Old River** *kannst du den deftigen Eintopf probieren | Rušnjak 70, Buzet | Tel. 091 166 21 11 | Facebook: Old River | €€*

Spargel ist grün

4 Šparoge

Frühlingszeit ist Wildspargelzeit in Istrien: auf den Feldern oder am Wegrand gesucht, in der Küche heiß geliebt. Er wird mit Eieromelette (fritaja) verfeinert und stärkt als Vitaminquelle.

Koste bei den Wildspargel-Tagen im April, an denen viele Restaurants teilnehmen, etwa die **Konoba Dišpet** | *Zajci, Most 1 g, Potpićan | Facebook: Konoba Dišpet* | €€

Mini-Krapfen als Dessert

5 Fritule

Fritule, die süße Verführung, sind goldene Teigkugeln, die mit Zitrone und Rakija veredelt und zu Fasching sowie Weihnachten zelebriert werden.

Fritule gibt's auf Festen oder ganzjährig in der **Konoba Oprtalj** | *Matka Laginje 17, Oprtalj | Tel. 092 2 99 05 16* | €-€€

Fisch satt

6 Tunaholic Fish Bar

Fisch, ohne die Urlaubskasse zu schröpfen? Halte Ausschau nach den kleinen modernen Fischbars, wo es frittierte Ährenfische, Sardinen oder schwarzen Fischburger mit Wasabi-Majo und Sprossen gibt – im Streetfood-Style.

Die **Tunaholic Fish Bar** *gibt es z. B. in Poreč, Ul. Svetog Eleuterija 6 | tunaholicfishbar.com* | €-€€ *45.227658, 13.593147*

Süße Fritule haben nicht nur an Festtagen eine lange Tradition

Vier Kirchtürme in einer Reihe: Dafür ist die Altstadt von Rab bekannt

Kvarner Bucht

INSELPERLEN, BERGWÄLDER UND K.U.K.-CHARME

Die Kvarner Bucht, östlich von Istrien, begrüßt dich mit dem majestätischen Učka-Gebirge, das zum Wandern einlädt. Flaniere über Opatijas prachtvolle Riviera, wo Palmen und Villen aus der Belle Époque die Kulisse bilden. In Rijeka, der pulsierenden Hafenstadt mit grünem Herz, wartet ein wilder Stadtcanyon auf Entdecker. Übers Meer gelangst du zu den Inseln Krk, Cres, Lošinj und Rab. Jede von ihnen verspricht ihr eigenes Abenteuer, von Schnorcheltrips in azurblauen Buchten bis zu Wanderungen durch duftende Pinienwälder. Wer Ruhe sucht, findet im Gorski kotar, dem grünen Rückzugsort nordöstlich von Rijeka, tiefe Wälder, die Heimat von Luchsen und Wölfen, kühlen Schatten im Sommer und Schneegestöber im Winter. Ein Refugium, das Outdoor-Begeisterte verzaubert und in seinen Bann zieht!

AUF EINEN BLICK

*KVARNER BUCHT

Meerblick im Učka-Gebirge ★

Auf Kaisers Spuren durch Opatija ★

Großstadt mit Grüntönen ★

Zum Mondplateau auf Krk wandern ★

14 km, 25 Min.

27 km, 30 Min.

55 km, 1 Std.

Kastav
Opatija
Rijeka
Bakar
Kraljevica
Delnice
Crikven
Novi Vinodo
Pazin
Labin
Vodnjan
Pula
Krk
Cres
Mali Lošinj
Rab

ISTRA

Riječki zaljev

Vinodolski

Kvarner

Kvarnerić

JADRANSKO MORE

Mirna
Boljunčica
Raša

1, 2, 3, 4, 5, 6, 7, 8, 9, 10, 11, 12, 13, 14, 15, 16, 17, 18, 19, 20, 22, 23, 25, 28

D 44, D 500, D 48, D 64, D 66, A 8, A 9, D 75, D 77, D 100, D 101, D 102, D 104, D 105, A 6, D 3, D 32, D 99

MARCO POLO

OUTDOOR-HIGHLIGHTS ★

★ Auf Kaisers Spuren durch Opatija

Flaniere entlang der Uferpromenade, wo einst der K.u.k.-Adel wandelte → S. 74

★ Meerblick im Učka-Gebirge

Bergzauber mit Aussicht bietet das Učka-Gebirge → S. 76

★ Wanderung mit Wasserfall und Klamm

Waldmagie erlebst du in der „Teufelsklamm" Vražji prolaz → S. 78

★ Großstadt mit Grüntönen

Entdecke Rijekas verborgene Canyon-Wanderwege – Natur pur! → S. 80

★ Zum Mondplateau auf Krk wandern

Eine Steinwüste mit Meerblick – ein himmlisches Wandererlebnis → S. 82

★ Ein grünes Spektakel: Halbinsel Kalifront

Knorrige Steineichen, zerklüftete Buchten und viel Platz zum Radeln auf Rab → S. 84

OUTDOOR-HIGHLIGHTS
*DIE BESTEN ERLEBNISSE DRAUSSEN

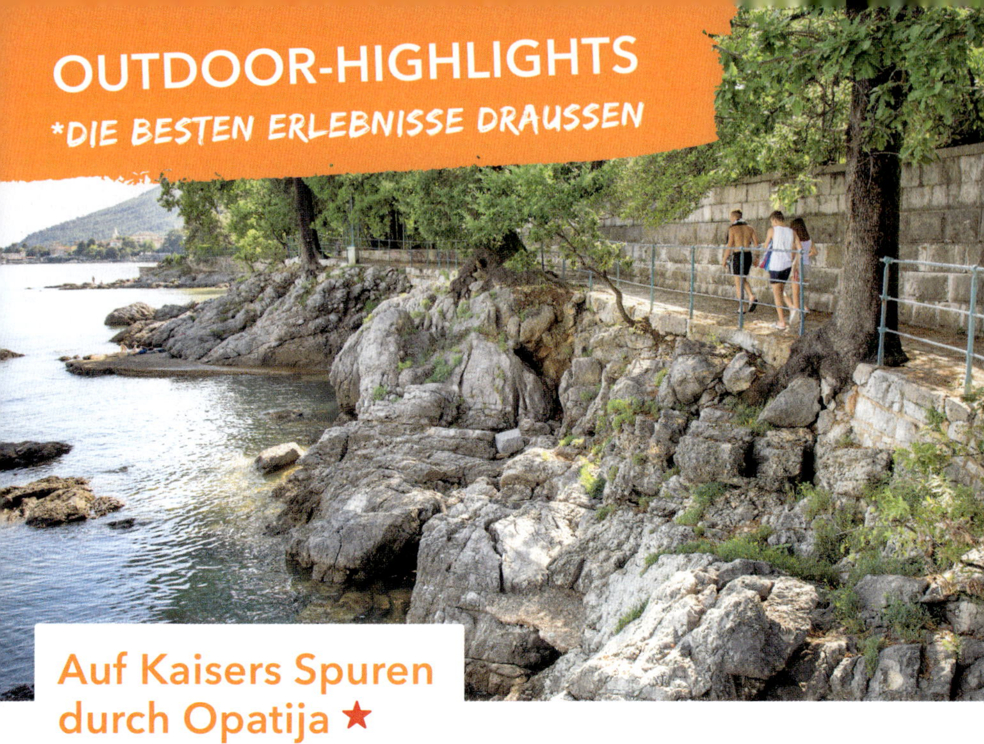

Auf Kaisers Spuren durch Opatija ★

Salzige Meerluft schnuppern, an Palmen vorbeischlendern und Jugendstilvillen bestaunen: Das lässt sich an der Riviera von Opatija erleben. Auf dem 10 km langen Lungomare wandelt man auf den Spuren des K.u.k.-Adels. Dazu sind allerdings weder eine Zeitmaschine noch ein Ballkleid nötig – nur bequeme Schuhe!

Wo der Adel kurte

Kaiser Franz Joseph I., der alte Charmeur, wusste, wo's schön ist. Und er war nicht nur mit seiner Gattin hier, munkelte man ... Aber genug des königlichen Klatsches! Opatija war der Winter-Hotspot des K.u.k.-Adels. Entlang der Küstenpromenade Lungomare, die heute den Namen des Kaisers trägt, schossen prächtige Villen aus dem Boden. Hier wurde Walzer getanzt und Sachertorte genossen. Dank des Učka-Gebirges als Windbreaker ist der Spaziergang hier nämlich auch im Winter ein Genuss.

Los geht's in Volosko, dem nördlichsten Ort an der Riviera von Opatija. Bevor du überhaupt einen Fuß auf die Franz-Joseph-Promenade setzt, lockt allerdings die französische Patisserie Kaokakao zwischen Hauptstraße und Hafen. Ein Törtchen als perfekter Startschuss für den Nostalgie-Trip? Gönn es dir einfach! (Facebook: kaokakaopatisserie)

Beton kann auch grün sein

Dann aber los, die Treppengasse runter ans Meer! Der Lungomare ist zwar aus Beton, teils mit Naturstein aufgehübscht, aber dennoch ein botanisches Paradies. Du schlenderst an Zypressen, Steineichen und Lorbeerbüschen vorbei. Kleiner Fun Fact: Der immergrüne Lorbeer ist so verbreitet, dass er dem Villenort Lovran am südlichen Ende seinen Namen gab. Und das ist nur der Anfang! Oleander, Tamarisken und Thujen säumen deinen

Weg. Das Highlight: der Park der rosaroten Villa Angiolina im Zentrum von Opatija, der nach einer halben Stunde auftaucht. Hier stolzierst du durch exotische Bambushaine und staunst über Bananenstauden.

Der Betonstrand Slatina in Opatija ist vielleicht kein Instagram-Hit, aber praktisch ist er allemal. Einstiegsleitern machen den Sprung ins kühle Nass zum Kinderspiel. Frisch abgekühlt geht's weiter. Der Weg führt durch den Jachthafen von Opatija, die Badeorte Ičići und Ika, vorbei an Kiesstränden und schaukelnden Booten. Und dann taucht der kleine Hafen von Lovran auf, die perfekte Kulisse für den Abschluss des Küstenspaziergangs. Der Bus ist dein Joker. Die Linie 32 fährt die ganze Küste entlang, von Rijeka bis Lovran. Wenn du also genug von der Uferromantik hast, steigst du einfach ein und genießt die Rückfahrt.

Die Tour im Überblick

Einfacher bis mittelschwerer Küstenspaziergang entlang des Lungomare von Volosko nach Lovran, ca. 10 km, 3 Std.

Bus 32 pendelt auf der Strecke Rijeka-Volosko-Opatija-Lovran (und zurück), Start Haltestelle Volosko, Rückfahrt ab Lovran, Hauptstr. | Parkplätze in Volosko (Hafen)

Ganzjährig
Snacks, Wasser und Badesachen
45.347325, 14.320788 (Start), 45.347667, 14.319139 (Patisserie Kaokakao)

DOWNLOAD GPX-Track

Immer am Meer entlang führt der 10 km lange Lungomare (li.). Das „Mädchen mit Möwe" ist das zeitlose Symbol von Opatija (o.)

Meerblick im Učka-Gebirge ★

Meer und Berge fest im Blick? Wer den Vojak-Gipfel im Učka-Gebirge stürmt, wird mit einem fantastischen Ausblick auf die Adria und die Alpen belohnt! Bergwandern geht hier ganz einfach, ohne hakeliges Klettern und Adrenalinkicks. Die Energiespar-Route startet am Poklon-Pass und spart dabei ordentlich an Höhenmetern.

Bergverliebt am Meer

Klar, der 1401 m hohe Vojak klingt erst mal nach einem echten Workout, besonders, wenn man gerade auf Meereshöhe am Strand von Volosko relaxt. Aber keine Bange, der Weg nach oben fordert weniger Muskelspiel als erwartet. Vor allem, wenn man erst am Poklon-Pass auf halber Höhe startet. Alles steht dort bereit: ein großer Parkplatz, ein modernes Besucherzentrum, eine Aussichtsplattform und der Einstieg zum Gipfelflirt. Der findet sich ganz einfach beim Picknicktisch mit den Holzstelen, von dort führt der Bergweg auf den höchsten Gipfel im Učka-Gebirge hinauf.

Los geht's durch ein grünes Blätterdach, wo das Laub unter den Füßen knistert und sich Steinblöcke zu Naturtreppen formieren. Die Luft riecht intensiv nach Wald, also moosig, modrig und nach Regentagen feucht. Und im Herbst kannst du ein Farbspektakel à la Indian Summer erleben!

Panoramaaussichten

Schmale Bergpfade, gesäumt von Felsen setzen sich fort. Und dann: Meerblick! Bald tut sich ein wunderbares Panorama auf – die Inseln Cres und Krk dösen im Meer wie zwei schlummernde Drachen. Die letzten paar Meter geht es über eine Asphaltstraße. Ganz oben wird man mit einer Prise Kultur belohnt. Ein historischer Turm aus altösterreichischer Zeit ragt hier stolz in den Himmel und bietet eine Rundumsicht. Lust auf ein Getränk?

Der Kiosk hat im Sommer Erfrischungen. Von außen windet sich eine Treppe um den Turm. Vielleicht heben gerade ein paar bunte Gleitschirme von der Startrampe auf dem Vojak ab.

Bergab über den Lehrpfad

Auf dem Rückweg gibt es Naturkundeunterricht. Ab der großen Kurve, zehn Minuten unterhalb des Vojak, führt ein Lehrpfad durch die Welt der Flora und Fauna in den Wald. Teilweise ist es ein wenig steiler als beim Aufstieg, doch nach einer Weile kommt man auf den gleichen Weg zurück, auf dem man aufgestiegen ist. Wenn der Magen knurrt, wartet die Berghütte am Poklon-Pass (Sa/So) oder das Restaurant Dopolavoro, etwa zehn Minuten unterhalb.

Die Tour im Überblick

Einfache bis mittelschwere Wanderung vom Poklon-Pass auf den Vojak im Učka-Gebirge (und zurück), 9 km, ca. 4 Std.

Bus sonntags ab Opatija, Bushaltestelle Slatina, Linie 34, Abfahrt gegen 9.30 Uhr, Rückfahrt gegen 15.30 Uhr | Mit dem Auto Schnellstr., Ausfahrt Veprinac, in Richtung Poklon fahren, Wanderparkplatz auf dem Pass | Besucherzentrum Naturpark Učka, Poklon 8, Vela Učka, pp-ucka.hr

Frühjahr bis Herbst
Feste Schuhe, Snacks und Wasser
45.309366, 14.214604 (Start/Ziel Poklon-Pass), 45.306805, 14.207225 (Restaurant Dopolavoro)

DOWNLOAD GPX-Track

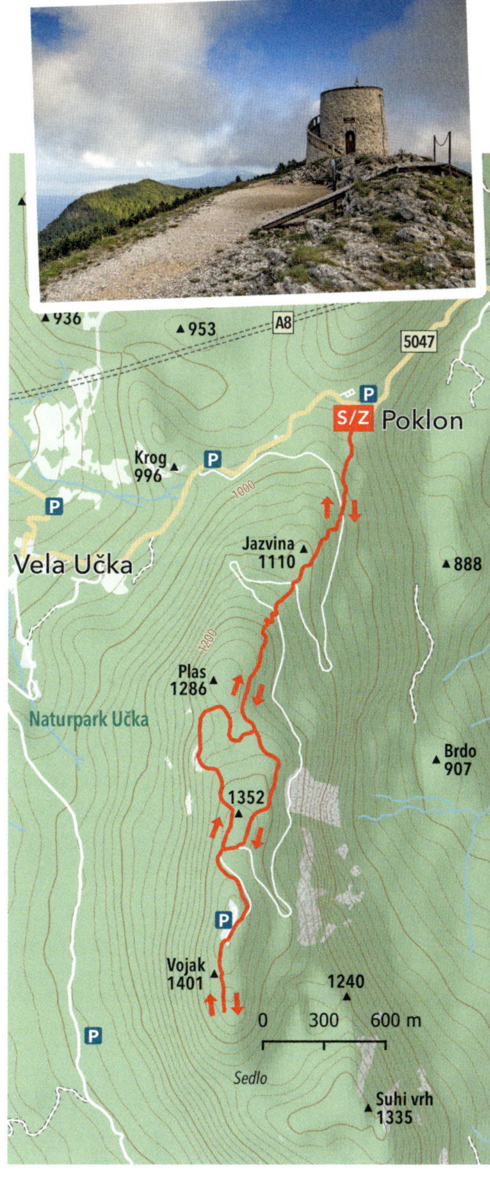

Das Učka-Gebirge: einfacher Aufstieg, grandioses Panorama und Cres und Krk im Blick (li.). Auf dem Gipfel steht ein Rundturm (o.)

Wanderung mit Wasserfall und Klamm ★

Die Teufelsklamm, Vražji prolaz, ist einfach himmlisch und ein Paradies für Wanderfans. Diese grüne Schlucht im Gorski kotar bietet im gebirgigen Hinterland der Kvarner Bucht Bretterpfade, Minibrücken und den Wasserfall Zeleni vir. Die Grüne Quelle, ein Spiel der Farben, ist ein Geheimtipp für Naturfans.

50 Shades of Green

Vergiss den Strand! Im Bergland des Gorski kotar ist Wasser zwar auch reichlich vorhanden, aber hier regiert der Wald. Die dichten Baumkronen sind die beste Klimaanlage im Sommer und ein echter Hitzekiller. Die Farbpalette erinnert hier an einen Malkasten: Vom leuchtenden Lindgrün bis zum dunklen Blattgrün ist alles dabei.

Die Anreise ist umweltfreundlich: Der Regionalzug von Rijeka nach Zagreb hält in Skrad. Einfach den Schienen kurz folgen, überqueren und dann dem Waldweg nach. Holzgeländer und Stufen helfen bei den steileren Abschnitten. Ein botanischer Lehrpfad schlängelt sich durch den Wald. Nach rund 45 Minuten rauscht der 70 m hohe Wasserfall, Zeleni vir. Halbzeit! Weiter geht es, vorbei an einem über 100 Jahre alten Wasserkraftwerk. Insider-Tipp Das charmante Ausflugslokal Zeleni vir lockt hier mit köstlichem Blaubeerstrudel *(zelenivir.com.hr)*.

Wo der Teufel Namenspate stand

Ein Holzbogen markiert den Eingang in die grüne Klamm Vražji prolaz, wörtlich der Teufelsdurchgang, also eine Art Höllenschlucht. Schmale Pfade, winzige Brücken, eiserne Treppen und Stege überqueren den Bach Jasle. Es geht auf und ab – gut, dass du feste Schuhe anhast und trittsicher bist. An einer Stelle wird die Klamm so eng, dass man fast den Bauch einziehen muss, zumindest bekommt man das Gefühl. Aber keine Sorge, zwei Meter sind es schon, und wirklich stecken geblieben ist noch niemand, Blaubeerstrudel hin oder her. Es geht weiter, den Weg am Hang entlang sichern Seile.

Wellness im Wald

Nach einer Viertelstunde Fußweg durch die grüne Schlucht, die nicht mal einen Kilometer lang ist, taucht schließlich die Höhle Muževa hiža auf. Ganz schön dunkel ist es da. Ein Knacken? Besser wieder raus. Manchmal ist Unwissenheit ein Segen. Wer mutig ist, schaut dennoch ein paar Meter weiter, vom Eingang bis zum See ist die Höhle gerade mal 130 m lang. Der restliche Rundweg im Freien ist pure Waldwellness: haushohe Kiefern, graue Felsbrocken und ein weicher Trampelpfad. Adrenalin wieder abgebaut, Natur genossen – Mission erfüllt.

Die Tour im Überblick

Einfache bis mittelschwere Rundwanderung zum Wasserfall Zeleni vir und durch die Klamm Vražji prolaz, ca. 5,5 km, 2,5 Std.

Mit dem Zug bis Bf. Skrad | Parken am Bf. | Nach 200 m beginnt der markierte Lehrpfad Zeleni vir, Eingang am Infopunkt beim Picknickplatz neben dem Ausflugslokal | zelenivir.com.hr | €

Ganzjährig, im Herbst Indian Summer
Feste Schuhe, Snacks, Wasser, evtl. Taschenlampe (Smartphone-Leuchte)
45.425656, 14.903236 (Start/Ziel)

DOWNLOAD GPX-Track

Bahnfans reisen mit dem Zug an, um die Teufelsklamm (li.) mit Wasserfall (re.) zu genießen

Großstadt mit Grüntönen ★

Rijeka heißt übersetzt „ Fluss“. In der gleichnamigen Hafenstadt, die mit einigen neuen Museen gerade groß im Kommen ist, fließt tatsächlich vieles. Etwa der Fluss Rječina – durch einen grünen Canyon, vorbei an vergessenen Wassermühlen und rauschenden Kaskaden. Die schöne Wanderung beginnt mitten in Kroatiens drittgrößter Stadt.

Graue Skyline, grüne Schlucht

Das Erste, was man von Rijeka sieht, ist die graue Skyline. Wer Ausschau hält, entdeckt aber eine echte Outdoor-Überraschung. Direkt durch die Stadt und nur gut zu Fuß erreichbar zieht sich eine sagenhaft grüne Schlucht ins Bergland. Die gehört dem 18 km langen Fluss Rječina auf seinem Weg von der Quelle zur Mündung in die Adria. Im Wasser tummeln sich Flusskrebse und Bachforellen, und das Grün ist prima zum Entschleunigen – auch wenn man nur ein Stück läuft.

Los geht es mitten in der Hafenstadt! An der großen Kreuzung unterhalb des Treppenwegs auf den Hausberg Trsat führt die Straße in die Schlucht hinein. Irgendwann bleibt der Asphalt zurück. Dann wird es richtig grün entlang der Rječina. Kaum zu glauben, dass die Hafenkräne so nah sind.

Steinerne Skelette

Die vergessene Mühle Žakalj am Weg ist zugewuchert. Auch die nächste Mühle, Matešećev mlin, ist nur noch ein steinernes Skelett, aus dem das Grün sprießt. Der breite Spazierweg führt rechts an der Autobrücke Pašac vorbei, unterhalb plätschert das Wasser über Kaskaden. Du wanderst durch eine wunderbar grüne Gegend. Irgendwann taucht der Ort Grohovo am Berg auf, von wo der Bus in Richtung Rijeka (mit Umstieg) zurückfährt.

Sportliche Verlängerung

Die Quelle des Flusses Rječina ruft hingegen nur die ganz Abenteuerlustigen. Sie sprudelt direkt aus dem Felsen am Berg Kičej. Ganz hinauf? Das geht nicht! Der Trinkwasserschutz der Stadt Rijeka bremst. Dafür wartet ein Picknicktisch unterhalb der Quelle. Wer den ganzen Weg wandern möchte, braucht schon gut Energie und muss bis Kukuljani zurücklaufen, wo der Bus fährt. Zugegeben, das ist megasportlich!

Mehr, mehr, mehr? Rijeka breitet den grünen Teppich aus: 40 km Spazier- und Wanderwege gibt es. Die meisten haben sich schon bewährt, werden aber neu vermarktet. Der Knaller: Sie starten alle mitten in der Stadt oder an einer Bushaltestelle. Autowahn? Nicht in Rijeka! So wandert man heute, nachhaltig und unkompliziert.

Die Tour im Überblick

Mittelschwere Wanderung von Rijeka nach Grohovo, 7,5 km, 2,5 Std.

Mit dem Bus bis Haltestelle Titov trg in Rijeka, zurück mit dem Bus 13, Fahrplan unter autotrolej.hr/en (> Routes and timetable, mit Umstieg), alternativer Start an der Brücke Pašac (kaum Parkplätze, Bus im Ort Pašac) 45.354892, 14.453460 | Parkplatz Delta in Rijeka | rijekatrails.com

Frühjahr bis Herbst

Feste Schuhe, Snacks, Wasser

45.328235, 14.448733 (Start), 45.364296, 14.441865 (Grohovo Bushaltestelle), 45.425018, 14.424433 (Quelle am Berg Kičej)

DOWNLOAD GPX-Track

Gleich hinter dem Mrtvi kanal in Rijeka (li.) beginnt die Schlucht entlang des Flusses Rječina (o.) – wunderbar grün.

Zum Mondplateau auf Krk wandern ★

Krk mag zwar mit Vokalen geizen, aber in Sachen Natur wird hier nicht geknausert. Vergiss die Strände und Sonnenanbeter! Die Insel hat ein galaktisches Ass im Ärmel: ein graues, unwirtliches Mondplateau, das so surreal wirkt, dass selbst Neil Armstrong neidisch geworden wäre. Hier trifft man genügsame Schafe und die selten gewordenen Gänsegeier.

Himmlischer Aufstieg

Der Startschuss fällt an der kleinen Friedhofskirche Sv. Ivan, die so majestätisch über Baška thront, als hätte sie den besten Blick auf den heiß geliebten Strand Vela plaža reserviert. Aber du bist ja nicht zum Sonnenbaden hier! Schnür die Wanderschuhe, denn jetzt geht's aufs Mondplateau (Plato mjeseca). Das heißt wirklich so und ganz zu Recht.

Der erste Akt der Mondmission: Vorbei an der verwunschen Burgruine Kaštel Baška beginnt der felsige Weg, der unter den Sohlen knirscht wie frischer Schnee. Du wanderst bergauf durch ein Wäldchen, das so dicht ist, dass selbst Robin Hood hier gerne Verstecken spielen würde. Die würzige Macchia duftet, als hätte jemand ein riesiges Fläschchen Eau de Mittelmeer verschüttet. Und dann der große Auftritt: das Mondplateau. Eine Steinwüste voller Geröll, die so karg ist, dass selbst die Schafe hier nur mit VIP-Ausweis grasen dürfen. Zumindest hat jede Herde ihre eigenen Bereiche, die mit von Hand aufgeschichteten Trockenmauern getrennt sind. Der Berg Stražica, der höher als der Eiffelturm ist, rückt ganz nah ins Blickfeld – das Meer ohnehin. Und sonst: überall nur Geröll.

Den Geiern ganz nah

Kopf hoch, die Show beginnt: Gänsegeier ziehen majestätisch ihre Kreise und machen den Himmel

Schöne Aussicht auf Krk und das Meer (li.), bei der Kirche Sv. Ivan geht's los (re.). Unweit liegt das Kaštel Baška (o.)

zur Bühne. Diese seltenen Flugkünstler sind die Müllabfuhr der Insel, nur eleganter. Finden sie ein totes Schaf, wird der Speiseplan spontan erweitert. Doch Vorsicht, die Geier sind auf der Abschussliste der Evolution: Mit der schwindenden Schafzucht schrumpft auch ihre Population. Nur noch gut 130 Paare teilen sich die Lüfte über Krk, Cres und dem unbewohnten Eiland Prvić.

Abstieg mit Twist

Wer weit wandert, kann die Tour noch toppen: Durch die Steinwüste geht es zu den Gipfeln Divaška und Hlam hinauf. Alle anderen steigen vom Mondplateau wieder bergab: Ein kleiner Schlenker nach links, es wird ein wenig steiler und Stöcke sind hilfreich, da die Felsbrocken unter den Schuhen wegrutschen können – da sind die Schafe und Gänsegeier im Vorteil.

Die Tour im Überblick

Mittelschwere Rundwanderung auf das Mondplateau (Plato mjeseca) bei Baška auf der Insel Krk, 6 km, 2,5 Std.

Start/Ziel Kirche Sv. Ivan oberhalb von Baška. Hilfreich ist die kostenlose App „Krk hike" | Regionalbus ab Krk-Stadt nach Baška | Nur wenige Parkplätze an der Kirche

Ganzjährig, bei Regen rutschig
Snacks, reichlich Wasser, evtl. Wanderstöcke
44.973553, 14.762019 (Start/Ziel), 44.983286, 14.764402 (Plato mjeseca)

DOWNLOAD GPX-Track

Ein grünes Spektakel: Halbinsel Kalifront ★

Mountainbikern rollt die Insel Rab den grünen Teppich aus: Auf der Halbinsel Kalifront mit dem Waldpark Dundo geht es vorbei an knorrigen Eichen. Auf Forstwegen und einem Single-Trail passierst du archäologische Schätze und schöne Buchten. Badestopp inklusive!

Eichen musst du weichen

Der Dundo ist nicht nur ein Waldreservat auf der Halbinsel Kalifront, sondern ein grünes Spektakel mit einem echten Superlativ: Er gehört zu den größten Steineichenwäldern im Mittelmeerraum. Rund um das alte Forsthaus wachsen die ältesten Exemplare, hier haben die Eichen mehr Jahresringe, als du zählen kannst. Früher war der Dundo der Brennholzlieferant des Klosters Sveta Eufemija, gleich ums Eck. Und heute? Das geschützte Naturjuwel wuchert, wie es will, in bester Gesellschaft: Ein botanischer Cocktail mit würzigen Lorbeerbüschen, duftenden Kiefern und wilden Oliven wächst zwischen den Eichen. Die Fauna ist ein Zoo ohne Zäune – Mufflons und Rehe inklusive. Alles wirkt wie aus der Zeit gefallen, doch die App für die 22 km lange Tour über den Lehrpfad Capo Fronte ist am Puls der Zeit und weist dir den richtigen Weg.

Treten oder schieben

Reifen gecheckt und Helm festgeschnallt? Dann nichts wie los! Der Startpunkt liegt zwischen dem Kloster Sv. Eufemija und der Siedlung Suha Punta – die Tour startet direkt im Dundo-Waldreservat. Nach einem kurzen Abstecher zu den Ruinen zweier Kirchen geht's ab an die Südküste und im Zickzack zur Traumbucht Uvala Kristofor. Jetzt wird's tricky: Der Singletrail zurück in die Mitte der Halbinsel ist was für Durchtrainierte. Wer kein MTB hat, schiebt sein Rad. Der alte Trail Premužićeva staza (Premuzić-Pfad) führt zur idyllischen Bucht Sveta Mara mit ihrer Kirchenruine: Hier ist eine Badepause angesagt! Im Sommer tummeln sich an der Südküste Taxiboote, die Badegäste hinbringen oder abholen, außerhalb der Saison hat man die Bucht (meist) für sich.

An der wilden Küste

Dann geht's wieder bergauf, Richtung Kap Kalifront. An diesem zerklüfteten, rauen Küstenabschnitt fühlt man sich ein wenig wie am Ende der Welt, dabei ist es nur der westlichste Zipfel der Halbinsel. Auf dem Rückweg entlang der Nordküste passiert man Kalksteinöfen, weitere Ruinen und sogar eine verlassene Bauxit-Mine kurz vor Kampor. Von dort ist es nicht mehr weit zurück zum Ausgangspunkt.

Die Tour im Überblick

Mittelschwere Mountainbike-Tour auf Rab, 22,5 km, 3 Std.

Anreise auf die Insel Rab mit der Fähre nach Rab-Stadt oder Lopar | Parkplätze gibt es bei Kampor, alternativ radelt man von Rab-Stadt | Fahrradverleih bei Rab Point im Hotel Carolina (rab-point.hr/de) | rabarchaeologicaltraces.com

Frühjahr bis Herbst

Mountainbike, Snacks, Wasser, Badesachen, Smartphone mit App

44.767376, 14.727631 (Start/Ziel), 44.796568, 14.659493 (Kap Kalifront)

DOWNLOAD GPX-Track

Steineichen spenden auf Kalifront Schatten (li.), und ein Schlenker könnte zur Bucht Suha Punta führen (re.)

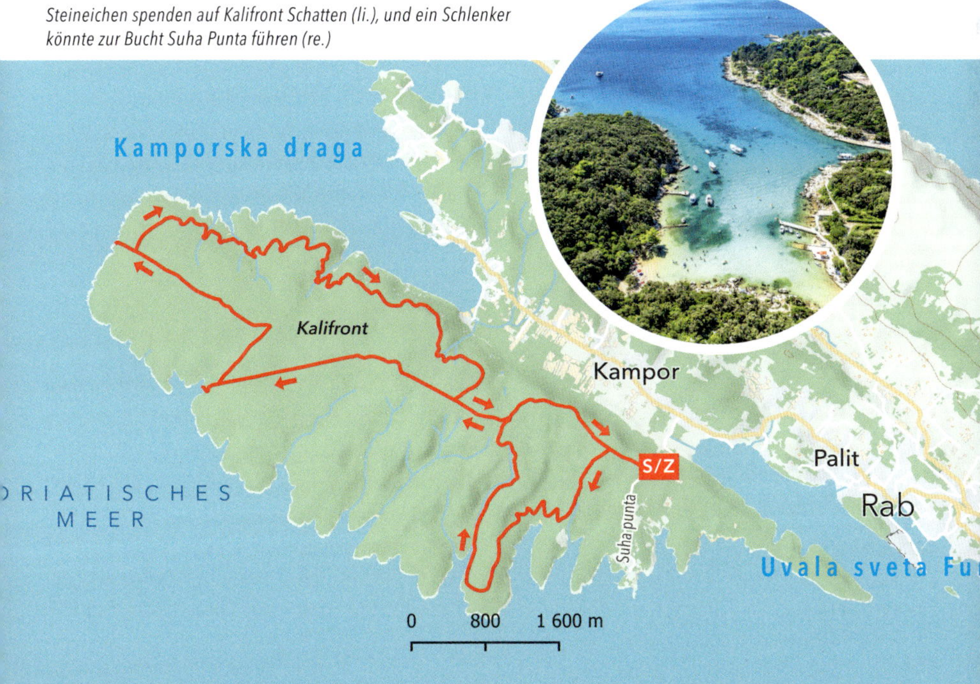

MEHR ERLEBEN

*WEITERE ABENTEUER & AUSFLÜGE

Der Nationalpark Risnjak ist (noch) ein Geheimtipp und ein Naturjuwel

Die Kvarner Bucht, eine Region voller Kontraste. Flaniere durch Opatijas gepflegte Gärten, entspanne an Rijekas Stadtstränden. Auf den Inseln Krk, Cres, Lošinj und Rab locken kristallklare Buchten zum Paddeln und Baden sowie Radtouren. Schnür die Wanderstiefel und erkunde in der südlichen Kvarner Bucht verborgene Wege und spektakuläre Aussichten.

RUND UM OPATIJA UND RIJEKA

Im Reich der Luchse

1 Einfache Wanderung auf dem Lehrpfad Leska im Nationalpark Risnjak, 4 km, 2 Std.

Was macht man eigentlich, wenn man einem Braunbären begegnet? Davonlaufen? Hinlegen? Auch wenn das nur selten passiert, beruhigt der Flyer am Eingang in den Nationalpark Risnjak im Gorski kotar mit hilfreichen Tipps. Hier, wo Bären, Wölfe und Luchse heimisch sind, ist es im Sommer herrlich kühl und ruhig. Die Natur präsentiert sich im tiefen Grün der Fichten und Tannen und im Grau der Kalkfelsen. Der 1528 m hohe Gipfel Risnjak ist in etwa drei Stunden erreicht. Für alle, die es gemütlicher angehen wollen, gibt's eine Alternative: Der 4 km lange Lehrpfad Leska ist ideal für einen Familienausflug. Der Weg schlängelt sich über kleine Brücken und Bäche mitten durch den duftenden Wald. **Insider-Tipp** Im Restaurant am Parkeingang gibt es zum Abschluss die besten Blaubeer-Pfannkuchen der Gegend!

Mit dem Auto bis Parkeingang Bijela Vodica, dort Start des Lehrpfads Leska | € Frühjahr bis Herbst 45.418407, 14.685642

Waldweg mit Nostalgie

2 Einfache Rundwanderung auf dem Promenadenweg Šetalište Carmen Sylve in Opatija, 6 km, 1,5 Std.

Auf dem Carmen-Sylva-Promenadenweg in Opatija ist Entspannung angesagt. Start ist im Park Margarita, gleich beim Busbahnhof im Zentrum. Dann folgst du einfach den Schildern. Der Weg ist gespickt mit Geschichten und umarmt von der Natur – so ein bisschen wie eine Zeitreise. Du kommst an den Vrutki-Quellen vorbei, wo früher die Wäsche in großen Steintrögen gewaschen wurde. Die

Kunst im Freien, die mit der Zeit verwittert: der Land Art Trail

Vergangenheit ist hier zum Greifen nah. Im Wald begegnen dir bunte Steine auf dem Boden und der Ausblick vom Pavillon ist einfach nur schön. Unterwegs erzählen Infotafeln die Geschichte von Carmen Sylva, besser bekannt als Königin Elisabeth von Rumänien. Ihr Mann, Karl I., hat diesen schönen Weg spendiert, nachdem er im Urlaub nur durch Sumpf stapfen musste und sich prompt verlaufen hatte.

Mit dem Bus oder Auto bis Opatija-Busbahnhof *Ganzjährig, frühmorgens glitzert das Meer und die Luft ist noch angenehm kühl* *45.333642, 14.303586 (Start)*

Kunst auf Zeit

3 Einfache Rundwanderung auf dem Land Art Trail Stražica-Sapaćica im Naturpark Učka, ca. 6 km, 2–3 Std., Abkürzung möglich

Ein grüner Elfenthron, ein bunter Regenbogenstein oder ein Fels, der an ein gebrochenes Herz erinnert – hier hat Boris Pecigoj, ein Künstler aus Rijeka, die Natur zur Leinwand gemacht. Er hat nur genommen, was schon da war: Felsblöcke zieren jetzt Ökofarben und Baumstämme wurden kunstvoll verziert. Es geht um die Verbindung von Mensch und Natur. Teil des Konzepts ist, dass die Kunstwerke mit der Zeit verwittern. Also nichts wie hin und die Kunst entdecken, bevor die Natur sich alles zurückholt! Der Rundweg ist einfach zu gehen und bietet neben Kunst auch eine schöne Wanderung durch den Wald.

Mitten in Rijeka und nicht immer so leer: der Stadtstrand Sablićevo

Mit dem Bus 34 von Opatija zum Poklon-Pass (nur So) | Mit dem Auto bis Poklon-Pass, dann in Richtung Restaurant Dopolavoro *Frühjahr bis Herbst* *45.306895, 14.204980 (Parkplatz)*

Karibik-Feeling mit urbanem Puls

4 Badetag an der Plaža Sablićevo in Rijeka

Rijeka ist eine putzmuntere Stadt mit Hafen, Ladekränen und Containern. Baden geht hier aber auch: Östlich des Hafens versteckt sich ein kleiner weißer Kiesstrand mit türkisblauem Wasser, der einen umhaut: Von oben wirkt der Strand Sablićevo nämlich wie „irgendwo in der Karibik" und taugt daher prima fürs Social-Media-Urlaubsposting. Treppab trifft man Locals und Gäste, dicht an dicht – gut für dein Kommunikations-Karma. Hochsommer-Alarm: Breite dein Strandtuch ganz früh oder spät am Nachmittag aus. Die sperrige

Toskana-Flair in den Amerikanischen Gärten von Opatija

Die Bucht von Volosko ist für Morgenwellen und Fischrestaurants bekannt

Strandmuschel kann hier gleich zu Hause bleiben. Eine kleine Bar versorgt dich mit kühlen Getränken und chilliger Musik. Wer braucht da noch Karibik-Strände?

Mit dem Bus 1 bis Haltestelle Hotel Park (stadtauswärts) bzw. Tower Center (stadteinwärts) | Parkplätze (Gebühr) oberhalb oder im Einkaufszentrum Tower Center Bei Badewetter 45.318264, 14.466631

Straffe Segel am Morgen

5 Surfen in der Uvala Preluk

Sorry, Morgenmuffel – in Preluk heißt es früh aufstehen! Diese Bucht in Volosko ist ein Surf-Spot, wo der Tag mit den Wellen beginnt. Der Frühwind in der Kvarner Bucht, die hier ihren tiefsten Knick macht, bläht nur in den frühen Stunden die Segel und lässt schon vormittags nach. Also schnapp dir die frische Brise, solange sie da ist! Ein Tipp: Schau dir den Wetterbericht am Abend an, vielleicht kannst du ja doch ausschlafen. Ausrüstung gibt es auf der gegenüberliegenden Seite der Bucht, in Volosko, bei der Surfstation Marotti. Die machen früh auf, verleihen Boards und haben Kurse im Angebot. **Insider-Tipp** Wer nach neuen Trends sucht: E-Foil, Kneeboarding und Jetsurf sind dort keine Fremdwörter *(marottiwindsurfing.hr)*.

Mit dem Bus 32 ab Opatija oder Rijeka bis Haltestelle Preluk | Mit dem Auto bis Preluk, Parkplätze (Gebühr) Sommer 45.354479, 14.332180 (Plaža Preluk), 45.349277, 14.320633 (Marotti Watersport Center)

Grüne Oase mit Meerblick

6 Amerikanische Gärten in Opatija, 30 Min.

Die Amerikanischen Gärten (Amerikanski vrtovi) in Opatija sind wie eine frische Brise: kurz, süß und mit einem klasse Blick aufs Meer. Perfekt für eine kleine Auszeit. Ein paar Schritte den Hang hoch und schon stehst du mitten im Grün, umgeben von Zypressen und dem Duft des Mittelmeers. Das Besondere? Der Park hat seine Wurzeln in Amerika – ein ungarischer Glückspilz, der dort mit Gewürzen zu Geld kam, hat hier sein grünes Paradies geschaffen. Der Park aus K.u.k.-Zeiten war jahrzehntelang vergessen und blüht nun wieder.

Der glagolitische Buchstabe „L" vor Jurandvor ist kaum zu übersehen

Der Paradiesweg führt immer am Meer entlang – hier mit chilliger Lounge

Mit dem Bus 35 bis Haltestelle Nova cesta | Mit dem Auto bis Einkaufszentrum Slatina, dort die Nova cesta bergauf, Fußgängerbrücke überqueren | parkovi-opatija.hr Ganzjährig, Di–So 45.329544, 14.299247

INSEL KRK

Den Buchstaben auf der Spur

7 Spaziergang von Jurandvor nach Baška, 3 km, 1 Std.

Biete L, suche A. Wenn du im Süden von Krk unterwegs bist, sind dir sicher schon die großen Steinskulpturen aufgefallen. Das sind 34 Buchstaben der Glagoljica, einem Alphabet, das die Kroaten früher verwendet haben. Einer der ältesten Belege ist die über 1300 Jahre alte Tafel von Baška. Eine Kopie dieser historischen Steintafel findest du in der Kirche Sv. Lucija bei Baška. Die Buchstaben-Skulpturen sind zwar nicht durch einen einzigen Wanderweg verbunden, aber in der Touristeninformation in Baška oder online kann man eine Karte mit allen Standorten bekommen. Ein schöner Abschnitt führt entlang des Flusses Vela Rika, von Jurandvor durchs Tal bis zur Uferpromenade von Baška. Halte Ausschau nach dem „L" – wie drei übereinandergestapelte Vierecke –, das du vielleicht schon auf der Anreise kurz vor Jurandvor an der Landstraße gesehen hast.

Mit dem Auto bis Jurandvor, nahe Bistro Malin einsteigen | Flyer mit allen Standorten bei der Touristinformation Baška oder auf info-krk.com/de/ (> Was kann man machen/Aktivitäten > Kulturerbe > Baška > Glagoljica-Pfad-von-Baška) Frühjahr bis Herbst 44.972373, 14.736888 (Einstieg Spazierweg), 44.977872, 14.738304 (Kirche Sv. Lucija in Jurandvor)

Eine paradiesische Route

8 Küstenspaziergang zwischen Malinska und Njivice, 2 km (einfach), 30 Min.

Für ein Stückchen Paradies brauchst du nur deine Wanderschuhe zu schnüren. Der Paradiesweg (Rajska cesta) führt an der Felsküste von Malinska nach Njivice, an der Westküste von Krk, entlang. Los geht's am Haluderovo-Strand in Malinska, wo dich der Duft von Pinien und Wacholder und das Glitzern des türkisblauen Meeres empfangen. **Insider-Tipp** Achtung, die Küste ist hier zerklüftet, also pack zu den Badesachen auch die Wasserschuhe ein! Und wenn du einen Kickstart

Das Hügeldörfchen Vrbnik auf Krk liegt am Jakobsweg

Die Inselhauptstadt Krk ist immer ein lohnenswertes Ziel

brauchst, die Strandbar Paradajz wartet gleich am Wegesrand mit Vintage-Charme, leckeren Snacks und einer entspannten Atmosphäre.

Mit dem Auto bis Malinska, dort parken | visit malinska.com/de (> Suche: Paradiesstraße)
Ganzjährig 45.126785, 14.524770 (Parkplatz)

Kurztrip mit Kick

9 Einfache Rundwanderung auf dem Jakobsweg „Camino" Krk, Teilstrecke von Risnika nach Vrbnik, 10 km, 3 Std.

Egal, ob für ein kurzes Wochenende oder eine ganze Woche – auf Krk gibt es einen Weg, auf dem du prima runterkommen kannst: den Jakobsweg. Auf seinen 150 km, aufgeteilt in sieben Tagesetappen, bist du umgeben vom Zirpen der Zikaden, dem Duft der Olivenhaine und dem Anblick alter Trockenmauern. Ausgeschildert mit dem gelb-blauen „Camino"-Zeichen, schlängelt sich der Pilgerweg um die Insel, bringt dich dem Meer näher oder führt dich ein Stück davon weg. Fang doch einfach mit einer halben Tagesetappe an – von Risnika zum malerischen Weinörtchen Vrbnik, das sich stolz auf einem Hügel präsentiert. **Insider-Tipp** Auf der Website teilen erfahrene Pilger und Pilgerinnen gern ihre Erfahrungen. Und denk dran, deinen Pilgerpass mitzunehmen, den du in jeder Tourist-Info bekommen kannst. Sammle fleißig Stempel nach jeder Etappe, und am Ende erhältst du als Belohnung nicht nur eine offizielle Urkunde, sondern auch ein Andenken, das dich an diese Wanderung erinnern wird.

Mit dem Auto bis Uvala Melska (Start) | Teilstrecke 4 des Jakobswegs „Camino" Krk, gelb-blauer Markierung in der Bucht nach Süden folgen | caminocroatia.com/camino-krk Ganzjährig 45.100624, 14.661270 (Uvala Melska), 45.076838, 14.675815 (Vrbnik Altstadt)

Den perfekten Radweg erleben

10 Mittelschwere Radtour von Krk nach Malinska, ca. 25 km hin und zurück, 3 Std.

Perfekt für Radbegeisterte: Bei Krk-Stadt entdeckst du einen Radweg, der dich fernab des hektischen Straßenverkehrs führt. Auf diesem separaten, asphaltierten Weg, geschützt vor dem Trubel der

Bei Stara Baška gibt es traumhafte Strände für jeden Geschmack

Autos und Lkws – eine Seltenheit in Kroatien! – kann man entspannt von Punat bis nach Malinska radeln. Oder du startest direkt in Krk für eine kürzere Route. Kein Rad dabei? Kein Problem, denn du kannst dir ganz einfach eines ausleihen. Es gibt auch E-Bikes.

Mit dem Auto bis Krk | Kostenlose App „Krk Bike" | Fahrradverleih Bike Centar Krk, bike-centar-krk.business.site Ganzjährig 45.032779, 14.586494 (Einstieg Radweg, bei Krk)

Abgeschieden chillen

11 Strände bei Stara Baška

In großen Bögen schlängelt sich die Stichstraße zum abgelegenen Badeort Stara Baška im Südwesten der Insel Krk. Sie windet sich oberhalb und unterhalb steiler Felswände. Auf 3 km versteckt sich hier eine zerklüftete Traumbucht neben der nächsten. **Insider-Tipp** Stopp am besten dort, wo schon andere Fahrräder parken – und in ein paar Minuten bist du hinuntergekraxelt zu einem der Strände mit Karibik-Feeling. Sollte gerade niemand da parken, gehört der Strand Oprna zu den schönsten. Am Strand des Campingplatzes Sunny Škrila spürst du ein Sand-Kies-Gemisch unter den Füßen und chillst unter fotogenen Strohschirmen.

Fahrräder oberhalb parken | Mit dem Auto bis Stara Baška, dort Parkplätze, dann zu Fuß Bei Badewetter Wasser und Snacks mitnehmen 44.967700, 14.664314 (Strand Oprna), 44.960734, 14.683394 (Strand Škrila)

Seeigel sicher sichten

12 Tauchspaziergang im Unterwasserpark (Podvodni park) Punat

Hast du schon mal einen Seestern oder ein Seepferdchen in echt gesehen? Dazu musst du einfach im Unterwasserpark Punat abtauchen. Spezialanzug und Helm auf, und runter geht es. Das macht auch (Schul-)Kindern viel Spaß. Besondere Vorkenntnisse braucht man für das Unterwasser-Abenteuer nicht, die Guides erklären den Gästen alles vor Ort.

Mit dem Bus bis Punat | Mit dem Auto bis Punta Debij in Punat | podvodni-park-punat.business.site | €€€ Sommer 45.009726, 14.622316

Heilsamer Schlamm auf Krk: Wohltat für die Haut und ein witziges Fotomotiv

So klein und so schön: das Dörfchen Beli auf Cres

Balsam für die Sommerhaut

13 Plaža Meline mit Heilschlamm bei Soline

Plitsch-platsch macht der schwarze Heilschlamm, während du ihn verteilst. Sobald er trocken ist, zieht und spannt die Haut ein wenig und ist anschließend glatt wie ein Babypopo. Das Gratis-Wellness kannst du dir in der Soline-Bucht bei der Ortschaft Šilo gönnen, im Nordosten von Krk. Die Bucht liegt direkt neben der Straße, schon die alten Römer kannten sie und förderten hier Salz, auch im Mittelalter waren hier Salzgärten. Der dunkle Heilschlamm aus den Schlammlöchern am Strand soll gut gegen Rheuma und andere Zipperlein sein – auf alle Fälle macht es Spaß, sich damit einzuschmieren. Das Gratis-Peeling für die Haut ist auch ein prima Motiv für ein Selfie!

Mit dem Auto bis Šilo, westl. der Soline-Bucht, Parken daneben *Am besten bei Badewetter kommen* *45.150370, 14.600343*

INSEL CRES

Hirtenpfade und Skulpturen

14 Einfache Rundwanderung auf dem Tramuntana-Weg bei Beli, 5–7 km, ca. 2 Std.

Bereit für ein bisschen Magie? Dann schnür deine Wanderschuhe und mach dich auf den Tramuntana-Weg bei Beli auf Cres. An der Infotafel in Beli starten drei farbig markierte Wege (rot, blau, grün), die in den unberührten Norden der Insel führen. Unterwegs entdeckst du geheimnisvolle Schluchten, eine alte Römerbrücke und verschlungene Hirtenpfade, die zu Steinlabyrinthen und verlassenen Dörfern führen. Bist du ein Kunstfan? Dann ist der rote Weg perfekt für dich. Hier findet man 20 Skulpturen des Bildhauers Ljubo de Karina aus Istrien. **Insider-Tipp** Nach der Wanderung kannst du in der Pension Tramontana in Beli einkehren oder am Strand mit Tauchschule und Zipline entspannen *(beli-tramontana.com).* Ein Abstecher ins Besucherzentrum Beli *(belivisitor centre.eu)* ist auch ein Muss, besonders um mehr über die seltenen Gänsegeier zu erfahren, die dort aufgepäppelt werden.

Mit dem Auto bis Beli, dort parken | Drei verschiedene Wanderwege (Tafel vor Ort) *Ganzjährig, am besten von Frühjahr bis Herbst* *45.113909, 14.351451 (Parkplatz)*

Bunte Fassaden leuchten im Hafen von Cres

Verstecktes Strandjuwel mit sportlichem Abstieg: der Strand Sveti Ivan auf Cres

Einmal die Bucht umradeln

15 Einfache Radtour von Cres-Hafen bis zum Leuchtturm und zurück 16 km, 2 Std.

Los geht's westlich des Hafens von Cres. In die Pedale treten, immer am Meer entlang auf der Uferpromenade Lungomare am Strand Kovačine, bis zur Bucht Gavza. Eine kurze Pause, dann Wendemanöver. Es geht umgekehrt zurück auf derselben Trasse nach Cres-Stadt, aber diesmal fährst du um den lebhaften Hafen mit seinen Cafés. Weiter führt die Tour am Yachthafen entlang, immer das Meer im Blick, bis du das Ende der weiten Bucht von Cres erreichst. Von dort radelt man zurück zum Startpunkt.

Mit dem Bus oder Auto zum Start am Hafen Cres | Karte auf visitcres.hr (>DE > Outdoor, Fahrradwege derInsel Cres > Cres-lighthouse-Cres-Gavza-Cres-bike-tour) Vor- und Nachsaison, im Sommer am besten frühmorgens, da auf der Uferpromenade viel los ist 44.958666, 14.407454

Traumstrand unter Klippen

16 Plaža Sveti Ivan bei Lubenice

Versteckspiel gewonnen: Unter dem malerischen Hügeldorf Lubenice auf Cres verbirgt sich der Traumstrand Sveti Ivan. Mit seinen weißen Kieseln und umrahmt von steilen Klippen, ist dieser Strand ein echter Hingucker. Der Weg dorthin? Ein bisschen sportlich, denn der Geröllpfad hinunter ist nichts für schwache Waden. Besonders in der Mittagshitze wird es zur Mini-Fitness-Session, also plane ruhig eine Stunde für den Abstieg ein. Pack genug Snacks und Trinken ein und zieh feste Schuhe an – Flipflops sind hier keine gute Idee. Alles dabei? Dann ab an diesen versteckten Strand und genieße ein kleines Paradies!

Das Auto unterhalb von Lubenice parken, enge Zufahrt Am besten bei Badewetter Feste Schuhe sind ein Muss 44.887086, 14.332337 (Parkplatz), 44.886054, 14.321519 (Strand)

INSEL LOŠINJ

Schattige Promenade mit Delfinen

17 Spaziergang auf der Halbinsel Čikat, ca. 5 km, 1,5 Std. (einfach)

Die Halbinsel Čikat westlich von Mali Lošinj ist ein lebendiges Geschichtsbuch unter freiem Himmel: Zu K.u.k.-Zeiten wurde mit 300 000 Aleppokiefern aufgeforstet, die seither für ein herrlich kühles Mikroklima in dem weitläufigen Parkwald sorgen. Alte Villen sind heute Hotels. Wandere bei Däm-

Schattige Promenaden auf Lošinj lohnen einen Spaziergang

merung entlang der Promenaden der Südküste und mit ein wenig Glück erspähst du auf der Delfinroute einen Großen Tümmler. Starte in der Bucht Borik ostwärts und nach 80 Minuten kommst du in der Bucht Krivica an, einer der schönsten der Insel.

Start unterhalb der Hotels in der Bucht Sunčana uvala | Mit dem Auto nach Mali Lošinj (Čikat) | Karte (pdf) auf visitlosinj.hr/de/wanderwege.aspx

Delfine sieht man meist am frühen Abend

44.524571, 14.458202 (Start, Sunčana uvala), 44.501593, 14.495464 (Ziel, Uvala Krivica)

Ab auf den Inselberg

18 Anspruchsvolle Wanderung durch das Osoršćica-Gebirge, 14 km, 6 Std.

Ein Gipfelsturm auf Lošinj ist wie ein Ausflug ins Paradies – mit dem Meer als ständigem, glitzerndem Begleiter. Im Osoršćica-Gebirge, ganz im Norden der Insel, erwartet dich ein Panorama, das den Atem raubt. Sorgen um Schlangen? Brauchst du nicht zu haben, denn hier oben soll der Heilige Gaudent, der Schutzpatron der Insel, einst alle Giftschlangen verbannt haben – heißt es. Die Berghütte, die nach ihm benannt ist, ist ein toller Rastplatz. Die Tour beginnt oberhalb von Nerezine, von wo aus du dem markierten Pfad folgst und langsam in die Höhen des Gebirges aufsteigst. Nach etwa anderthalb Stunden ist die Kapelle Sveti Mikula erreicht, und kurz darauf geht es weiter bis zum Gipfel Sveti Mikula. Er mag zwar nur der zweithöchste Punkt sein, aber die Aussicht ist unschlagbar: Der Blick streift über Unije, Susak und weitere Inseln. Über den Gipfel Televrin (588 m) kommst du zur Berghütte Sveti Gaudent (nur Sa/So). Danach geht's nach Osor, wo dich der Inselbus an der Drehbrücke nach Cres erwartet.

Parkplatz oberhalb der D100 bei Nerezin

April–Okt., im Sommer früh starten

44.662889, 14.386444 (Start/Parken), 44.695342, 14.348065 (Berghütte Sveti Gaudent, nur Sa/So) Download GPX-Track

Paddel in die schönsten Buchten

19 SUP-Tour durch die Rovenska-Bucht

Lošinj ist ein echtes Juwel, wenn es um traumhafte Buchten und Strände geht. Aber hast du die Insel schon mal vom SUP-Board aus gesehen? Ein neues Erlebnis! Startpunkt ist die Rovenska-Bucht bei

Mit Board und Paddel durch die Rovenska-Bucht

Ein Rausch der Farben und Gerüche wartet im Duftgarten

Veli Lošinj, wo du alles, was du fürs SUP brauchst, ausleihen kannst. **Insider-Tipp** Gegen einen kleinen Aufpreis bekommst du deine SUP-Ausrüstung sogar direkt in deine Lieblingsbucht geliefert. So kannst du ohne Umwege direkt ins Paddelvergnügen starten! Allein paddeln ist nicht so dein Ding? Dann schließ dich einfach einer geführten Klippenspringer-Tour an, die dich bis nach Veli Lošinj bringt.

Östl. von Veli Lošinj | Parken vor Ort | SUP-Verleih und Touren, Active Lošinj | rentalosinj.com | €€€ Sommer 44.521108, 14.508917

Mediterrane Düfte erschnuppern

20 Spaziergang durch den Duftgarten Agroturizam Miomirisni otočki vrt, 1 Std.

Tief durchatmen! In diesem mediterranen Garten bei Mali Lošinj kannst du die Insel Cres mit allen Sinnen erleben. Der Duftgarten Miomirisni otočki vrt, ein verstecktes Paradies, umgeben von Trockenmauern, bietet dir Hunderte Pflanzenarten zum Erschnuppern. Die beste Zeit für einen Besuch? Das Frühjahr, wenn Rosmarin, Salbei und Lavendel in voller Blüte stehen. Aber auch in den anderen Monaten gibt es hier viel für die Nase zu entdecken. Schafe und ein Esel bewachen den Garten, und gerne führt man dich herum. In einem kleinen Ethno-Laden findest du Naturprodukte zum Mitnehmen. **Insider-Tipp** Lass dir den Olivenlikör oder eine Teemischung nach Omas Rezept nicht entgehen! Abends verwöhnt der Garten mit hausgemachter Limonade, Peka-Schmorgerichten (nur auf Vorbestellung) oder kalten Platten mit Inselkäse und luftgetrocknetem Pršut.

Mit dem Auto ab Mali Lošinj bis Agroturizam Miomirisni otočki vrt | miomirisni-vrt.hr | €€ März–Dez. tgl. 44.527304, 14.477393

INSEL RAB

Bergsteiger auf der Insel

21 Mittelschwere Bergwanderung auf den Kamenjak, 5 km, 2 Std.

Ab auf den höchsten Berg auf Rab! Starte nördlich von Rab-Stadt, bei Mundanje. Folge einfach den Schildern – dein Ziel ist der 409 m hohe Kamenjak. Der Weg schlängelt sich bergauf, mal schat-

Ein gekühltes Getränk mit Ausblick? Rauf auf den Kamenjak!

Sand! Eine Seltenheit an kroatischen Stränden – Lopar hat reichlich davon

tig, mal sonnendurchflutet. Mach einen kurzen Stopp am Aussichtspunkt Vidilica Tomašić – die Aussicht hier ist ein Traum. Dann geht's weiter, etwa 20 Min. über karge Berghänge, bis du den Gipfel mit seiner Sendeanlage erreichst. Puh! Aber der Blick auf die Kvarner Bucht und das Velebit-Gebirge ist jeden Schritt wert. **Insider-Tipp** Und nachdem du den Gipfel erobert hast, wie wäre es mit einer Pause im Restaurant Kamenjak auf dem Rückweg? Ein perfekter Ort für eine Erfrischung.
Mit dem Auto auf der Landstraße D 105 bei Palit und Mundanje dem Schild „Kamenjak" folgen | Frühjahr und Herbst sind ideal, im Sommer kann es ziemlich heiß werden | Wanderstiefel, da der Weg z. T. über Geröll führt | 44.768698, 14.765668 (Abzweigung), 44.771969, 14.790363 (Gipfel) | Download GPX-Track

Freikörperkultur und Hügelgräber

22 Einfache Radtour Epario Trail bei Lopar, 10 km, 1,5 Std.

Stell dir vor, du radelst an der Küste entlang, frische Meeresluft im Gesicht, und dann tauchen urige Sandbuchten auf. Genau das erwartet dich auf dem Epario Trail oberhalb des Hafens von Lopar. Die Route führt über die nordwestliche Halbinsel von Rab, vorbei an idyllischen Stränden wie dem FKK-Beach Sakarun. Unterwegs gibt es Hügelgräber und antike Ruinen zu entdecken – insgesamt zehn historische Stätten sind mit Hinweisschildern markiert. Der Trail, der auch zu Fuß machbar ist, bietet eine perfekte Mischung aus Natur und Kultur.
Start/Ziel oberhalb von Lopar-Hafen | Autofähre von Valbiska (Krk) nach Lopar (jadrolinija.hr) | Ein Teilstück ist nur für MTB geeignet | Kostenlose App und Infos: rabarchaeologicaltraces.com/staza-epario | Verleih und Guide: rabike.hr | Im Sommer früh starten | 44.824488, 14.741674

Sandkastenspiele

23 Traumstrand in Lopar

Viel Sand wartet an der 1,5 km langen Rajska plaža, dem Paradiesstrand bei Lopar. Hier können die Kleinen nach Herzenslust im flachen Wasser planschen und Sandburgen bauen, während sich die Großen entspannen – ein Traum für Familien. Für die Abenteuerlustigen gibt's Tretboote und coole Wasserrutschen unweit des Campingplatzes. Und beim Sandburgenfestival im Sommer kannst du zeigen, was du draufhast!

Die Burgruine Ledenice thront hoch am Hang bei Novi Vinodolski

Touristenbahn ab Lopar-Fährhafen | Mit dem Auto bis Lopar-San Marino, Parkplätze (Gebühr) oberhalb Am besten bei Badewetter 44.824488, 14.741674

SÜDLICHE KVARNER BUCHT

Die Augen des Berges erleben

24 Spaziergang zur Ruine Ledenice, ca. 2 km, 1 Std.

Die Augen des Vinodol (Oči Vinodola) sind sechs atemberaubende Aussichtspunkte am Hang südlich von Novi Vinodolski. Sie bieten eine fantastische Sicht auf das Meer und die Kvarner-Inseln. Anstatt die komplette 65 km lange Route zu erwandern, such dir einfach einen der schönsten Punkte aus und mach dort einen kleinen Spaziergang: Unterhalb der Bergstraße liegt ein alter Friedhof, umgeben von einer ovalen (!) Trockenmauer. Gehst du den Schotterweg hinab, erreichst du den Aussichtspunkt Gradine. Von hier aus hat man einen herrlichen Blick auf den Vinodol-Kanal und die Insel Krk. Genieße die Aussicht, bevor du zurück zum Asphaltweg gehst und von dort zur Burgruine Ledenice aufsteigst. Diese verlassene Siedlung besteht aus etwa 70 Ruinen, den Überresten einer Wehrmauer, einer Kirche und den Mauern des alten Frankopanen-Kastells auf dem höchsten Punkt. Die Frankopanen waren bedeutende regionale Fürsten.

Mit dem Auto oder MTB, Parkplatz an der Bergstraße oberhalb | Karte mit allen Aussichtspunkten: tz-vinodol.hr/de/aussichtspunkte Ideal von Frühjahr bis Herbst und wenn die Bora nicht weht 45.134520, 14.834947 (Parkplatz), 45.130040, 14.836300 (Burgruine Ledenice)

Liebespfad-Erkundung

25 Mittelschwere Rundwanderung bei Crikvenica, ca. 8 km, 2,5 Std.

Bist du verliebt oder träumst du? Dann ist der Liebespfad (Ljubavna cestica) wie für dich gemacht. Das romantische Abenteuer beginnt am Ortsrand und führt dich durch duftenden Salbei hinauf in den karstigen Grüngürtel. Freu dich auf malerische Felsen und atemberaubende Ausblicke. Entdecke die Ruine Badanj und genieße den Blick auf den See Tribaljsko jezero, ideal für eine kleine Picknickpause. Durch den Wald geht es dann bis

Zu voll am Strand von Novi Vinodolski? Schwimm aufs Inselchen Sveti Marin rüber!

Ein echter Lieblingsort: die Uvala Dugno, ein Wildstrand bei Novi Vinodolski

Lokvice. Und für ein unvergessliches Foto wartet der Selfie-Kuss-Spot. Aber auch als Single oder mit der Familie findest du hier deinen Platz für stille Momente. Spaziere an der Quelle Pod Veli Kamik entlang und genieße den Ausblick von der Kavranova stena auf Crikvenica.

Zu Fuß von Crikvenica-Zentrum über die Vinodolska ulica, Unterführung nehmen, beim Fußballplatz die Straße überqueren und beim Wegweiser einsteigen (Gradina Badanj – Grižane) | Mit dem Auto bis zur Unterführung beim Fußballplatz, dort parken *Ganzjährig* *45.178400, 14.694433 (Start)* *Download GPX-Track*

Dem Trubel entfliehen

26 Badeausflug auf die Insel Sveti Marin bei Novi Vinodolski

In Novi Vinodolski ist immer was los, besonders an Wochenenden, wenn sich die Einheimischen unter die Urlaubsgäste mischen. Aber nur einen Steinwurf entfernt liegt die kleine Felseninsel Sveti Marin – ein ruhiger Zufluchtsort direkt gegenüber dem belebten Strand. Um dorthin zu gelangen, musst du rund 200 m schwimmen, paddeln oder mit dem Tretboot rüberfahren. Auf der Insel erwartet dich eine charmante, kleine gotische Kirche und eine alte Thunfischleiter, die einst von Fischern als Aussichtspunkt genutzt wurde. Mach's dir auf einem Felsen gemütlich und genieße die Ruhe – mitten im Meer.

Fern- und Regionalbusse | Parkplätze (Gebühr) oberhalb des Strandes *Bei Badewetter* *45.120519, 14.798797*

Feigengenuss am Wildstrand

27 Dugno-Bucht bei Povile

Ein kleines Schlaraffenland ist die Bucht Dugno an der Riviera von Novi Vinodolski im August, wenn die Feigen reif sind. Hier kannst du dunkellila, saftige Feigen direkt vom Baum naschen – einfach himmlisch! Der Weg vom Straßenrand hinab teilt sich: Links geht's zu einem Wildstrand, an dem Hunde toleriert werden. Rechts findest du einen felsigeren, wilden Strand. Und falls du den Tag in der Bucht ausklingen lässt: Der Sonnenuntergang hier versüßt dir den Abend!

Mit dem Auto die Adriamagistrale ab Novi Vinodolski bis Povile (4 km) *Am besten bei Badewetter* *Wildstrand, daher Wasser und Snacks einpacken, Badeschuhe sind nützlich* *45.114282, 14.826682*

DER SCHÖNSTE SONNENUNTERGANG

Erlebe den Sommer in der Stadt

28 Auf der Festung Trsat in Rijeka

Genieße einen magischen Sonnenuntergang auf Rijekas Hausberg: Erklimme die 561 Stufen von Mrtvi kanal zur Burg Trsat – ein echtes Kardiotraining! Im Innenhof des Kastells findest du den idealen Platz an einer Burgmauer, um den Himmel über Hafen und Stadt in allen Farben zu erleben. Versuche dein Glück für einen Sundowner auch im entspannten Burgcafé Vintage, im oberen Burghof – doch die Plätze sind begehrt.

Vom Titov trg Treppenweg hinauf oder Buslinie 2 (Endhaltestelle Trsat) *Ganzjährig, am schönsten ist es im Sommer* *45.332430, 14.455167*

LOKALE SPEZIALITÄTEN

*UND WO DU SIE PROBIEREN KANNST

Stundenlang in der Glut geschmort – das ist das Geheimnis eines klassischen Peka-Gerichts

Die Küche der Kvarner Bucht bezaubert mit köstlichen Scampi, quietschendem Škripavac-Käse aus Gorski kotar und zartem Cres-Lamm, traditionell unter der Peka zubereitet. Auf Krk locken handgerollte Šurlica-Nudeln, die zu Festtagen mit herzhaftem Gulasch verschmelzen.

Kaisergranat aus der Bucht

1 Kvarnerski Škampi

Ein wenig süßer als ihre Verwandten und als die besten in Kroatien gepriesen: die Škampi, auch Kaisergranat genannt. Diese exquisiten Meeresfrüchte sind eine Delikatesse. Sie werden gegrillt, nach Buzara-Art im Sud (mit Olivenöl, Knoblauch, Petersilie und Wein) zubereitet oder krönen ein Risotto.

ⓘ *Ein besonderes Erlebnis bietet das Restaurant* **Johnson**, *wo die Škampi in Olivenöl und Zitronensaft mariniert serviert werden – ein Gourmetgenuss, der seinen Preis hat | Majčevo 29b, Mošćenička Draga | johnson.hr | €€€*

Quietschender Käse

2 Škripavac

Bei jedem Biss ein quietschendes Vergnügen: der Škripavac-Käse. Seinen Namen, übersetzt „Quietschkäse", trägt er zu Recht, denn genau das Geräusch macht er zwischen den Zähnen. Am besten schmeckt er in den Bergregionen von Lika, Velebit und Gorski kotar – aus frischer Kuhmilch hergestellt, mit Lab und von der Sonne an der Luft getrocknet. Traditionell wird er in Scheiben geschnitten und mit selbstgebackenem Brot serviert.

ⓘ *Probiere die lokale Käseplatte im modernen Restaurant des Campingplatzes* **Plitvice Holiday Resort** | *An der Durchfahrtsstraße von den Plitwitzer Seen nach Slunj, Grabovac 102, Rakovica | plitvice.com | €€*

Lamm von der Insel Cres

3 Creska janjetina

Das Lamm von der Insel Cres ist eine Delikatesse, die traditionell unter der gusseisernen Schmorglocke, genannt Peka, aber auch als Gulaš oder auf dem Grill zubereitet wird. Im Frühjahr konkurrieren die Lammköche von Cres in einem Wettbewerb.

ⓘ *Probiere Lamm im Restaurant* **Bukaleta** *auf Cres | Loznati 9a, Cres (Dörfchen Loznati) | ekvarner.info/uo-bukaleta | €€€*

Rüsselförmige Nudeln

4 Šurlice

Diese makkaroniartigen Nudeln, geformt um eine Stricknadel, sind ein Symbol der Insel Krk. Šurlice erinnern an einen Elefantenrüssel (surla), was auch die Form der Nudeln beschreibt. Sie werden traditionell mit Lamm-, Rind- oder Kalbsgulasch serviert, das die Einheimischen Zvačet nennen.

ⓘ *Ein authentisches Erlebnis bietet die* **Konoba Zora** *im Herzen der Kleinstadtschönheit Dobrinj | Dobrinj 71, Krk | konobazora.com | €€*

Eins für alle

5 Bistro Mornar, Rijeka

Täglich gibt es Frisches, denn Grün- und Fischmarkt sind gleich ums Eck – Fisch, Kvarner Škampi, Hummer, gegrillte Sardinen, gefüllte Paprika und ab und zu auch mal Ćevapčići stehen auf der Karte.

ⓘ *Ul. Riva Boduli 5a, Rijeka | bistro-mornar.business.site | €€*

Gelten als die besten ihrer Art: Kvarnerski Škampi

Wasser marsch! Im Nationalpark Krka zischt und plätschert es

Norddalmatien & Lika

INSELWELTEN, SCHLUCHTEN UND GIPFELBLICKE

Norddalmatien verzaubert mit Natur und historischen Städten, die wie Freilichtmuseen wirken. In der antiken Hafenstadt Zadar mit ihrer berühmten Meeresorgel treffen die Kraft der Natur und futuristische Kunst an der Uferpromenade aufeinander. Auf dem Meer lockt der Kornaten-Archipel Segelfans an. Im Landesinneren ermöglicht die Zrmanja-Schlucht Rafting vor der dramatischen Kulisse des Velebit-Gebirges. Dort beginnt das dünn besiedelte Gebirgsland der Lika, wo sogar Bären leben. Der Nationalpark Paklenica ist ein Magnet für Kletterfans, während die Plitwitzer Seen mit ihren smaragdgrünen Wasserfällen weltberühmt sind. Nicht minder eindrucksvoll ist der Krka-Nationalpark, wo Wassermassen in tosenden Kaskaden herabstürzen. Norddalmatien und die Lika sind ein Ruf der Wildnis.

AUF EINEN BLICK
*NORDDALMATIEN & LIKA

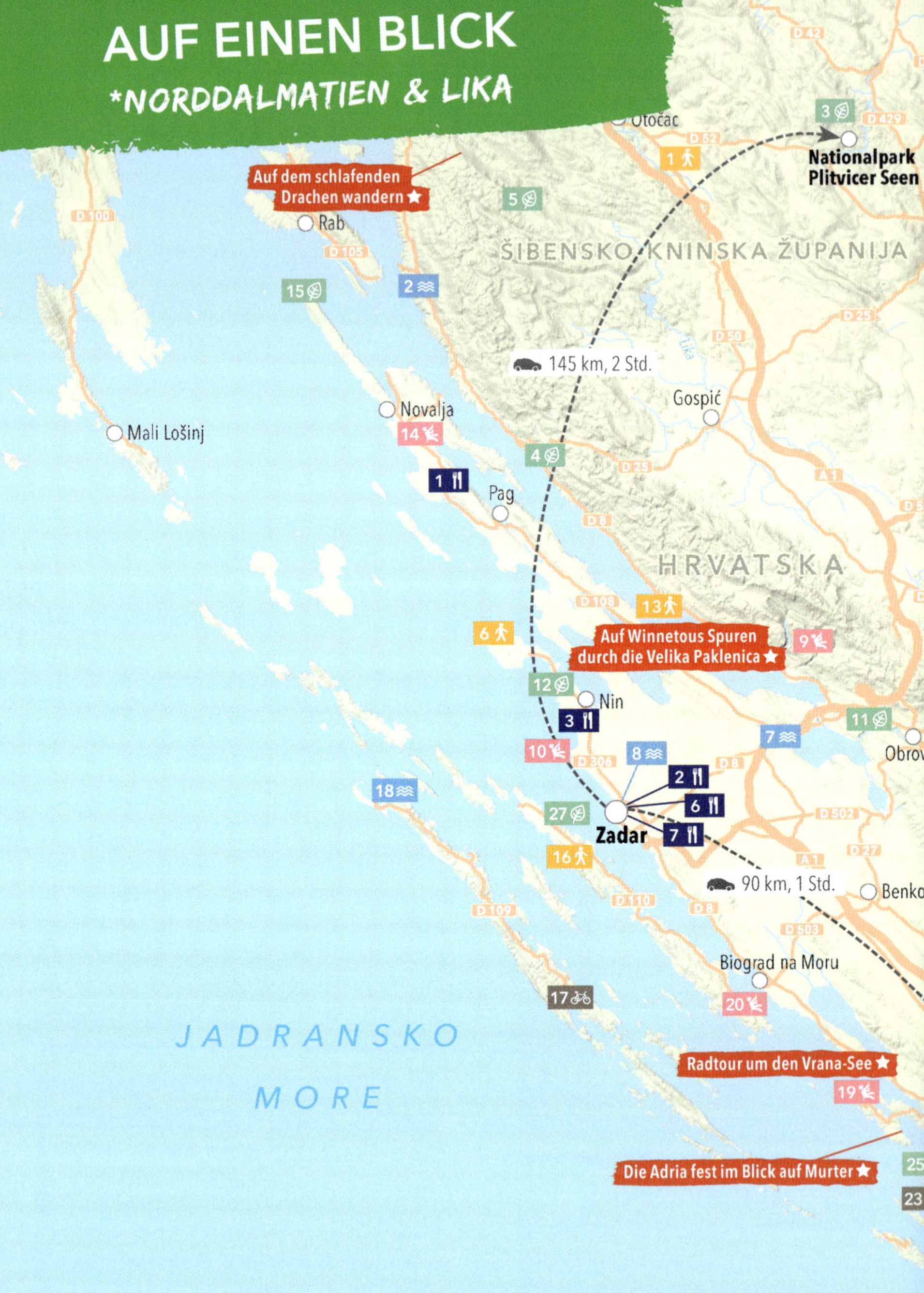

MARCO POLO
OUTDOOR-HIGHLIGHTS ★
Auf dem schlafenden Drachen wandern
Auf dem legendären Fernwanderweg Premužićeva staza → S. 106
★ Radtour um den Vrana-See
Knackiger Trail rund um Kroatiens größten Natursee – ein Vogelparadies → S. 108
★ Auf Winnetous Spuren durch die Velika Paklenica
Ein Canyon als Bühne für Wanderlust und Kletterpartien → S. 110
★ Radweg mit Aussicht am Kanal Svetog Ante
Naturgenuss und ein einzigartiger Blick auf die Festungsstadt Šibenik → S. 112
★ Die Adria fest im Blick auf Murter
Pedalträume zwischen Olivenhainen, Kiefern und Meeresglanz → S. 114
★ Grandiose Aussichten vom kroatischen Troja
Die Ausgrabungsstätte Bribirska glavica erkunden → S. 116
Prijedor
Cazin
Bosanska Krupa
Bihać
Laktaši
Bosanski Petrovac
Drvar
Jajce
BOSNA I
Bosansko Grahovo
Knin
Grandiose Aussichten vom kroatischen Troja ★
Kupres
HERCEGBOSANSKA ŽUPANIJA
Vrlika
Drniš
Nationalpark Krka
22
4
5
Livno
13 km, 20 Min.
Šibenik
21
26
Radweg mit Aussicht am Kanal Svetog Ante ★
Sinj
Tomislavgra
SPLITSKO-DALMATINSKA ŽUPANIJA
Trilj
Kaštela
Solin
24
Trogir
Split
Omiš
Imotski
Una
Unac
Krka
Cetina
Buško jezero
M-4.3
M-4.2
M-1.4
M-5
M-14.2
M 204
D 218
M-6.1
D 1
D 33
D 59
D 56
D 58
D 8
A 1
M 106
M 107
D 220
D 60
D 39
E 661

OUTDOOR-HIGHLIGHTS

*DIE BESTEN ERLEBNISSE DRAUSSEN

Auf dem schlafenden Drachen wandern ★

Bergwandern in Kroatien, ohne den Velebit zu erleben? Das ist wie Paris ohne Eiffelturm! Kroatiens bekanntester Gebirgszug bäumt sich wie ein mächtiger, schlafender Drache im Hinterland der Küste Norddalmatiens auf. Um mitschwärmen zu können, sollte man den bekanntesten Wanderweg einmal gegangen sein – zumindest ein kleines Stück weit.

Schnuppern oder volle Dosis

Die Premužićeva staza, der Premuzić-Pfad, ist der Star unter Kroatiens Wanderwegen. Er beginnt im Nationalpark Nördlicher Velebit (Nacionalni park Sjeverni Velebit) und endet im Örtchen Baške Oštarije. Dazwischen liegen 57 km Trail, quer durchs Gebirge. Entweder schnuppert man bei einer Tagestour Bergluft und kehrt wieder um oder nimmt die volle Dosis bei einer Hüttenwanderung.

Bauliche Meisterleistung

Von Sveti Juraj bei Senj, wo das Velebit-Gebirge beginnt, schlängelt sich eine Straße schlangenförmig bergauf. Nach dem obligatorischen Eintritt an der Rampe Babić Siča geht's auf einer holprigen Schotterpiste weiter bis zum Parkplatz, der sich unterhalb der Berghütte Zavižanj befindet. Vom Parkplatz führt ein breiter Wanderweg vorbei an einer pittoresken Kapelle zum Botanischen Garten Velebit. Ein Paradies für Flora und Fauna: Schmetterlinge tanzen von Blüte zu Blüte, Grashüpfer springen von Halm zu Halm. Im Sommer blühen und wuchern hier 300 Arten von Bergpflanzen, darunter auch die Velebit-Nelke, die man nur hier beschnuppern kann.

Vom Botanischen Garten geht es, an Picknickbänken vorbei, auf dem breiten Hauptweg weiter. Die Begleiter: Laubwald, graue Karstfelsen und im

Herbst ein Feuerwerk der Farben. Dann taucht er auf, der Felsblock auf der Wiese, der rechter Hand wie ein Türsteher einlädt: Premužićeva staza steht mit Farbe gepinselt darauf. Der mit Natursteinen aufgeschichtete Fernwanderweg gilt als bauliche Meisterleistung.

Umdrehen, wenn es am schönsten ist

Bei der Abzweigung auf den Gipfel Gromovača heißt es Kehrtwende! Die letzten Meter auf die Bergspitze selbst sind ein wenig hakelig, also nur für geübte Wandersleut. Von oben blickt man auf die geschützten Kalknadelfelsen Hajdučki kukovi und Rožanski kukovi, die wie Pfeilspitzen aus der Bergwelt hervorstechen. Nach dem Rückweg, auf gleicher Strecke, bietet sich noch ein Abstecher zur Berghütte Zavižanj an – mit Seufzer-Fernblick!

Die Tour im Überblick

Mittelschwere Wanderung im Nationalpark Nördlicher Velebit, hin und zurück 13 km, ca. 3,5 Std.

Mit dem Auto über den Oltari-Pass und Krasno zum Parkeingang Babić Sića, ab dort noch 6 km bis zum Parkplatz | np-sjeverni-velebit.hr | €€ (Eintritt Nationalpark, 2 Tage)

Juni–Oktober, Mo–Fr ist wenig los
Wanderschuhe, viel Wasser, Stöcke
44.813968, 14.978865 (Parkplatz), 44.773274, 14.984445 (Aussichtspunkt Gromovača)

✔ DOWNLOAD GPX-Track

Einkehr? Geht in der Berghütte Zavižanj (li.). Unterhalb thront die Kapelle Sv. Ante (o.)

Radtour um den Vrana-See ★

Die Tour um den Vransko jezero (Vrana-See) bei Pakoštane geht in die Beine. Wer Kroatiens größten Natursee komplett umrunden will, ist gefordert. Dafür gibt es eine grandiose Aussicht auf See, Meer und Inselwelt. Und als Sahnehäubchen: ein Himmel voller Vögel!

Ein Vogelparadies

Der Start wie aus dem Bilderbuch: Ein sehr schmaler Kanal führt zum alten Fischerhaus Prosika, einem von drei Ticket-Schaltern für den Naturpark Vransko jezero. Nebenan schaukeln ein paar bunte Holzboote im Mini-Hafen, Picknickbänke hier, ein Vogelbeobachtungsturm da. Perfekt, um das Zwitschern, Trällern und Flöten zu genießen, denn hier leben rund 250 Vogelarten – darunter Kormorane, Haubentaucher oder Purpurreiher. 30 km² Seefläche bieten ausreichend Lande- und Nistplätze. Als der Kanal vor über 250 Jahren ausgehoben wurde, sollte er See und Meer miteinander verbinden. Dadurch senkte man den Wasserspiegel um 3 m, was mehr Weideland schuf. Wo sich Salz- und Süßwasser mischen, gibt es viele Fische wie Wels, Karpfen oder Meeräsche – was den Naturpark wiederum zu einem Rastplatz für zahllose Vögel macht.

Snacks mit Panoramablick

Die Route um den See schlängelt sich erst gegen den Uhrzeigersinn am Vransko jezero entlang, vorbei an Binsen, Schilf und der winzigen Kirche Sveta Nedjelja. Dann heißt es hoch auf den Bergrücken Kamenjak am Nordufer! Die Schotterpiste ist zwar holprig, aber breit genug, um ordentlich Gas zu geben. Der Weg auf den Kamenjak, den zweiten Eingang im Naturpark, lohnt sich. **Insider-Tipp** In der Konoba gibt's lokale Snacks: luftgetrockneter Pršut und Käse, inklusive Panoramablick. Der fällt auf den einzigartigen See unterhalb und direkt dahinter auf das Adriatische Meer. Der Landstrich dazwischen ist nur ganz schmal, kaum einen Kilometer breit. Von oben betrachet wirkt das besonders schön!

Offroad und Vogel-Spots

Weiter geht's in Richtung Vrana, vorbei an immergrüner Macchia am Hang, zum dritten Eingang, an der Westseite des Sees: Crkvine. Hier wird es wildromantisch. Holzstege führen durch Schilf und Binsen, und mit einem geliehenen Tablet, das es dort gibt, sowie Vogelerkennungs-App wird man zum Ornithologen. Hinter dem Campingplatz Crkvine, der direkt am See liegt, folgt ein Stück Autostraße, bevor es auf der Adriamagistrale (noch mehr Autos) zurück über Pakoštane zum Start am Eingang Prosika geht.

Die Tour im Überblick

Mittelschwere Mountainbike-Tour rund um den See Vransko jezero, ca. 40 km, 4–5 Std.

Start/Ziel Naturpark Vransko jezero, Eingang Prosika | pp-vransko-jezero.hr | € (Eintritt)

Die meisten Vögel sieht man im Frühjahr und Herbst

Snacks, viel Wasser, Fernglas und evtl. Vogelbeobachtungs-App

43.850143, 15.629390 (Fischerhaus Prosika), 43.895701, 15.610209 (Aussichtspunkt Kamenjak)

✔ DOWNLOAD GPX-Track

Kroatiens größter Natursee (li.) ist eine grüne Oase und ein schützenswertes Paradies für Vögel

Auf Winnetous Spuren durch die Velika Paklenica ★

Der Nationalpark Paklenica im südlichen Velebit-Gebirge ist ein Dreiklang aus Wandern, Klettern und Winnetou-Nostalgie. Die Route schlängelt sich durch die Schlucht Velika Paklenica, vorbei an steilen Felswänden und dem gleichnamigen Bach. Keine Sorge, Kletterkünste sind nicht erforderlich: Der Weg bleibt immer angenehm bodenständig.

Winnetou lebt!

Für Fans der Winnetou-Filme ist der Nationalpark Paklenica ein echtes Eldorado. Die kargen Felsen und Schluchten dienten als Kulisse für die Verfilmungen der legendären Karl-May-Romane. Holzschilder mit der Aufschrift „Winnetou" markieren die Drehorte entlang des Weges durch die Schlucht Velika Paklenica. Wer tiefer in die Filmgeschichte eintauchen will, sollte das Mini-Museum im ehemaligen Motel Alan in Starigrad-Paklenica besuchen, wo die Crew in den 1960ern residierte. **Insider-Tipp** Zu entdecken gibt es ein Original-Kanu und andere Requisiten sowie alte Filmplakate und Fotos von den Drehs.

Im Schatten wilder Felsen

Die Schlucht Velika Paklenica ist das Tor zur Abenteuerwelt. Am Ortsausgang von Starigrad-Paklenica folgt man den Schildern und parkt nahe der Eingangsrampe. Das spart ein paar Laufmeter, funktioniert aber nur am Morgen und niemals Anfang Mai, da sich dann die internationale Kletterwelt hier trifft. Der Weg ist zunächst sehr breit und führt entlang des Baches, vorbei an Freikletterern, die die steilen Felswände bezwingen. Paklenica ist schließlich einer der Top-Kletter-Spots in Kroatien. Mitten in der Schlucht stößt man auf das Besucherzentrum Podzemni grad, die unterirdische Stadt. Hier gibt es nicht nur ein Museum, ein Café und einen Kiosk mit bunten Winnetou-T-Shirts, sondern auch einen geheimen Bunker, den Tito einst in den Berg bauen ließ. Keiner hat's gewusst und der Bunker wurde erst vor ein paar Jahren entdeckt!

Abstecher zur Tropfsteinhöhle

Weiter geht es durch die grüne Schlucht, vorbei an Picknickplätzen und dem anspruchsvollen Kletter-Hotspot Anića kuk. Wer mag, kann zur Tropfsteinhöhle Manita peć abbiegen, allerdings sollte man dafür 40 Min. extra einplanen und sich vorab anmelden und erkundigen. Der Wanderweg führt aus der Schlucht heraus an einer alten Mühle vorbei. Dann ist das Ziel erreicht: das Forsthaus Lugarnica, ein idealer Ort für eine Rast im Grünen, bevor es auf dem gleichen Weg zurück zum Ausgangspunkt durch die Schlucht Velika Paklenica geht – da, wo auch Winnetou schon entlangritt.

Die Tour im Überblick

Mittelschwere Wanderung durch die Schlucht Velika Paklenica zum Forsthaus Lugarnica, ca. 12 km, 4 Std.

Start/Ziel Eingangsrampe Velika Paklenica im Nationalpark Paklenica, Starigrad-Paklenica | Mit dem Bus bis Starigrad-Paklenica, danach zu Fuß in den Nationalpark | Parkplätze davor | Forsthaus Lugarnica Mai–Okt. tgl., April nur Sa, So geöffnet | np-paklenica.hr | €€ (Eintritt)

Mai bis Okt.

Snacks, Wasser, feste Schuhe

44.293548, 15.457669

✔ DOWNLOAD GPX-Track

Original Winnetou-Drehkulisse: der Nationalpark Paklenica mit seinen Schluchten (li.) und Gipfeln (o.)

Radweg mit Aussicht am Kanal Svetog Ante ★

Einfach mal am Kanal Svetog Ante entlangradeln? Das war früher nicht drin, denn das Militär war dort stationiert. Vor einigen Jahren hat man die Landzunge östlich von Šibenik mit Rad- und Spazierwegen durchzogen und eine grüne Oase am Meer geschaffen. Wunderbar: der Blick auf die Altstadt und die drei Festungen von Šibenik.

Radwege statt Sperrgebiet

Einst militärisches Sperrgebiet, heute eine grüne Oase: Die 4,5 km lange Halbinsel bei Šibenik wurde in den letzten Jahren in ein Outdoor-Paradies verwandelt. Mit Fahrradwegen und Fußgängerpromenaden ist sie der perfekte Ort für Einheimische und Gäste, um an die Luft zu kommen. Sightseeing im Sattel: Man genießt einen einzigartigen Blick auf die Altstadt von Šibenik, während man durch die Natur auf der Landzunge radelt.

Wassertiefe 1 m

Die Tour startet unweit der Bucht Sveti Petar an einer Hinweistafel und führt entlang des Salzsees Vela Solina, der nirgendwo tiefer als 1 m ist. Kurz darauf folgt der kleinere See, Mala Solina. Beide Gewässer sind keine Touristenmagneten, sondern wirken ein wenig vergessen, aber sie hüten eine wenig bekannte Geschichte.

Salzseen mit Geschichte

Im Mittelalter wurde hier Salz gewonnen, das den Bau der Stadtbefestigungen und Festungen von Šibenik finanzierte. Damals gab es wohl sogar fünf Seen, allerdings wurden die Salzpfannen schon im 18. Jh. aufgegeben. Heute sind die Seen ein Rastplatz für Vögel. Der kleinere der beiden schimmert rosa – dank der Mikroalgen und der Bakterien.

Dem Meer ganz nah: Das geht auf dem Bretterpfad am Kanal Svetog Ante (li.) oder beim alten U-Boot-Tunnel (re.)

Bretterweg nach Školjić

Die Fahrt führt durch das Dörfchen Zablaće zum Südwestzipfel der Halbinsel. **Insider-Tipp** Wer will, parkt das Rad: Ein Bretterweg führt zum Inselchen Školjić hinab. Die Seefestung des Heiligen Nikolaus (Sv. Nikola) wirkt von dort aus noch mächtiger. Weiter geht es, wieder oberhalb, am Ufer entlang, an verlassenen Militärhallen vorbei.

Fernblick auf Šibenik

Ein Meereskanal, der überquert werden will, durchzieht die Halbinsel. Der Blick fällt auf die terrassierte Altstadt von Šibenik am Hang, die sich mit ihren drei Festungen ans Ufer schmiegt. Ab und zu düst ein Taxiboot unten vorbei, und wer nicht zu der Zeit der allseits beliebten Sonntagsausflüge hier radelt, findet Ruhe und viel Platz zum Durchatmen.

Die Tour im Überblick

Einfache Mountainbike-Tour am Kanal Svetog Ante und über die Halbinsel Zablaće, bei Šibenik, ca. 17 km, 1,5 Std.

Start/Ziel unweit der Bucht Sveti Petar, auf dem Weg zur Ferienanlage Amadria Park (ex-Solaris)

Frühjahr bis Herbst, am schönsten bei Badewetter

Eigenes Mountainbike, Snacks, Wasser

43.712921, 15.903023 (Start/Ziel)

DOWNLOAD GPX-Track

Die Adria fest im Blick auf Murter ★

Wer sagt, dass man für das ultimative Insel-Feeling ein Boot braucht? Murter beweist das Gegenteil, als eine der wenigen kroatischen Inseln, die man auf dem Landweg erreicht. Eine kleine Zugbrücke bei Tisno verbindet Murter mit dem Festland. Und von dort ist es nicht mehr weit nach Jezera, wo eine angenehme MTB-Tour beginnt.

Am Jachthafen wird geradelt

So viele Boote! Die Tour startet im modernen Jachthafen von Jezera, im Nordwesten der Insel Murter. Hier glitzern Jachten, mit denen viele Segelfans gern zum benachbarten Kornati-Archipel mit seinen 150 Inseln starten. Ganz entspannt ist es auf der Uferpromenade, die sollte man sich kurz anschauen. Dann der Startschuss: Ab Jezera geht es auf einer Nebenstraße ins Inselinnere, aber nur für ein kurzes Stück. **Insider-Tipp** Unterwegs fällt der große Natursteinturm Pudarica auf, mit schöner Aussicht. Schon bald lockt das winzige Inselchen Murtarić an der Südseite von Murter, das durch einen Holzbohlenweg mit der Küste verbunden ist. Das Panorama gehört unbedingt auf die Muss-fotografiert-werden-Liste.

Küstenzauber und Inselcrossing

Das Mountainbike fühlt sich auf den holprigen Pfaden, die der Küste folgen, sichtlich wohl. An diesem Küstenabschnitt erstreckt sich die Bucht Koširina mit flach abfallendem Kiesstrand und Pinienhain, die zu den schönsten Badeplätzen auf Murter gehört. Hinter dem Campingplatz Autokamp Koširina ändert die Route ihre Richtung und führt rechts ab ins Landesinnere. Ein kurzer Abstecher auf die Inselhauptstraße muss sein, bevor es wieder geradeaus geht, diesmal an die Nordküste von Murter. Der Blick wechselt aufs Festland, das nun ins Blickfeld rückt.

An Oliven und Kiefern vorbei

Am Ufer rechts halten und immer an Olivenhainen und reichlich Grün vorbei, mit Blick auf Tisno. Man passiert den weitläufigen Campingplatz Jezera Village, der sich wie ein Hufeisen um die schattige Bucht und an den Hang schmiegt. Vorsicht, hier tummeln sich viele Gäste, denn der Weg führt direkt am Ufer und einem kleinen Strand entlang. Absteigen ist vielleicht nicht die schlechteste Idee. Der letzte Abschnitt der Tour ist wie das Sahnehäubchen auf dem Kaffee: Ein schattiger Kiefernwald wird zum Begleiter, immer am Wasser entlang, bis man schließlich wieder den Ausgangspunkt Jezera erreicht – und noch ein paar schöne Jachten bestaunen kann.

Die Tour im Überblick

Mountainbike-Tour rund um Jezera auf der Insel Murter, ca. 14 km, 1,5 Std.

Start/Ziel Marina in Jezera | Busverbindung nach Šibenik | Mit dem Auto über die Festlandbrücke bei Tisno, Parkplätze am Hafen von Jezera | Fahrradverleih Merki, Trg Rudina, Jezera, bei Facebook

Frühjahr bis Herbst

Mountainbike, Snacks, Wasser

43.785351, 15.644139 (Start/Ziel), 43.778907, 15.632055 (Aussichtspunkt Pudarica), 43.775934, 15.621754 (Inselchen Murtarić)

DOWNLOAD GPX-Track

Jezera auf Murter ist ein Skipper-Paradies (li.), auch beim Camping gibt es eigene Bootsanleger (re.)

Grandiose Aussichten vom kroatischen Troja ★

Die versunkene Ruinenstadt Bribirska glavica will erobert werden – und wie könnte das besser gehen als bei einem ausgedehnten Spaziergang? Auf einer abgelegenen Bergkuppe im Hinterland der Küste lassen sich antike Mosaike und die Überreste königlicher Palastmauern aus dem Mittelalter bestaunen. Das Sahnehäubchen? Eine spektakuläre Rundum-Aussicht!

Eine große Schatzkammer

Bribirska glavica, die Kuppe von Bribir, ist mehr als nur ein Hochplateau, es ist eine Zeitkapsel. Die archäologische Stätte, 15 km von Skradin entfernt, ist frei zugänglich. Meistens ist man alleine unterwegs auf diesem 72 000 m^2 großen Lieblingsplatz für Geschichtsfans.

Gang durch die Geschichte

Das Auto bleibt am Parkplatz unterhalb bei der Landstraße zurück, dann beginnt der Aufstieg auf einem Schotterweg. Dass es an manchen Tagen windig ist auf dem 300 m hohen Plateau, verwundert nicht. Die Kuppe ist eine Spielwiese für den Fallwind Bora. Oben angekommen, eröffnet sich dann eine so grandiose Aussicht auf die umliegenden Täler, dass jeder Fotofilter überflüssig ist.

Der Spaziergang durch die Geschichte kann beginnen: Am Eingang wartet das Nymphäum – oder das, was davon übrig ist –, gefolgt von den Überresten mehrerer Kirchen. Die Erlöserkirche aus altkroatischer Zeit findet sich in der Nähe des Haupteingangs. Nicht zu übersehen sind die Reste alter Gräber, in denen Schmuck gefunden wurde. Die Zeugnisse der ersten liburnischen Siedler, die kunstvollen Mosaike der Römer und die mächtigen Palastmauern der kroatischen Fürstenfamilie Šubić aus dem Mittelalter – alles ist da. Ein Lapidarium umfasst Steinfragmente. **Insider-Tipp** Wer mehr sehen will, findet im Archäologischen Museum in Split weitere Artefakte. Ein echter Geschichtsthriller unter freiem Himmel, der auch die dunklen Kapitel nicht auslässt: Osmanische Eroberer, venezianische Herrscher und der Krieg der 1990er-Jahre haben ihre Spuren hinterlassen – vieles wurde damals zerstört.

Ein Ort im Wandel

Noch ist nicht alles freigelegt. Aber was man jetzt schon sehen kann, ist fantastisch. Man darf gespannt sein, wie sich dieser Ort weiterentwickeln wird, denn er ist eine der wichtigsten archäologischen Stätten in Kroatien. Noch kostet es keinen Eintritt, also nichts wie hin! Am besten unterhalb des Hügels parken, das schont das Auto und strafft die Waden!

Die Tour im Überblick

Spaziergang durch die archäologische Ausgrabungsstätte Bribirska glavica bei Skradin, ca. 2,7 km, 45 Min.

Mit dem Auto von Skradin die Staatsstr. D 56 in Richtung Benkovac nehmen, nach ca. 13 km bei Ostojić rechts auf die Str. 6072 nach Bribir abbiegen, nach ca. 1,5 km links abbiegen, dort parken

Frühjahr bis Herbst
Feste Schuhe (Schlangen im Gras möglich!), Snacks, Wasser
43.923632, 15.848357 (Start/Ziel), 43.924641, 15.843458 (Ausgrabungen)

DOWNLOAD GPX-Track

Kultur trifft Natur: eine antike Ruinenstadt (u.) mit römischen Mosaiken (re.) und Fernblick (li.)

MEHR ERLEBEN

*WEITERE ABENTEUER & AUSFLÜGE

Zeugen der Zeit: die alten Mühlen an der Quelle Majerovo vrilo

Berge oder Meer? In der Lika und Norddalmatien musst du nicht wählen: Bezwing das Velebit-Gebirge, begegne Bären, erkunde die Plitwitzer Seen, spaziere entlang roter Klippen auf Vir und zu Šibeniks Festungen. Erreiche Zadars Altstadt per Gondel und finde Ruhe in Olivenhainen auf Pag. Segle im Kornaten-Archipel und tauche bei Dugi otok – eine Welt voller Möglichkeiten wartet in dieser Ecke Kroatiens!

LIKA-SENJ

Ein Fisch an der Angel

1 Spaziergang um die Majerovo vrilo-Quellen in der Gacka dolina, 8 km, 1 Std.

Auch wenn es sich hier prima Kanu fahren und radeln lässt, ist die Gacka (sprich: Gatz-ka) im Hinterland der Küste noch weitgehend unentdeckt. Lediglich Angelbegeisterte aus ganz Europa kommen. Das Geheimnis: Die Forellen wachsen im Kalkfluss Gacka nämlich fünf Mal schneller als anderswo und werden bis zu 8 kg schwer. Die Riesenfische kannst du in einem Kanu mit transparentem Boden erleben, das man vor Ort leihen kann (Infos bei der Touristinformation). Ein Highlight der Gacka, die durch eine der längsten Karstdolinen der Welt fließt, findet sich rund um die Quelle Majerovo vrilo (Majers Quelle) bei Sinac. Hier findest du mehrere alte Wassermühlen auf Stelzen und den Start des 8 km langen Wanderwegs Godačka. Und wenn du nach deinem Ausflug Hunger hast, ist die Pizzeria Ruspante nebenan. **Insider-Tipp** Dort solltest du unbedingt die Spezial-Pizza mit regionalem Lammfleisch probieren – ein Geheimtipp, für den viele weite Wege auf sich nehmen (Facebook: ruspantesinac).

Von Otočac (ca. 12 km) der D50 folgen, hinter dem Flugplatz links halten *Frühjahr bis Herbst* *44.814926, 15.357715 (Mühlen)*

Fjord-Zauber erleben

2 Relaxen in der Bucht Zavratnica

Schnorcheln, Schwimmen und Schönwetter-Genießen: Die Zavratnica-Bucht (Uvala Zavratnica) ist genau das richtige Örtchen dafür. Auf den ersten Blick wirkt dieser Meeresarm wie ein Fjord mit steilen Felswänden. Den besten Blick genießt du

Die fjordartige Zavratnica-Bucht lässt sich zu Fuß oder mit dem Boot entdecken

Kroatiens höchster und bekanntester Wasserfall, Veliki slap, ist eine Naturschönheit

von einem Aussichtspunkt oberhalb. Für Abenteuerlustige gibt es einen steinigen Kletterpfad hinunter ab dem Örtchen Zavratnica. Bequemer ist allerdings der Weg ab dem ehemaligen Fährort Jablanac, der dich in nur 20 Minuten zur Bucht führt. Da die Bucht zum Naturpark Velebit gehört, wird hier eine kleine Öko-Gebühr erhoben.

Mit dem Bus ab Senj in 1,5 Std. | Mit dem Auto bis Jablanac-Hafen, dort sind Parkplätze vorhanden | pp-velebit.hr | € Am besten bei schönem Wetter 44.700399, 14.903365 (Bucht)

Wunderbare Wasserfälle

3 Rundtour zum Veliki slap im Nationalpark Plitwitzer Seen, 3 Std.

Spektakuläre Naturszenen erwarten dich: Die Plitwitzer Seen sind bekannt für ihre atemberaubenden Wasserfälle und türkisblauen Gewässer, die sich auf unzähligen Instagram-Fotos wiederfinden. Hier, inmitten der Heimat von Luchsen, Wölfen und Bären, findest du den höchsten Wasserfall des Parks, den Veliki slap, der majestätisch 78 m in die Tiefe stürzt. Neben den Hauptattraktionen gibt es viele ruhigere Ecken im Park. Lade dir eine der weniger frequentierten Routen von der Website des Nationalparks auf dein Smartphone und entdecke den Park auf eigene Faust. Der Nationalpark, Teil des Unesco-Weltnaturerbes, bietet genügend Platz für alle – ein Großteil der Gäste konzentriert sich nämlich nur auf einen kleinen Bereich des Parks. Um den Massen zu entgehen, plant man seinen Besuch am besten für den frühen Morgen oder den späten Nachmittag. Kaufe dein Ticket online und starte bei Eingang 2, der weniger überlaufen ist als Eingang 1. Es gibt auch Zwei-Tages-Tickets – ideal, um bei der Ankunft am Nachmittag schon mal reinzuschnuppern.

Busse zwischen Zadar und Zagreb stoppen am Eingang 1 in Rastovača, vorher klären, ob diese nicht über die Autobahn fahren | Parkplätze vorhanden (Gebühr) | np-plitvicka-jezera.hr Ganzjährig geöffnet, nutze den weißen Winter oder den Indian Summer im Herbst für einen Besuch 44.906152, 15.613069 (Eingang 1)

Serpentinen aus der Vogelperspektive

4 Ausblick vom Kubus (Ura) auf dem Bergpass bei Baške Oštarije

Wenn du Zeit hast, nimmt die alte Straße vom Landesinneren ans Meer – von Gospić nach Karlo-

So nah wie in Kuterevo kommt man den Bären sonst selten

Zu jeder Jahreszeit ein Erlebnis: die roten Klippen auf Vir

bag durch das Velebit-Gebirge. Stopp unterwegs am Würfel, der Kubus oder Ura genannt wird. Er wurde beim Bau der Straße 1846 hier aufgestellt, du findest ihn am Pass Oštarijsko Sedlo bei Baške Oštarije, wo auch der Fernwanderweg Premužićeva staza im Süden endet. Der Blick geht auf die Serpentinenstraßen und aufs Meer. Aber Achtung: Hier oben ist es ganz schön windig! **Insider-Tipp** Wenn du dir die Beine vertreten willst, gibt es einen Lehrpfad der Theresiana-Straße (Terezijana, poučna staza), der dort oben beginnt.

Mit Auto die Staatsstr. D 25 entlang, ab Gospić 23 km, ab Karlobag 17 km | tz-karlobag.hr Bei klarer Sicht 44.527550, 15.145504

Zu Besuch bei Meister Petz

5 Braunbärrefugium Kuterevo (Utočiste za medvjede), 1 Std.

Die Bären sind los! Im malerischen Dorf Kuterevo, versteckt im Velebit-Gebirge, findest du ein ganz besonderes Refugium: Hier werden junge Braunbären und sogar ein ehemaliger Zirkusbär liebevoll aufgepäppelt. Du hast die einmalige Chance, diese beeindruckenden Tiere aus nächster Nähe zu beobachten. Freiwillige aus ganz Europa helfen mit und haben dabei auch das Dorf verschönert. Außerdem kannst du vor Ort handgefertigte Souvenirs von den Einheimischen kaufen, wie kuschelig warme Socken oder handgeschnitzte Holzbrettchen. So profitieren alle im Dorf von den Gästen. Der Eintritt ins Bärenrefugium ist frei, aber das private Projekt ist auf Spenden angewiesen und wird mit viel Leidenschaft betrieben. Ein Besuch ist nicht nur ein Highlight für Interessierte, sondern unterstützt auch einen guten Zweck.

Mit dem Auto südl. von Senj bei Sv. Juraj über Krasno durchs Velebit-Gebirge (1 Std.) oder Autobahn A 1, Ausfahrt Otočac | kuterevomedvjedi.wordpress.com Frühsommer bis Herbst 44.823519, 15.142425

RUND UM ZADAR

Rote Klippen

6 Spaziergang und Baden bei den Roten Klippen auf Vir, 2–3 Std.

Eine steile Sache sind die roten Klippen von Vir: Senkrecht wachsen sie aus dem Wasser. Durchbro-

Reif für die Insel? Das geht bei Posedarje sogar zu Fuß, ohne Boot

chen wird die zerklüftete Küste im Nordwesten von Vir durch lauschige Badeplätze – und fast sieht es hier ein wenig wie in der Bretagne aus. Am Klippenrand geht es gut 3 km oberhalb der rötlichen Steilfelsen entlang, immer am Meer entlang. Besonders intensiv leuchten die roten Felsen bei Sonnenuntergang. Woher die Farbe stammt? Von den in Kalkstein gelösten Eisenmineralien. Vir gehört übrigens zu den wenigen Inseln, die mit einer Brücke ans Festland angebunden sind.

Mit dem Auto über die mautfreie Brücke auf Vir, der Inselstraße bis zum Ende im Nordwesten folgen Ganzjährig 44.327053, 15.027440

Runterkommen mit Kirchenblick

7 Plaža bei der Kirche Sv. Duh in Posedarje am Binnenmeer Novigradsko more

Am Binnenmeer Novigradsko more, eigentlich eine Bucht, gibt's direkt neben der Kirche Sv. Duh einen Strand, der ist wirklich was Besonderes. Während du im flachen Wasser planschst, kannst du die winzige Kircheninsel und das majestätische Velebit-Gebirge im Hintergrund bestaunen. Das Wasser ist so seicht, dass du gefühlt eine Ewigkeit ins Meer hineinwandern kannst. Und die Insel? Die erreichst du ganz easy über einen aufgeschütteten Pfad. Ein paar Schritte, und schon hast du alles gesehen. Danach lockt die Strandbar mit kühlen Drinks, gemütlichen Liegen und einem Stroh-Sonnendach. Und wenn dich der Hunger überkommt, gehst du dem in der Luft liegenden Burgerduft nach. Einfach ein lässiger Ort, um mal richtig runterzukommen.

Von der Adriamagistrale D8 ca. 1 km südl. von Posedarje abbiegen, Parkplätze vor Ort Bei Badewetter 44.205749, 15.472694

Übers Wasser gondeln

8 Bootsfahrt mit einer Barkajola in die Altstadt von Zadar

Du könntest natürlich einfach die Brücke nehmen und ein paar Schritte laufen. Aber es ist schön, mit dem Boot in der Altstadt von Zadar zu schaukeln. Eine ziemlich lange Tradition haben die Gondoliere, die dich mit ihren Holzbooten über die malerische Meerenge in die Altstadt von Zadar rudern. Während der Fahrt kannst du den Blick auf die historische Stadtmauer genießen. Der sanfte Wel-

Orangefarbene Ruderboote verbinden das Festland mit der Altstadt von Zadar

lengang und das Plätschern des Wassers sorgen für eine entspannte Atmosphäre, während du dich zurücklehnen und das einzigartige Flair dieser besonderen Art der Fortbewegung genießen kannst.
ℹ *Hafeneinfahrt beim Leuchtfeuer | € ⏲ Ganzjährig 📍 44.118937, 15.224563 (Festland)*

Klebe dich an die Wand

9 Klettern in der Schlucht Velika Paklenica

Mal sind sie senkrecht, mal überhängend: die steilen Felswände in der Schlucht Velika Paklenica. Wenn du in das schmale Tal hineinläufst, das der Hauptzugang in den Nationalpark Paklenica ist, kommst du an den Kletterwänden vorbei, wo die Fans des Freikletterns kleben. Hier kannst du dich als Freeclimber versuchen, Ausrüstung leihen oder einen Schnupperkurs machen. Es gibt mehr als 360 Routen für jedes Level. Die schönsten Kletterrouten sind ein wenig abseits der Schlucht, etwa Anića kuk (siehe S. 111). Die längsten Routen überwinden 300 m. Merke dir schon mal Anfang Mai vor, wenn sich Freeclimber aus halb Europa hier treffen! **Insider-Tipp** Kombiniere deine Kletterpartie mit einer einfachen bis mittelschweren Wanderung zum Forsthaus Lugarnica für ein rundum aktives Naturerlebnis.

Ein Freeclimber-Paradies: Steile Wände säumen die Schlucht Velika Paklenica

ℹ *Von Starigrad-Paklenica landeinwärts, Beschilderung folgen (NP Paklenica) | €€ ⏲ Frühjahr bis Herbst 📍 44.293857, 15.457614 (Eingang)*

Ufo auf Wellen

10 Trendsportarten in Petrčane

Klingt verrückt, ist aber total angesagt: Wie mit einem außerirdischen Flugobjekt surrst du am Strand von Petrčane bei Zadar übers Meer. Das „Crazy Ufo" ist ein rundes Tube mit Rückenlehne, auf dem du dich über das Meer ziehen lässt. Also wie eine Art Banana-Boat, nur eben mit Rückenlehne und in Rund. Oder du braust mit dem Jet Ski über das Wasser. Muskelkraft-Nutzung ist dir lieber? Dann findest du hier SUP-Boards oder Tretboote mit Rutsche.
ℹ *Mit dem Auto nach Petrčane – Punta Skala Pinija watersports center, Petrčane, motostart.hr | €€€ ⏲ Verleih im Sommer 📍 44.181408, 15.158031*

Zum Paddeln und für die Winnetou-Romantik ideal: der Fluss Zrmanja

Winnetou-Feeling hoch über der Schlucht

11 Aussicht auf den Zrmanja-Canyon
Pariževačka glavica, 30 Min.

Hoch oben, über der Zrmanja-Schlucht, nahe Zadar, liegt ein magischer Ort, der nicht nur für Filmfans ein Highlight ist. Mit den majestätischen Velebit-Bergen im Hintergrund und der tiefen Felsenschlucht der Zrmanja, die sich in leuchtendem Smaragdgrün unten durchwindet, fühlst du dich wie in eine andere Welt versetzt. Hier, wo einst die Winnetou-Filme gedreht wurden, standen Plastikkakteen und ein Apachenlager – die sind zwar Geschichte, aber die atemberaubende Aussicht bleibt. Fast kann man sich vorstellen, wie der legendäre Apache um die Ecke geritten kommt. Lust auf eine andere Perspektive? Um die Schlucht aus der Nähe zu erleben, musst du ins Tal hinab. Eine Paddeltour auf der Zrmanja ist dafür ideal. Vom Aussichtspunkt selbst gibt's keinen direkten Zugang zum Fluss, aber die Aussicht allein ist schon eine Reise wert.

Mit dem Auto auf der Staatsstr. D 25 von Jasenice in Richtung Obrovac, rechts abbiegen (Schild)
Frühjahr bis Herbst *44.222578, 15.613709 (Aussichtspunkt)*

Sandschatz mit Wellness-Plus

12 Kraljičina plaža mit Heilschlamm bei Nin

Ein weitläufiger, flacher Sandstrand – in Kroatien eine echte Rarität! Am Königinnenstrand (Kraljičina plaža) in der Lagune von Nin erwartet dich nicht nur ein Strandtag wie aus dem Bilderbuch, sondern auch ein ganz besonderes Extra: Heilschlamm, den du dir kostenlos auf die Haut auftragen kannst. Stell dir das vor wie einen Open-Air-Spaßbadetag, bei dem deine Haut hinterher wunderbar weich ist. Ein perfektes Fotomotiv ist das auch! Die Lagune von Nin ist zudem bekannt für ihr seichtes Wasser mit hohem Salzgehalt und die umliegenden Salzwiesen. Hier wächst unter anderem das seltene Pampagras und andere einzigartige Sumpf- und Salzpflanzen wie der Sumpfknoblauch. Ein Ort, der sowohl für Strandfans als

Die Pag-Brücke verbindet die Insel mit dem Festland

Sand satt gibt es in der Lagune von Nin

auch für Naturbegeisterte ein Highlight ist. Und wenn du schon mal in Nin bist: Kitesurfen kann man im Flachwasser der Lagune am Strand Ždrijac (*kiteboarding-croatia.com*), zudem gibt es bei Nin ein Salzmuseum. In den Salinen dort sind rund 250 Vogelarten zu Hause, eine Tour ist möglich (*solananin.hr*).

Mit dem Auto bis Nin, Beschilderung Plaža Sabunike | Parkplätze oberhalb des Strandes, im Sommer begrenzt ⏲ Ganzjährig 📍 44.250472, 15.174944

INSEL PAG

Mondinsel-Flair auf Pag

13 Spaziergang rund um die Brücke Paški most, 1 Std.

Pag präsentiert sich vielerorts karg – kein Wunder, dass man sie die „Mondinsel" nennt. Die baumlose Ostküste, vom kalten Bora-Fallwind blank gefegt, erinnert an eine Mondlandschaft. Ein atemberaubendes Panorama eröffnet sich vor der Auffahrt auf die mautfreie Brücke von Pag (Paški most): die steilen Felswände des Velebit-Gebirges im Hintergrund, die raue, felsige Natur und das Meer im Vordergrund. **Insider-Tipp** Gönn dir eine Erfrischung an dem Kiosk mit Vintage-Flair auf dem Parkplatz. Danach erkunde die Ruine Fortica auf der anderen Seite der Brücke – ein Stück Pag, das Geschichte atmet.

Parkplatz rechts vor der Auffahrt auf die Insel Pag, aus Richtung Süden/Zadar ⏲ Beeindruckend bei jedem Wetter, besonders magisch bei Sonnenuntergang 📍 44.323896, 15.260685 (Parkplatz), 44.323116, 15.256104 (Ruine Fortica)

Rasant am Partystrand

14 Wakeboarden am Strand Zrće bei Novalja

Nach einer wilden Partynacht am berühmten Strand Zrće bei Novalja ist Wakeboarden die perfekte Art, den Kreislauf wieder in Schwung zu bringen. Im Wakepark Cable Pag erwartet dich eine 600 m lange Anlage, auf der du dich im Wakeboarden versuchen kannst. Mach dich bereit für die Action: Rauf aufs Brett, zur Rampe, sanft auf dem Wasser aufsetzen und weiter geht's. Dabei zieht dich die Seilbahn über die Wellen. Profis kombinieren das mit spektakulären Tricks und Sprüngen.

Geschickt über das glitzernde Wasser gleiten: Wakeboarden auf Pag begeistert

Knorrige Stämme, silbergrüne Blätter – jeder Olivenbaum auf der Halbinsel Lun ist einzigartig

Im Sommer Shuttle-Bus ab Novalja | Mit dem Auto 2 km ab Novalja, großer Parkplatz am Strand (Gebühr) | Wakepark Cable Pag: Mai bis Sept., cablepag.com | €€€ Partysaison: Ende Mai bis Ende Aug. 44.537309, 14.918555

Uralte Olivenhaine von Lun

15 Spaziergang durch die Vrtovi Lunjskih maslinika, 2–3 Std.

Silbergraue Baumkronen, knorrige Stämme und eine felsige Landzunge: In den Olivengärten von Lun, am Nordwestzipfel der Insel Pag, wachsen wilde Olivenbäume dicht an dicht. Mehr als 80 000 Wildoliven gibt es hier, und die Dichte der über tausendjährigen Ölbäume gilt als einmalig. Die örtliche Genossenschaft kümmert sich um die Ölbäume und verlangt eine kleine Öko-Taxe am Eingang. Dafür darfst du den ganzen Tag auf der Halbinsel wandern, knorrige Olivenbäume bestaunen und dich in den einsamen Buchten in der Sonne räkeln. Rundwege führen durch das Gelände, am Eingang gibt es einen Wegplan zu den ältesten Bäumen. Im Bistro Tovernele in Lun (Tovarnele 27) kannst du dich stärken.

Mit dem Auto bis zur Nordwestspitze von Pag, nach Lun fahren, dort Rezeption | olive-gardens.eu | € Frühjahr bis Herbst 44.690134, 14.739360 (Rezeption)

DIE INSELN VOR ZADAR

Rauf zum Gipfelkreuz

16 Mittelschwere Rundwanderung zur Ruine Sveti Mihovil bei Preko auf der Insel Ugljan, 8 km, 2 Std.

Eine grüne, eine helle und eine dunkle Bucht – das sieht man von den vergessenen Festungsruinen Sveti Mihovil (hl. Michael) aus, die sich bei Preko erheben. Das alte, frei zugängliche Gemäuer bietet eine wunderbare Aussicht! Wandern bei der Hitze? Nun ja: Es geht ziemlich steil hoch, durch Olivengärten, auf 250 m über dem Meer. Der Panoramablick geht zum vorgelagerten Archipel.
Die Festung stammt noch aus dem 13. Jh. Schön ist es bei Sonnenuntergang, allerdings ist nichts

Der Salzsee Mir auf Dugi otok macht aus jeder Perspektive eine gute Figur

abgesichert – also Vorsicht, vor allem mit Kindern. Oben steht ein Gipfelkreuz und gefühlt sieht man halb Kroatien, tatsächlich kannst du über 100 km weit blicken!

Mit der Fähre ab Zadar-Gaženica nach Preko, rechts halten, Umgehungsstraße überqueren und immer geradeaus über den Berg Ganzjährig, im Sommer am besten früh oder spät, da wenig Schatten 44.071943, 15.158994 (Ruine)

Im Solebad herumdümpeln

17 Einfache Radtour auf der Insel Dugi otok, ca. 12 km, 1–2 Std.

Vergiss Salzbäder in der heimischen Wanne! Im Salzsee Mir auf Dugi otok erlebst du die entspannende Wirkung von hochkonzentrierter Sole direkt in der Natur. Eintauchen und treiben lassen ist hier die Devise. Mit seinem hohen Salzgehalt bietet der See nicht nur ein Badeerlebnis, sondern auch therapeutische Vorteile für Haut und Atemwege. Motorisierter Verkehr ist rund um die Bucht von Sali nicht erlaubt. Das macht aber nichts, denn du erreichst dein Ziel bequem zu Fuß, per Boot oder eben mit dem Rad. Von der Bucht aus führt ein Betonweg in Richtung Osten, dann schlängelt sich ein schmaler Pfad durch felsiges Terrain bis zum Salzsee, der im Naturpark Telašćica liegt. Ein kleines Abenteuer, das sich lohnt! **Insider-Tipp** Wenn du schon mal da bist, solltest du dir auch die Steilklippen nicht entgehen lassen: Ganz im Südosten der Insel erwartet dich eine atemberaubende Steilküste mit senkrecht aus dem Meer ragenden Klippen.

Park prirode Telašćica | Anreise mit der Autofähre Zadar-Brbinj, Personenfähre Zadar–Sali (keine Fahrradmitnahme!) | Fahrradverleih in Sali bei Adamo Travel, taxidugiotok.com | Naturpark: pp-telascica.hr | € Frühjahr bis Herbst 43.889759, 15.162621 (Salzsee Mir)

Ab unters Wasser

18 Tauchkurse auf der Insel Dugi otok

Tauchen auf Dugi otok ist Eintauchen in eine geheimnisvolle Unterwasserwelt. Schillernde Fischschwärme, die sich durch die farbenprächtigen Korallenriffe schlängeln, sind nur der Anfang. In der Unterwasserhöhle Brbinjšćica erwartet dich ein spektakuläres Lichtschauspiel, das die schrof-

Mit dem Boot geht's zu den schönsten Tauch-Spots auf Dugi otok

Die Kornaten sind ein Traum für alle, die das Segeln lieben

fen Felsformationen in ein magisches Ambiente taucht. Aber das ist noch nicht alles: Die Insel Mežanj bietet eine weitere Basis für atemberaubende Tauchgänge. Hier entdeckst du nicht nur die vielfältige Meeresfauna, sondern auch geheimnisvolle Höhlen und Durchgänge, die wie Portale in eine andere Welt wirken. Ein Unterwassermärchen, das in der Realität angekommen ist und nur darauf wartet, erkundet zu werden. Vier Tauchschulen stehen auf Dugi otok bereit.

Personenfähre Zadar–Božava (jadrolinija.hr) | Dive Center Božava, bozava.de, Voranmeldung | €€€ Sommer 44.140668, 14.905552 (Tauchzentrum)

Inselhopping mit Windkraft

19 Segeln im Nationalpark Kornati

Mehr Inseln auf so wenig Raum geht kaum: 149 sind es im Archipel der Kornaten, 89 davon gehören zum Nacionalni park Kornati. Hin kommst du nur mit dem Ausflugsboot – oder mit der eigenen Jolle. Auf dieser Segelklassiker-Route gleitest du von einer Insel zur nächsten, gestoppt wird, wo es gefällt. Die Winde sind perfekt, die Jolle kreuzt zwischen den Inseln umher. Die Kornaten sind rau, felsig, es gibt Schafe, Olivenbäume und unzählige einsame Buchten. Hier kannst du anlegen, im Wasser planschen und das Meer einfach genießen.

Mit dem eigenen Boot; einen Campingplatz mit Bootssteg gibt es bei Jezera auf der Insel Murter, camp-murter-kornati.com; eine große Marina in Jezera, aci-marinas.com (ACI Marinas, ACI Marina Jezera) | Bootspreise, Tickets und Infos bei np-kornati.hr | Bootsausflüge z. B. tureta-tours.hr Sommer 43.823358, 15.590618 (Fährhafen Murter)

Trekking-Rennen am Meer

20 Škraping auf der Insel Pašman

Škraping ist eine faszinierende Form des Trekkings, bei der du die Insel Pašman nur wenige Meter über dem Meeresspiegel umrundest – meist durch anspruchsvolles Gelände aus Gestein und Fels. Diese Herausforderung verlangt Geschick und Ausdauer. Einmal im Jahr wird diese Strecke

Stadt der Festungen und gut für straffe Waden: Šibenik

Der Manojlovac-Wasserfall gehört zu den eindrucksvollsten im Nationalpark Krka

sogar zum Austragungsort eines Wettkampfes, bei dem es Routen zwischen 6 und 45 km zu meistern gilt.

ⓘ *Fähre Biograd na moru – Tkon (jadrolinija.hr) | skraping.hr, Routen s. Website* ⏲ *Wettbewerb Anf. März* ⚲ *43.922208, 15.418799 (Hafen Tkon)*

RUND UM ŠIBENIK

Drei auf einen Streich

21 Stadtspaziergang zu drei Festungen in Šibenik, ca. 4 km, 3–4 Std.

Drei Festungen staffeln sich übereinander am Hang in Šibenik. Das ist gut für dein Kardioprogramm. Starte in der Altstadt bei der Kathedrale des hl. Jakob und folge den Stufengassen, hinauf zur ersten Festung: Sv. Mihovil, hübsch restauriert und mit Konzerten am Abend. Nimm dann den Weg zur Festung Barone, setz eine VR-Brille und bummle über den hübschen Hof. **Insider-Tipp** Im Museumsshop findest du lokale Produkte wie Schmuck oder guten Wein. In dem dazugehörigen Café kannst du ein wenig chillen. Die dritte Festung an Land, Sv. Ivan, liegt noch höher, aber nur ein paar Minuten von Barone entfernt. Sie wurde erst vor Kurzem restauriert. Eine Entdeckungstour lohnt sich!

ⓘ *Mit dem Bus oder Auto nach Šibenik, parken am Hafen | €€* ⏲ *Ganzjährig* ⚲ *43.735851, 15.889053 (Start Kathedrale)*

Wasserfälle und Katakomben

22 Spaziergänge im Nationalpark Krka

Der Nationalpark Krka gehört unbedingt auf die Bucketlist für Kroatien: Staune über die zwei größten Wasserfälle, Skradinski buk und Roški slap, schippere zur malerischen Klosterinsel Visovac hinüber und erkunde dann die versteckten Ecken des Parks, wo nicht alle sind. Wunderschön grün ist es am Fluss rund um das orthodoxe Kloster Krka mit seinen beeindruckenden Katakomben. Zauberhaft ist es rund um den Manojlovac-Wasserfall. Du kannst den höchsten der Krka-Fälle, der 60 m in die Tiefe rauscht, von einem Aussichtspunkt beobachten. Oder hinabsteigen in die Schlucht. Es schäumt und plätschert!

ⓘ *Mit dem Auto bis zum Eingang Skradin (Bootsfahrt bis Skradinski buk inbegriffen), Beschilderung | npkrka.hr | €€€* ⏲ *Am schönsten April bis Okt.* ⚲ *43.816989, 15.923349 (Eingang Skradin)*

Wirkt wie ein Drachenauge, zumindest vom Klippenrand: Zmajevo oko

Radeln mit Meeresrauschen

23 Einfache Radtour von Vodice über Tribunj nach Sovlje, ca. 10 km, 1 Std.

Manchmal ist der beste Kater-Killer eine frische Brise und dazu das Rauschen des Meeres im Ohr. Und Vodice, die Partyhochburg an der kroatischen Küste, bietet genau das: eine entspannte Radtour, die dich von den Bars direkt an die Strände und zu den verträumten Nachbardörfern bringt. Steig auf das Bike und mach dich auf den Weg. Keine Sorge, die Strecke ist chillig – es gibt keine nennenswerten Steigungen. Vorbei geht's an den Überresten der historischen Festung Jurjevgrad, bis der charmante Ort Tribunj mit seiner alten Steinbrücke erreicht ist. In der Bucht Sovlje machst du kehrt und fährst oberhalb der Küstenstraße wieder zurück.

Start/Ziel in Vodice | MTB empfohlen, da teils Schotterweg, im Sommer viel Verkehr | Fahrradverleih: Homberger, Tel. 022/44 41 09, oder Barbara, Tel. 098 9 62 56 67, beide in Vodice | Karte auf bikeandhike.hr (> Bike > Tour 225 Vodice – Tribunj)

Frühjahr bis Herbst 43.755252, 15.773316

Auge in Auge mit dem Drachen

24 Badesee Zmajevo oko in Rogoznica

Das „Auge des Drachens" (Zmajevo oko) ist nicht etwa ein Fantasy-Roman, sondern ein mysteriöser See in Rogoznica. Umgeben von hohen Klippen, erinnert die Form des Sees an ein Auge. Direkt neben dem Meer gelegen, aber ohne sichtbare Verbindung, spürt man hier dennoch die Gezeiten. Etwa alle 30 Jahre bietet der See ein spektakuläres Naturschauspiel, wenn er durch Schwefelwasserstoff in den unteren Schichten zu blubbern und zu kochen beginnt. Um diesen faszinierenden Ort ranken sich viele Geschichten und Legenden. Auch zum Klippenspringen ist dieser Ort beliebt. Nach einem erfrischenden Sprung hilft eine Leiter beim Ausstieg aus dem Wasser. **Insider-Tipp** Oberhalb des Sees befindet sich ein Ausguck, der einen atemberaubenden Blick auf das Auge des Drachen und das Meer bietet – wow!

Mit dem Auto am Jachthafen Marina Frapa parken, am Ufer entlanglaufen, rechts an den Häusern vorbei, kurz darauf kommt der See, auf

Die Hafenpromenade von Šepurine auf der Insel Prvić lädt zum Erkunden ein

der Halbinsel Gradina ⏲ *Ganzjährig, am besten bei Badewetter* 📍 *43.530912, 15.958813*

Insel-Feeling erleben

25 Bootsausflug auf die Insel Prvić

Prvić heißt so viel wie „die Erste". Das stimmt sogar, zumindest, wenn man in Vodice am Ufer steht: Da breitet sich die kleine Insel als Erste vor vielen weiteren im Archipel von Šibenik aus. Mach einen Bootsausflug mit der Jadrolinija-Fähre. Das kostet lediglich ein paar Euro, dauert nur 20 Minuten und schon schnupperst du ein wenig Inselluft. Bummel durch die verwinkelten Gassen des Hauptortes Šepurine – ums Eck liegt der Strand Trstevica. Im zweiten Ort, Prvić Luka, gibt es ein kleines Museum, das an das kroatische Universalgenie Faust Vrančić erinnert. Prvić ist so lang wie 25 Fußballfelder. Wenn du die Insel umrunden willst, dann solltest du das an einem Nachmittag gut hinbekommen.

ℹ *Fähre ab Vodice und Šibenik | jadrolinija.hr/de | €* ⏲ *Frühjahr bis Herbst* 📍 *43.733815, 15.786051 (Fähranleger Prvić-Šepurine)*

Den Falken ganz nah

26 Besuch in der Falknerei Sokolarski centar in Škugori

Stolz sitzt der Falke auf der Hand, natürlich auf einem Sicherheitshandschuh. So nah wie in der Falknerei von Emilio Mandusić kommst du den Tieren sonst kaum. Eine professionelle Flugshow mit viel Glimmer solltest du allerdings nicht erwarten, denn es handelt sich um ein privates Rettungs- und Rehabilitationszentrum, das mit viel Herzblut geführt wird. Während einer Präsentation erfährst du (auf Englisch) viel über das Leben dieser gefiederten Schönheiten. Der engagierte Falkner teilt sein umfangreiches Wissen und seine Leidenschaft für die Vögel und umsorgt kranke Tiere, die er wieder aufpäppelt. **Insider-Tipp** Wenn du unterwegs verletzte Falken, aber auch Eulen und Habichte findest, kannst du hier anrufen und es melden – und dadurch deinen Beitrag leisten.

ℹ *Mit dem Auto 7 km ab Šibenik nach Drniš, Abzweigung nach Dubrava, dort nach Južni Škugori | sokolarskicentar.com | €€€* ⏲ *April–Okt., im Sommer bis abends* 📍 *43.726989, 15.955716*

DER SCHÖNSTE SONNENUNTERGANG

Wind und Wellen geben den Takt vor

27 Sonnenuntergang auf Lichtinstallation in Zadar

„Zadar hat den schönsten Sonnenuntergang der Welt", sagte einst Alfred Hitchcock. Recht hat er! Doch es gibt hier auch was auf die Ohren: Direkt am Ufer pfeift und tönt die Meeresorgel (Morske orgulje) – ein Zusammenspiel von Wind und Wellen, die hier einzigartige Töne erzeugen. Ein paar Schritte weiter befindet sich die Installation „Gruß an die Sonne" (Pozdrav suncu), mit Lichtpaneelen, die am Abend zum Leben erwachen.

Mit dem Bus oder Auto bis Zadar; vom Festland mit der Barjakola oder über die Brücke auf die Altstadtinsel *Ganzjährig* *44.117735, 15.219834 (Gruß an die Sonne)*

LOKALE SPEZIALITÄTEN

*UND WO DU SIE PROBIEREN KANNST

Goldgelb ist der Pager Käse, der aus der würzigen Milch der Inselschafe gewonnen wird

Tauche ein in das kulinarisches Erbe Norddalmatiens und der Lika: Von Paški sir mit seinem würzigen Geschmack über die vielfältigen Aromen des Brudet-Eintopfs bis zum berühmten Maraschino-Likör und dem zarten Skradinski rižot – die Region wartet darauf, auch kulinarisch entdeckt zu werden.

Käse von der Insel Pag

1 🍴 Paški sir

Kroatiens bekanntester Käse stammt von Pag, wo die Schafe sich von würzigen Kräutern ernähren, die dem Käse ein unverwechselbares Aroma geben.

ⓘ *Probieren beim Erzeuger geht im Café der* **Sirana Gligora** | *Figurica 22 a, Kolan, Insel Pag | gligora.com | €€*

Meeresfisch-Eintopf

2 🍴 Brudet

Dieser kroatische Eintopf überzeugt durch die Vielfalt seiner Fischarten. Gekocht in einem würzigen Tomaten-Kräutersud, fängt er die Essenz der Adria mit jedem Bissen ein.

ⓘ *In der Altstadt von Zadar ist die* **Konoba Stomorica** *eine wirklich sehr gute Adresse für Brudet | Stomorica ul. 5, Zadar | Instagram: Konoba Stomorica | €€–€€€*

Trockenfleisch aus Nin

3 🍴 Ninski šokol

Getrockneter Schweinenacken wird mit Rotwein aus Benkovac, Pfeffer, Nelken und Muskatnuss verfeinert. Ein Klassiker, bei dem du probieren kannst, ist das Šokol-Fest in Nin.

ⓘ *In der* **DeSalt street food & bar** *wird der Burger „Grgur Ninski" unter anderem mit Ninski šokol belegt | Zadarska 1, Nin | de-salt.eatbu.hr | €€*

Luftgetrockneter Schinken

4 🍴 Drniški pršut

Ein Jahr lang luftgetrocknet und dem kalten Bora-Wind ausgesetzt, wird dieser Rohschinken aus

Drniš in feinste Scheiben geschnitten, die auf der Zunge zergehen. Sein Geheimnis? Das Mikroklima von Drniš – Berge und Meer ums Eck.

ℹ *Im* **Etnoland Dalmati** *gibt es ein kleines Schinkenmuseum, in dem auch Verkostung angeboten wird | Pakovo selo | etnoland.com | €€*

Das Slow-Food-Risotto

5 Skradinski rižot

Das Risotto aus Skradin, das über einen langsamen Kochprozess von bis zu zwölf Stunden (!) hinweg zubereitet wird, wobei das Kalbfleisch in einem reichhaltigen Sud schmort und der Reis seine einzigartige cremige Konsistenz erlangt – eine Spezialität, die in der Nähe des Nationalparks Krka zelebriert wird.

ℹ *In der* **Konoba Vinko** *hat das Skradiner Risotto einen guten Ruf. Reserviere vorab unbedingt einen Tisch! | Uz cestu 57, Konjevrate | konobavinko.hr | €€€*

Einer für alles

7 Tržnica Zadar

Lokal, regional und saisonal ist das Obst und Gemüse auf dem **Markt von Zadar**. In der Pjaceta bar auf dem Markt kannst du dir eine Platte mit Pršut, Käse, Oliven und Feigen bestellen und das Treiben beobachten.

ℹ *Ul. pod bedemom 1, Zadar, Mo–Sa, 7–15 Uhr | pjaceta-bar.business.site | €*

Aromatisches aus Sauerkirschen

6 Maraschino-Likör

Aus den Maraska-Kirschen Zadars destilliert, besticht dieser Likör durch seinen süß-herben Geschmack. Klar und durchsichtig, ist er ein traditioneller Genuss der Region, mit dem auch Eisbecher verfeinert werden.

ℹ *Im* **Maraska Store** *gibt es auch kleine Probierflaschen | Ul. nadbiskupa Mate Karmana 3, Zadar | maraska.hr* 📍 *44.115810, 15.223220*

Das gläserne Hufeisen im Naturpark Biokovo erlaubt einen famosen Blick in die Tiefe

Mitteldalmatien

STRÄNDE, STEILKÜSTEN UND ANTIKSCHÄTZE

Mitteldalmatien, das ist pure Lebensfreude unter der kroatischen Sonne. Erkunde Trogirs malerische Altstadt, die über eine kleine Brücke mit der grünen Insel Čiovo verbunden ist – ein Paradies für Outdoor-Enthusiasten. Atme tief ein auf Splits grünem Hügel Marjan, wo die Brise dein Gesicht streichelt und das Stadtleben unter dir pulsiert. Das Abenteuer ruft in Omiš, wo die Cetina-Schlucht zum Rafting einlädt. Über der Makarska Riviera wacht das Biokovo-Gebirge, perfekt für alle, die Wind lieben und Höhen erobern. Badeinseln wie Hvar und Brač locken mit salzigen Küssen und ungetrübten Sonnenstunden, während Vis zu entspannten Momenten verführt. Nicht zu vergessen die Karstseen bei Imotski, die die Herzen der Fotofans höherschlagen lassen. Mitteldalmatien begeistert mit Zeugnissen aus der wechselvollen Geschichte – und mit unerwarteten Naturschönheiten.

AUF EINEN BLICK

*MITTELDALMATIEN

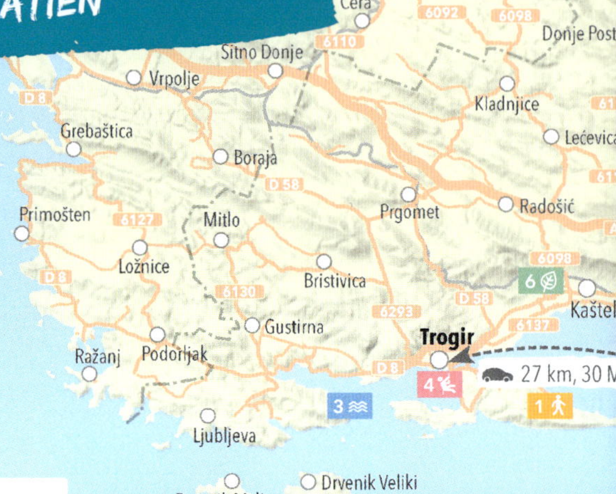

MARCO POLO
OUTDOOR-HIGHLIGHTS ★

★ Ab auf Splits grüne Oase
Der Marjan ist Splits grüner Hausberg mit Wegen, Buchten und Café → S. 140

★ Wanderung ins Biokovo-Gebirge
Schroffe Berghänge hinter der Küste, an denen sogar das Edelweiß blüht → S. 142

★ Auf den Spuren der Piraten durch Omiš
Einer der spektakulärsten Ausblicke der Adriaküste → S. 144

★ Wanderung zu farbigen Seen in Imotski
Wo Karstseen und ein ungewöhnliches Fußballfeld überraschen → S. 146

★ Auf die Festung hoch über Hvar-Stadt
Ein wunderbares Meerespanorama bei der alten Napoleon-Festung → S. 148

★ Mediterranes Flair auf der Insel Brač
Olivenhaine, Weinberge und Kroatiens berühmtester Strand → S. 150

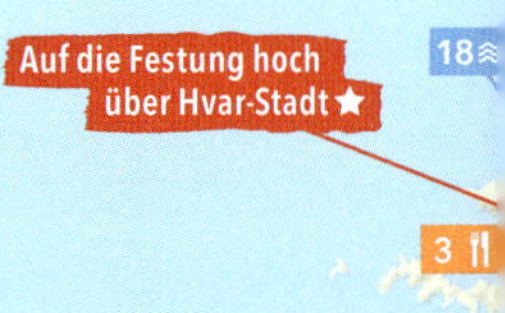

Ab auf Splits grüne Oase
Auf den Spuren der Piraten durch Omiš
Wanderung zu farbigen Seen in Imotski
Wanderung ins Biokovo-Gebirge
Mediterranes Flair auf der Insel Brač
25 km, 25 Min.
37 km, 50 Min.
HRVATSKA
SPLITSKO-DALMATINSKA ŽUPANIJA
HERCEGBOSANSKA ŽUPANIJA
BOSNA I HERCEGOVINA
Omiš
Makarska
Imotski
Brač

OUTDOOR-HIGHLIGHTS

*DIE BESTEN ERLEBNISSE DRAUSSEN

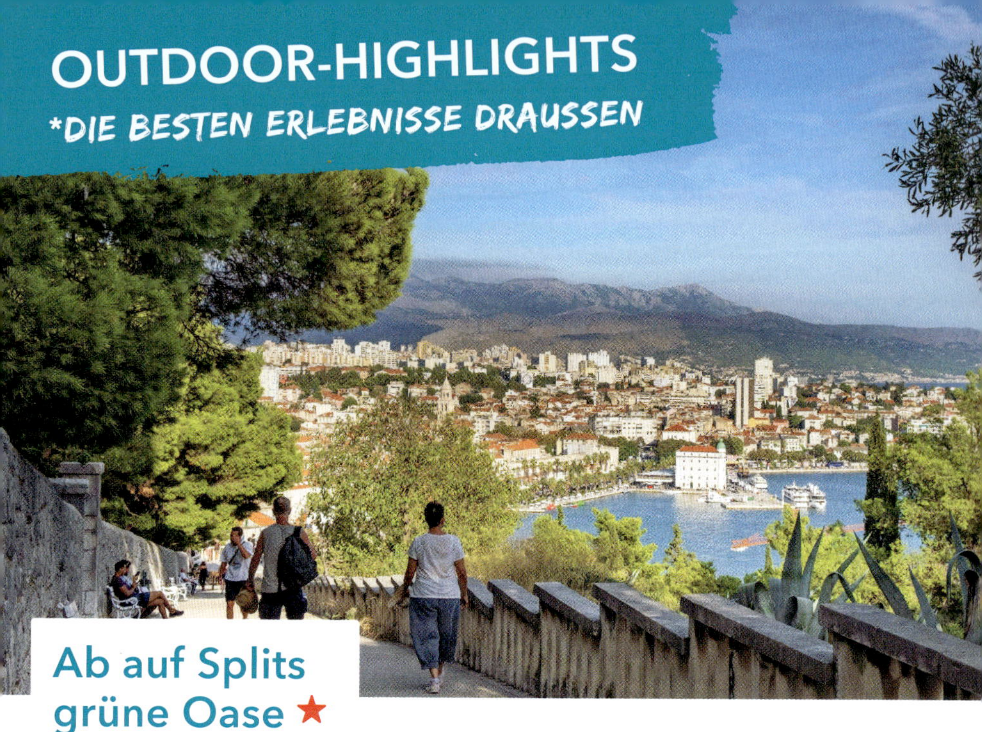

Ab auf Splits grüne Oase ★

Lust auf eine Auszeit vom Stadtrummel? Der Marjan in Split ist mehr als nur ein Hügel. Er ist eine grüne Oase, ein Fitnessstudio und ein Café-Hotspot in einem. Hier treffen sich Jung und Alt, um die Natur zu genießen, Sport zu treiben, zu baden oder einfach nur einen Espresso mit Aussicht zu schlürfen. Ein ausgedehnter Spaziergang ist hier ein Muss!

Espresso mit Aussicht: der perfekte Start

Der Marjan ruft und die Riva zeigt den Weg! Am Ende der Uferpromenade geht es durch die Altstadt und das alte Bauernviertel Varoš hinauf auf die Marjan-Treppen (Marjanske skale). Mehr als 300 Stufen musst du bezwingen, ehe du im Panorama-Café Vidilica landest. Hier ist der Espresso nicht nur heiß, sondern auch der Ausblick atemberaubend: der ideale Ort, um sich auf den bevorstehenden Streifzug durch das beliebte Naherholungsgebiet einzustimmen. Du kommst vorbei am alten jüdischen Friedhof, bis treppauf der erste Hügel beim Zoo erreicht ist. Ein paar Schritte mehr und das Gipfelkreuz ist da – der perfekte Foto-Spot mit einer Hammer-Aussicht!

Abenteuer & Adrenalin: Der Marjan ruft!

Von der Aussichtsplattform aus schlängelt sich der Weg an Ruinen und Kirchen den Hang hinab, immer begleitet von einem Blick aufs Meer. Durstig? Kein Problem, Gratis-Trinkwasser gibt es unterwegs auf dem Marjan an mehreren Stellen. Und wenn die Sonne brennt, lockt die Badebucht am westlichsten Kap der Halbinsel. Einfach die Treppen bei der kleinen Georgskirche (Sv. Juraj) runter zum Kap Punta Marjana und ab ins kühle Nass!

Das All-in-one-Paket: Stadt, Natur und tolle Ausblicke bietet der Waldpark Marjan (li.) – und das auch für die vierbeinigen Freunde (re.)

Sportlich, sportlich: der Marjan als Outdoor-Gym

Der Rückweg ist ein Paradies für Aktive. Ob am Bene-Strand mit Beach Bar und Spielplatz oder auf dem Trimm-dich-Pfad mit Geräten oberhalb – an der Nordseite der Halbinsel ist für alle was dabei. Push-ups, Sprünge oder ein paar Quadrizeps-Dehnungen? Du hast die Wahl. **Insider-Tipp** Hinweisschilder auf Kroatisch und Englisch leiten dich an – oder auch das Internet *(marjan-workout.com)*. Anschließend wanderst du immer die schattige breite Uferpromenade entlang, oberhalb des Jachthafens, die sich alle teilen, die joggen, spazieren gehen und Rad fahren. Danach geht es treppauf über den Berg. Und wenn schließlich der Ausgangspunkt wieder erreicht ist, dürfte klar sein: Der Marjan ist nicht bloß ein Hügel, sondern ein echtes Erlebnis!

Die Tour im Überblick

Einfache bis mittelschwere Wanderung im Waldpark Marjan in Split, ca. 9,5 km, 2,5–3 Std.

Split, westl. Hafenbecken, dort die Treppen Marjanske skale hinauf | Stadtbus 12, 21 (Zapadna obala 1) | Hilfreich ist die Karten-App Park Šuma Marjan | visitmarjan.com

Ganzjährig
Snacks, Wasser, Badesachen
43.507309, 16.432409 (Marjan-Treppen), 43.508745, 16.419148 (Gipfelkreuz Telegrin)

DOWNLOAD GPX-Track

Wanderung ins Biokovo-Gebirge ★

Ganz schön steil wächst das schroffe Biokovo-Gebirge fast aus dem Meer heraus. Man muss kein erfahrener Bergfex sein, um das Grün und den Ausblick auf die Adria zu erleben. Von der Küstenstadt Makarska führt eine Wanderung auf einem recht neuen Rad- und Wanderweg hinauf in einen wilden Berggarten, der sich unter die steile Felswand duckt.

Leichtes Bergsteigen mit Wow-Effekt

Das Biokovo-Gebirge ist kein kuscheliger Stadtpark, sondern wild und manchmal unwirtlich. Im Sommer brennt die Sonne, Schatten ist so rar wie ein lila Einhorn im Vorgarten. Also, früh starten! Der Aufstieg mag anstrengend sein, aber die Ausblicke auf die Makarska Riviera und die Inseln belohnen jeden Schritt. Obwohl der Weg gut gepflegt ist, fühlt sich die Tour wie ein echtes Bergabenteuer an. Soll heißen: Dieser Trail ist schweißtreibend, aber dennoch gut machbar, auch wenn man sonst eher zur Fraktion der Flachwanderer und -wanderinnen gehört.

Von der Stadt ins Grüne hinauf

Die Tour beginnt in Makarska entlang der Uferpromenade und führt dann stadtauswärts auf dem modernisierten Rad- und Wanderweg bergauf. Nach knapp einer Stunde erreichst du den Weiler Kotišina. Hier wurden mit EU-Geldern auch zwei Kirchen und die Burgruine Veliki Kaštel aufgehübscht. Auf dem alten Fort, das sich unter eine Steilwand duckt und mit einer Höhle in den Fels hineingebaut wurde, befindet sich nun ein Besucherzentrum. **Insider-Tipp** Mit einer VR-Brille lassen sich der Flug eines Adlers über das Gebirge oder die typischen Bergblumen erleben *(kotisina-makarska.com)*.

Der Botanische Garten von Kotišina ist ein Juwel. Angelegt von einem Franziskanermönch, beherbergt er rund 300 Pflanzenarten – von der seltenen Adria-Iris bis zur Biokovo-Glockenblume. Das ist kein typischer Garten oder gar zurechtgestutzter Park, sondern ein Stück wilde Natur mit Trockenmauern. Kleine Schilder und QR-Codes geben Auskunft, was in den Beeten am Hang gerade grünt.

Noch mehr Entdeckungen am Berg

Wer das Gebirge noch intensiver erleben möchte, kann noch einen Tag dranhängen: Die gläserne Aussichtsplattform Biokovo Skywalk lohnt einen Abstecher. Sie erstreckt sich an der 23 km langen Asphaltstraße, die sich von der Einfahrtsrampe zum höchsten Gipfel des Biokovo, dem Sveti Jure, steil hinaufschlängelt. Neben der Plattform gibt es einen Parkplatz mit Besucherzentrum.

Die Tour im Überblick

Mittelschwere Wanderung von Makarska in den Botanischen Garten Kotišina im Biokovo-Gebirge, 8 km, 3–4 Std.

Mit dem Auto oder Bus nach Makarska; Anreise für Biokovo Skywalk mit dem Auto (Beschilderung PP Biokovo)

April–Mitte Nov.

Wanderstiefel, Sonnenschutz, Snacks, viel Wasser, evtl. Stöcke

43.294867, 17.016226 (Start/Ziel Hafen Makarska), 43.291313, 17.046371 (Botanischer Garten Kotišina)

DOWNLOAD GPX-Track

Die Hänge des Biokovo erklimmen – Abenteuer über der Adria (li.). Ein großes Segelboot im Hafen von Makarska (re.)

Auf den Spuren der Piraten durch Omiš ★

Wer schon immer mal in die Fußstapfen von Piraten treten wollte, sollte sich in Omiš auf Schatzsuche begeben. Die Festungsruine Starigrad, einst ein Piratennest, bietet heute einen atemberaubenden Blick über den dalmatinischen Archipel. Ein echtes Abenteuer, auch für Landratten!

Adrenalin-Spot Omiš

Omiš, eine halbe Autostunde südlich von Split, ist mehr als nur ein malerisches Küstenstädtchen. Hier, wo sich der Fluss Cetina nach 100 km ziemlich fotogen seinen Weg durch die engen Felswände zur Mündung bahnt, treffen sich Adrenalinjunkies zum Rafting, Klettern und Ziplining. Und genau hier startet die Expedition ins Piratenreich, allerdings nicht auf dem Wasser, sondern bergauf. Es geht auf den alten Seeräuberausguck auf dem Berg, die Festung Starigrad. Von dort, 260 m über dem Meer, hatten die Piraten den Kanal von Brač gut im Blick! Schnür die Wanderschuhe und mach dich bereit für ein Abenteuer, das selbst Jack Sparrow neidisch machen würde!

Der Aufstieg zum Piratennest

Der Weg zur Festungsruine Starigrad ist zwar kein Hexenwerk, aber ein kleines Abenteuer allemal. Vom Parkplatz aus schlängelt sich der Pfad durch schattenspendende Wälder an der Nordseite des Hanges hinauf, bevor er die Waden und die Trittsicherheit mit einem kurzen, aber felsigen Anstieg ein wenig herausfordert. Mit festen Schuhen ist das aber kein Problem. Oben angekommen, wartet nicht nur ein spektakulärer Ausblick auf die Schluchten der Cetina sowie die Inseln Šolta, Brač und Hvar, sondern auch die Möglichkeit, die Burgruine von innen zu erkunden. Eintritt zahlen (nur im Sommer), die Leiter auf den Turm erklimmen und schon ist man mittendrin im Piratenleben!

Blick von der Festung auf den Strand und die Altstadt von Omiš (li.). Die Cetina windet sich durch Felswände (re.)

Der Abstieg ins Tal

Der Abstieg ist ein Fest für die Augen. Mit Blick auf das Meer und die roten Ziegeldächer von Omiš, die mit jedem Schritt immer näher rücken, geht es zurück in die Zivilisation. Wer am Ende der Wanderung noch Energie übrig hat, sollte die Stufen zur Stadtfestung Fort Peovica, auch Mirabela genannt, erklimmen, die sich unter die steile Felswand duckt. Das sind nur ein paar Treppen hinauf, aber doch ein ganz anderer Ausblick. Auf einmal sind die roten Dächer ganz nah, und das Meer ebenso – das in Omiš übrigens einen schönen Stadtstrand bereithält. Und zum krönenden Abschluss? Gönn dir die Einkehr in einer der ältesten Konobas Dalmatiens. **Insider-Tipp** Bei „U našeg Marina" (etwa: Bei unserem Marin) gibt es fangfrischen Fisch an rustikalen Holztischen. Puristisch gegrillt und ein Festmahl im Stil der Seeräuber!

Die Tour im Überblick

Einfache bis mittelschwere Wanderung auf die Festung Starigrad bei Omiš, ca. 3 km, 2 Std.

Mit dem Auto oder Bus nach Omiš | Parkplätze an der Cetina (Gebühr)

Frühjahr bis Herbst, wenn es trocken ist

Feste Schuhe, Wasser, Snacks, evtl. Stöcke

43.447280, 16.694734 (Start Parkplatz), 43.444705, 16.699841 (Festung), 43.443632, 16.699541 (Aussichtspunkt), 43.444771, 16.692298 (Konoba U našeg Marina)

DOWNLOAD GPX-Track

Wanderung zu farbigen Seen in Imotski ★

Imotski ist für seinen Mercedes-Tick bekannt. In dem Städtchen im Hinterland ziehen aber nicht nur außergewöhnlich viele glänzende Sterne auf der Kühlerhaube die Blicke auf sich, sondern auch zwei spektakuläre Seen. Die werden bei dieser Wanderung aussichtsreich umkreist. Und Fußballfans erleben eine Überraschung in einer Doline!

Wo die Sterne glänzen

Imotski ist ein gemütliches Städtchen im Hinterland der Küste, das einen skurrilen Rekord hält: Hier soll es weltweit die höchste Dichte an Mercedes-Fahrzeugen geben. Das hat einen Grund: Einst zog es viele Gastarbeiter aus Imotski nach Süddeutschland, wo sie es in der Autoindustrie zu Wohlstand brachten und mit dem eigenen Wagen in die Heimat zurückkehrten.

Fußballfans in der Doline

Viel älter als die wohlgepflegte Autoliebe sind jedoch zwei Seen in Imotski, die sich zu Fuß gut entdecken lassen. Bei der Festungsruine Topana, mitten in der Stadt, geht es los. Von oben blickt man auf ein spektakuläres Fußballstadion in einer Doline, das seinesgleichen sucht: Die Plastiksessel leuchten rot und blau, der Rasen grün und umsäumt ist das Feld von grauen Felswänden. Ein echtes Farbspektakel!

Vom Blauen …

Wer mag, kommt über einen steilen Zickzackweg zum Blauen See (Modro jezero) hinunter. Das Dilemma: Wenn die Badetemperaturen passen, ist er meist ausgetrocknet. Weiter geht es, quer durch das Städtchen, zum Roten See (Crveno jezero). Der Weg führt an der Autostraße entlang.

... zum Roten See

Er grüßt am Stadtrand von Imotski, direkt neben der Straße. Sightseeing geht hier vom Gehweg aus, mit Blick nach unten. Steile rote Felswände umgeben das tiefblaue Wasser. Mit 240 m Tiefe wirkt der See in dieser felsigen Umgebung großartig. Hinabsteigen darf man allerdings nur zu wissenschaftlichen Zwecken. Alle anderen müssen sich mit dem Anblick von oben zufriedengeben – doch auch das wirkt hammermäßig.

Oberhalb dieser mächtigen Karstdoline spazierst du durch die karge Landschaft. **Insider-Tipp** Nach dem Linksknick noch ein Stück weiter, und oberhalb des Blauen Sees hast du den schönsten Panoramablick auf den See und die Festungsruine Topana gleichzeitig! Der Blick geht auf die andere Seite der Doline. In weitem Bogen geht es dorthin zurück.

Die Tour im Überblick

Einfache Wanderung zum Blauen und zum Roten See in Imotski, 7 km, 2 Std.

Regionalbusse fahren ab Split oder Omiš nach Imotski | Es gibt ein paar wenige Parkplätze an der Festung Topana oder unterhalb von ihr | € (im Sommer wird ein kleiner Eintritt für die Festung und die Seen fällig)

Ganzjährig

Feste Schuhe, Wasser, Snacks

43.448660, 17.211194 (Start und Ziel an der Festung Topana)

DOWNLOAD GPX-Track

Der Blaue See (li.) entstand vermutlich, als die Decke einer Karsthöhle einbrach. Oberhalb die Festung Topana mit Kirchlein (re.)

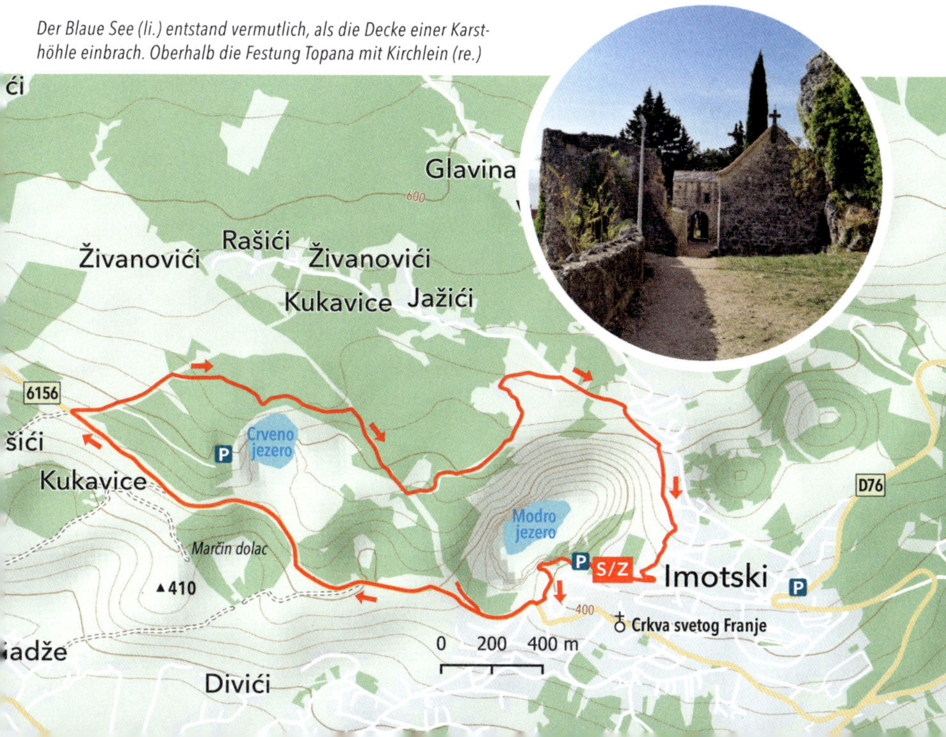

Auf die Festung hoch über Hvar-Stadt ★

Die Inselhauptstadt Hvar ist mehr als nur der Spielplatz der Reichen und Schönen. Vergiss die glitzernden Jachten, die entlang der Uferpromenade Riva schaukeln, und tauche ein in ein Wanderabenteuer: Das führt an der hübschen Festung Španjola vorbei – zum Fort Napoleon. Ein Picknick mit Aussicht? Der perfekte Ort!

Ein Spaziergang durch die Zeit

Starte deinen Tag in der Altstadt von Hvar, wo venezianische Architektur und mediterranes Flair aufeinandertreffen. Aber lass dich nicht zu lange von den engen Gassen und dem lebhaften Hauptplatz Pjaca ablenken! Dein wahres Ziel ist das Fort Napoleon, das hoch über der Stadt thront. Auf dem Weg dorthin kommst du an der Festung Španjola vorbei, ein venezianisches Erbe, das nur ein Vorgeschmack auf das ist, was dich erwartet – zumindest, was den Ausblick betrifft.

Atemberaubende Aussichten

Der Aufstieg beginnt sanft, an der Pjaca, aber sei gewarnt: Es wird steiler, was selbst den Fittesten den Atem raubt! Der gut ausgebaute Asphaltweg führt dich zunächst an Agaven, Kakteen und einer kleinen Kirche vorbei zur Festung Španjola. **Insider-Tipp** Augen auf, wenn du Glück hast, entdeckst du rosa Kaktusblüten! Oben kannst du kurz verschnaufen und die Aussicht genießen – etwa auf die vorgelagerten Inselchen Pakleni otoci.

Picknick mit Napoleon

Dann geht es weiter, ein Stück auf der Autotrasse. Verpasse rechter Hand der Straße nicht den Einstieg auf den Bergweg! Im Zickzack steigst du den Bergrücken hinauf. Oben angekommen, erwartet dich das Fort Napoleon, ein Ort, der zwar ein wenig vergessen wirkt und nicht besichtigt werden

Wer nicht ganz hinauf auf den Berg will, kann den Blick auch von der Festung Španjola auf den Hafen (li.) und den Ort mit seiner Kirche (re.) genießen

kann, dafür jedoch mit seinem Panoramablick beeindruckt: türkisfarbenes Meer, verstreute Inseln und bei gutem Wetter sogar ein Hauch von Italien am Horizont. Picknickdecke ausrollen, Snacks auspacken und einfach genießen! Das ist der wahre Bonus hier oben: die Aussicht! Und ja, falls die Frage nach dem Namen aufkommt: Napoleon hatte hier auch mal das Sagen, für sieben Jahre. Ein prägendes Intermezzo.

Der Weg zurück: von der Festung ins urbane Leben

Der Abstieg ist ebenso spektakulär, aber mit einem anderen Fokus: Die Natur gibt den Ton an. Halte dich rechts und tauche in ein schattiges Wäldchen ein. Du schnupperst würzige Macchia und genießt noch mal die Natur, bevor du wieder in die belebten Gassen von Hvar eintauchst.

Die Tour im Überblick

Einfache bis mittelschwere Rundwanderung von Hvar-Stadt über die Festung Španjola zum Fort Napoleon, ca. 5,5 km, ca. 2,5 Std.

Personenfähre Split–Hvar (jadrolinija.hr) | Rot-weiße Markierung, der Beschilderung „Napoleon Fort" folgen

Frühjahr bis Herbst
Feste Schuhe, Snacks, Wasser
43.173728, 16.442427 (Start an der Pjaca), 43.174624, 16.442075 (Festung Španjola), 43.177700, 16.448722 (Festung Napoleon)

DOWNLOAD GPX-Track

Mediterranes Flair auf der Insel Brač ★

Die Mountainbike-Tour „Ružmarin" auf der Insel Brač ist mehr als nur ein sportlicher Ausflug: Sie ist ein Erlebnis für alle Sinne. Vom idyllischen Hafen in Bol geht es durch Olivenhaine und Weinberge, und als Krönung hat man den Postkartenstrand Zlatni rat im Blick. Und das Beste: Die Steigungen sind so moderat, dass man die Aussicht wirklich genießen kann.

Startschuss am Hafen

Die Tour beginnt im Hafen von Bol, wo das mediterrane Flair in der Luft liegt. Der Name der Radtour, die der Tourismusverband „Ružmarin" (Rosmarin) getauft hat, weckt mediterrane Gefühle. Entlang der Promenade reihen sich Cafés wie Perlen an einer Schnur. Die Konoba Mlin, eine urige Taverne in einer alten Mühle, ist ein Hingucker. Ein kleiner Strand in der Nähe bietet die erste Gelegenheit für eine kurze Pause, bevor es richtig losgeht.

Radeln, bis der Weg endet

Kurz vor dem Dominikanerkloster, östlich von Bol, schwenkt der Weg ins Landesinnere. Der Trail schlängelt sich durch Olivenhaine und an Rebstöcken vorbei und bietet dabei ständig schöne Ausblicke auf die Küste. An einer Weggabelung geht es rechts auf dem Schotterweg weiter. Nach etwa 30 Minuten ist es Zeit für den U-Turn, denn der Trail endet hier. Aber keine Sorge, der Rückweg hält noch einige Überraschungen bereit.

Vorbei am Goldenen Horn

Statt den schon bekannten Weg hinunter zum Kloster zu nehmen, bleibt man auf der Höhe und genießt die Aussicht von oben. Es geht einmal an dem gesamten Ort vorbei, dann scharf links in einer scharfen Kurve ab in Richtung Murvica. Nur nicht der Versuchung nachgeben und ganz runter ans Meer flitzen! Auf dem Wanderweg, der parallel zur Küste verläuft, bieten sich neue Perspektiven. Unterwegs passiert man den Touristenzug, der hier auf Fahrgäste wartet. Und schließlich kommt das Highlight der Tour: das Goldene Horn oder Zlatni rat. Diese beeindruckende Landzunge ist ein Naturwunder, das sich je nach Wind und Wellen verändert. Gut 600 m lang, mit feinem Kies-Sand-Gemisch aufgeschüttet und einem schattigen Kiefernwäldchen, ragt sie wie ein Säbel ins Meer hinein. Im Sommer ist es hier allerdings rappelvoll, der Anblick vom Rad aus ist jedoch jede einzelne Pedalumdrehung wert. **Insider-Tipp** Falls du Hunger hast, lohnt hier der Streetfood-Stand von BioMania, mit veganen Curry- oder Falafel-Bowls. Die Tour endet, wo sie begonnen hat: im quirligen Hafen von Bol.

Die Tour im Überblick

Einfache bis mittelschwere MTB-Tour auf der Insel Brač, ca. 20 km, 2 Std.

Mit der Personenfähre (ohne Rad!) von Split nach Bol, Autofähre Split–Milna oder Supetar (jadrolinija.hr) | Karte auf dalmatia-bike.com/de/staze/ruzmarin/ (Trail 767) | MTB-Verleih bei Active Bol (auf dem Campingplatz Aloa), active-bol.com | Streetfood am Zlatni rat | biomania.hr | €€

Frühjahr bis Herbst
Snacks, Wasser
43.261714, 16.656869 (Start/Ziel Hafen Bol)

DOWNLOAD GPX-Track

Bol begeistert mit vielen schönen Ecken wie dem Hafen (li.) und dem Dominikanerkloster am Meer (re.)

MEHR ERLEBEN

*WEITERE ABENTEUER & AUSFLÜGE

„Game of Thrones"-Fans dürften entzückt sein: die Festung Klis

Mitteldalmatien bietet für jeden Geschmack etwas: Bergwandern oder Abtauchen? Rund um Split und Trogir warten Abenteuer wie ein Unterwasserkreuzweg und eine „Game of Thrones"-Burg, während Omiš für Rafting ideal ist. Erlebe die Strände der Makarska Riviera, Naturwunder auf den Inseln Brač, Hvar und Vis und die magische Blaue Grotte auf Biševo.

RUND UM SPLIT UND TROGIR

Immer das Meer im Blick

1 Mittelschwere Wanderung auf der Insel Čiovo, 12 km, 3,5 Std.

An steilen Felsen, Abhängen und Treppenwegen vorbei geht es über die Insel Čiovo – die mit einer Brücke an die Landzunge von Trogir angebunden ist. Starte im Hafen von Slatine, folge dem Küstenweg immer nach Osten. Es geht am Strand von Slatine und wilden Badebuchten vorbei, bis zur Ostspitze von Čiovo, die ein Leuchtturm markiert. Folge dann dem Höhenweg auf dem Inselkamm zurück – und genieße den Blick auf Split am gegenüberliegenden Ufer.

Mit dem Auto über die Brücke auf Čiovo, links bis Slatine-Hafen oder Schnellboot ab Split (buraline.com) | Im Sommer früh losgehen 43.498868, 16.339602 Download GPX-Track

Das Kombipaket

2 Spaziergang durch den Ethno-Agropark Stella Croatica und zur Burg Klis, 1–2 Std.

Im Ethno- und Agropark Stella Croatica tauchst du in die authentische Seite Dalmatiens ein. Schlendere durch die Kopfsteinpflastergassen, schnuppere an Lavendel und Rosmarin und lass dir in der urigen Konoba Hausmannskost der Extraklasse schmecken. Hier zählt die Devise: Alles bio, alles lokal! Aber das ist noch nicht die ganze dalmatinische Alltagskultur: Im liebevoll gestalteten Olivenölmuseum erfährst du, warum Olivenöl die Goldader Dalmatiens ist. Probieren? Na klar! **Insider-Tipp** Unbedingt im Shop stöbern! Hier werden die Gartenkräuter zu duftenden Cremes und das saftige Obst zu leckeren Schnäpsen und Marmeladen verwandelt. Und weil das Leben immer vor allem im Urlaub ein bisschen Extra sein

Kultur auf dem Meeresgrund? Gibt es bei Trogir zu erleben

Der Unterwasserkreuzweg in der Bucht Jelinak veli ist einzigartig

darf: Schnapp dir ein Kombi-Ticket und schau bei der nahe gelegenen Festung Klis vorbei, wo die Fantasy-Serie „Game of Thrones" gedreht wurde. Die Aussicht ist der Knaller und du schonst dabei auch noch dein Reisebudget.

ⓘ *Stella Croatica, Klis, zwischen Split und Trogir | Mit dem Auto über Solin oder Autobahnausfahrt Dugopolje | 2,3 km Fußweg Stella Croatica–Klis | stella-croatica.hr | €€ Sommer 43.559696, 16.522736 (Burg Klis), 43.571602, 16.536723 (Stella Croatica)*

Mal kurz ins Museum schwimmen

3 Unterwasserkreuzweg bei Trogir, Bucht Uvala Jelinak veli

Ein Kreuzweg mit allen 14 Stationen, wie man ihn kennt. Fast, denn dieser hier ist unter Wasser. Das private Projekt bringt Tauch- und Schnorchelfans 52 lebensgroße Skulpturen näher, hinzu kommt eine 8 m hohe Jesus-Statue als 15. Kreuzweg-Station. Mit einer Tiefe von rund 5 m sind die Skulpturen auch für Tauchneulinge gut erreichbar. Jede Figur ist handgefertigt aus einem Spezialbeton, der besonders langlebig ist. Ein faszinierender Hotspot, der Kunst, Sport und ein kleines Abenteuer miteinander verbindet.

ⓘ *Bucht Uvala Jelinak veli, Vinišće bei Trogir | Boots-Shuttle ab Trogir | blue-nautica.com | €€€ Sommer 43.493943, 16.175535*

Nervenkitzel auf Wellen

4 Jet-Skiing bei Trogir

Du suchst den Kick auf dem Wasser? In Trogir wartet ein Jetski-Abenteuer. Hier erlebst du nicht nur den Rausch der Geschwindigkeit, sondern auch ein unvergleichliches Freiheitsgefühl auf dem Wasser. Selbst Neulinge finden schnell den Dreh heraus. Schlüpf in deine Schwimmweste, hol dir ein paar Sicherheitstipps vom Anbieter und schon kannst du loslegen. Safety first: Die Jetskis reduzieren die Geschwindigkeit in einem 300-Meter-Radius vor der Küste automatisch, um die Badenden nicht zu gefährden.

Was wächst in der Bibel? Das erlebt man im Biblischen Garten in Kaštela

Picigin heißt das Wasserballspiel, das in Split erfunden wurde

In Trogir über die Altstadtbrücke nach Čiovo, rechts halten bis zur ACI Marina Trogir | jetskisafari trogir.eu (Verleih) | €€€ Sommer 43.513258, 16.248508

Das Kultspiel im Wasser

5 Wasserball-Match am Strand Bačvice in Split, 1–2 Std.

Die Grundregel beim Picigin-Spiel klingt leicht: Den Mini-Ball immer flach über dem Wasser halten. Aber Vorsicht, das ist trickreicher, als es aussieht! Dieser kultige Wassersport hat seinen Ursprung am Strand von Bačvice in Split und wurde vor über einem Jahrhundert von Studenten aus Prag erfunden. Heute hat Picigin in Split Kultstatus, sorgt für spannende Spiele und sogar die Weltmeisterschaft findet hier statt. Also, mach dich bereit und misch eine Runde mit, aber achte darauf, den Ball so elegant und flach zu spielen wie die Locals.

Ab Split Bahnhof oder Hafen stadtauswärts über die Eisenbahnbrücke, danach rechts Bei Badewetter 43.502489, 16.446883

Paradiesischer Park

6 Spaziergang durch den Biblischen Garten Stomorija, 1 Std.

Ein mediterranes Paradies am Fuße des Kozjak-Gebirges erwartet dich: der Biblische Garten Stomorija in Kaštel Stari, zwischen Trogir und Split. Hier kannst du auf nahezu menschenleeren Wegen die Ruhe genießen. Begleitet vom Konzert der Zikaden, wanderst du durch einen Garten, in dem wilder Wein an Pergolen emporrankt und der betörende Duft von Lavendel die Luft erfüllt. Platanen, Olivenbäume und Feigen – sie alle teilen sich den Raum mit einer idyllischen Marienkapelle, der Gospa od Stomorija. Als Papst Johannes Paul II. 1998 Split besuchte, wurde der Garten neu gestaltet. Selbst der Olivenbaum am Eingang soll den päpstlichen Segen erhalten haben. Von den rund 110 Pflanzen, die in der Bibel vorkommen, findest du hier etwa die Hälfte. Ergänzt wird dieses

Ein Dorf im Hinterland, mit Wow-Wasserfall: Zadvarje

Naturidyll durch Skulpturen kroatischer Künstler, die ihre Inspiration direkt aus der Bibel zogen.
Biblijski vrt Stomorija, Kaštel Stari | Parken vor Ort Tagsüber, freier Zugang 43.569756, 16.325460

RUND UM OMIŠ

Baden unterm Wasserfall

7 Spaziergang um die Schlucht des Vodopad Gubavica, 3 km, 1 Std.

Die Cetina bahnt sich ihren Weg durch steile Schluchten. Eine wirkt von oben wirklich spektakulär, felsig und grün, und unterhalb rauscht der Wasserfall Gubavica 50 m tief hinab. Am Schluchtrand wurden mehrere Aussichtsplattformen eingerichtet. Wer zum Wasserfall runter will, sollte gute Schuhe anhaben. Der Weg führt an Olivenbäumen vorbei, etwa 1,5 km, und dann geht es hinab – ein erfrischendes Bad in der Cetina kann man sich gönnen. **Insider-Tipp** In Zadvarje findet jeden Dienstag ein bunter Wochenmarkt (Zadvarje pazar) statt, bei dem es Honig, Töpfe, Körbe, Knoblauchzöpfe und andere regionale Produkte gibt.

Achtung, Stromschnellen!, heißt es beim Rafting auf der Cetina

3 km ab Autobahnausfahrt (A1) Šestanovac Frühjahr bis Herbst 43.433972, 16.890290 (Aussichtsplattform), 43.433395, 16.892954 (Markt)

Im Rausch des Flusses

8 WIldwasser-Rafting auf der Cetina bei Omiš, 4–5 Std.

Mit Helmen, Neoprenanzug, Schwimmweste und Paddel ausgestattet geht es los. Die aufblasbaren Gummiboote sind gelb, orange, blau oder rot und ein echter Farbtupfer. Immer wieder gilt es, gemeinsam Strömungen auszuweichen – aber auch, die schäumenden Kaskaden auf dem Fluss Cetina hinabzufahren. Mit dem Paddel in der Hand entdeckst du das Hinterland von Omiš.
Mit dem Bus oder Auto nach Omiš, zur Brücke über die Cetina laufen | croatiarafting.com Sommer 43.443658, 16.689961

Nur Fliegen ist schöner

9 Zipline in Omiš

Vergiss Fliegen – Ziplining in Omiš ist das echte Abenteuer! Du schwebst förmlich durch die Lüfte, während unter dir der grüne Cetina-Canyon vorbeizieht. Ausgerüstet mit Helm und bestens gesi-

Abenteuer mit atemberaubender Aussicht garantiert die Zip-Line Omiš

Ein winziger Fels, doch weltbekannt: der Kamen Brela

chert rast du über acht Etappen durch die Schlucht. Die höchste Station? Schwindelerregende 150 m. Der längste Run? Ein fulminanter 700-Meter-Flug. Rechne alles zusammen, und du hast einen adrenalingetränkten Parcours von 2,1 km! Für Action-Fans ist die Cetina ein echtes Paradies. Von Ziplining bis zum Wildwasser-Rafting – hier wird's nie langweilig!

Organisierter Transport ab Omiš, mindestens am Vortag buchen, Infos auf zipline-croatia.com | €€€ Im Sommer tgl. Bequeme Kleidung, Turnschuhe 43.445515, 16.692556

MAKARSKA RIVIERA

Paradiesische Felseninsel

10 Küstenspaziergang von Baška Voda zum Strand Punta Rata in Brela, 1 Std.

Schnapp dir die Kamera und ab nach Brela! Trotz seiner Kompaktheit ist dieser weiße Kiesstrand dank einer ziemlich fotogenen Mini-Felseninsel direkt vor der Küste weltbekannt. Ein echtes Instagram-Paradies! Du willst mehr als nur sonnen und planschen? Insider-Tipp Kombiniere den Strandaufenthalt mit einem Küstenspaziergang, immer auf der gut ausgebauten Promenade entlang.

Starte am besten im Nachbarort Baška Voda, die Rückfahrt kannst du mit dem Bus abkürzen | Busse ab der Adriamagistrale, Fahrplan auf promet-makarska.hr | baskavoda.hr, brela.hr Ganzjährig, außerhalb der Saison ist es schön ruhig, im Sommer Badesachen einpacken 43.372346, 16.922428 (Kamen Brela)

Zeitreise mit Aussicht

11 Spaziergang von Podgora zum Denkmal Galebova krila, 1,5 km, 1 Std.

Los geht's in dem netten Badeort Podgora – hinauf zum sozialistischen Möwenflügel-Denkmal. Nach einem knackigen 20-minütigen Aufstieg wirst du oben mit einem Panoramablick belohnt. Die Makarska Riviera und die glitzernde Adria liegen dir zu Füßen. Das 1962 enthüllte Monument ist ein echter Blickfang: Es erinnert an die Gründung der Marine 1942 und zollt den Tito-Partisanen Tri-

Steile Klippen umschließen den Traumstrand Nugal

Bergsteigen auf der Insel? Die Vidova gora ist ein Muss

but, die eine entscheidende Rolle im Widerstand spielten. Ein schöner Spaziergang, Geschichte und Meerblick inklusive!

ℹ *Das Auto direkt davor parken, aber schöner ist es zu Fuß bergauf von Podgora, die Adriamagistrale (D 8) überqueren und links der Straße folgen*
Ganzjährig *43.245873, 17.070632*

Ab durch den Wald

12 Einfache Wanderung durch den Parkwald Osejava bei Makarska zum Strand Nugal, 4,5 km, 1,5 Std.

Entdecke im Parkwald Osejava Makarskas verstecktes Grün zwischen Klippen und Meer. Ein paar Schritte von der Promenade und östlich des Zentrums führt ein einfacher Wanderweg durch duftende Nadelwälder. Zwischendurch kannst du dich auf Sitzbänken entspannen. Der sanfte Anstieg führt entlang versteckter Badebuchten bis zum sehr fotogenen Nugal-Strand, wo weißer Kies auf azurblaues Meer trifft. **Insider-Tipp** Hier sind alle willkommen, Badezeug oder nicht – achte auf die handgemalten Schilder für textilfreie Bereiche. Also kein Stress, falls du ohne Schwimmsachen unterwegs bist.

ℹ *Start östl. der Bucht des Stadtzentrums von Makarska, beim Hotel und Strand Osejava*
Ganzjährig *43.290399, 17.018937*

INSEL BRAČ

Auf den höchsten Inselberg

13 Spaziergang rund um den Gipfel Vidova gora, 1 km, 20 Min.

Die Vidova gora ist der höchste Berg auf einer kroatischen Insel: Du findest ihn im Süden von Brač. Seine Südseite ist steil und felsig zum Meer hin, im Norden ist er leicht geneigt und eine Karsthochebene mit mediterraner Macchia. Willst du vom Badeort Bol aufsteigen, musst du 778 hm zurücklegen – ganz schön sportlich! Zwei Stunden brauchst du locker für den Weg. Wenn du mit dem Auto hinauffährst, bleibt noch ein kleines Stück bis zum Gipfelkreuz – und mehr Puste, um die fantastische Aussicht auf das Goldene Horn zu genießen.

ℹ *Mit dem Auto ab Bol nach Vidova gora (40 Min., 30 km)* *Ganzjährig bei gutem Wetter*
43.282307, 16.621992 (Parkplatz)

Das Goldene Horn verändert seine Form, abhängig von Wind und Wellen

Dalmatiens grünes Gold

14 Einfache Rundwanderung auf den Olivenwegen bei Mirca, 5 km, 2 Std.

In ganz Dalmatien soll es um die 4,5 Mio. Olivenbäume geben. Ganz schön viel, das ist mehr, als die Bevölkerung von ganz Kroatien zählt! Auch die Insel Brač ist für ihr Olivenöl bekannt. Wenn du wissen willst, wo die Früchte wachsen, musst du in die Inselmitte: Im Dörfchen Mirca, unweit von Supetar, starten die Olivenwege (Maslinovi puti). An Trockenmauern geht es auf einem breiten Weg vorbei an den silbrig-grünen Bäumen mit knorrigen Stämmen, Trockenmauern – und einem wunderbaren Meerblick. Weiter in Richtung Prihode, dann Donji Humac – und wieder zurück.

Start bei der Kirche | Mit dem Auto nach Mirca, parken im Dorf Ganzjährig, Okt./Nov. Olivenernte 43.377598, 16.521943

Adrenalin am Goldenen Horn

15 Water Biking am Strand Plaža Zlatni rat

Der wohl meistfotografierte Strand Kroatiens ragt säbelförmig ins Meer: Zlatni rat, das „Goldene Horn", westlich von Bol. Wenn es an Land zu voll wird, steig um: Hier kannst du auf dem Wasser ganz gemütlich eine Runde radfahren. Schnapp dir ein Water bike, also ein Wasserfahrrad. Das sieht aus, als habe man einen Hometrainer auf ein Surfbrett moniert. Natürlich ist das viel cooler, als zu Hause im Wohnzimmer herumzustrampeln. Wenn dir das nicht zusagt, kannst du auch ein SUP-Board ausleihen. Überhaupt hat der Strand viel zu bieten – darunter gute Windsurf- und Kitebedingungen, aber auch einen Veggie-Imbiss.

Zu Fuß oder mit dem Fahrrad ab Bol, immer die Promenade entlang | Die Touristenbahn stoppt gleich neben dem Verleih | Waterbikes bei Golden Horn Water activity, im Nordosten der Landzunge Zlatni rat, Tel. 098/1 66 06 98 | zlatniratbol.com (Strand-Website) | €€ Verleih im Sommer 43.258506, 16.635760

INSEL HVAR

Durch Lavendelfelder radeln

16 Radtour von Hvar über die Lavendeldörfer, ca. 20 km, 2 Std.

Vom Trubel im Zentrum von Hvar geht's direkt ins Grüne. Start ist am Busbahnhof, dann raus aus der

Bruchsteinhäuser und Innenhöfe prägen das fast verlassene Dörfchen Velo Grablje

Stadt, rein in die Ruhe. Auf Schotterwegen radelst du durch Malo Grablje – ein verlassenes Dorf, dessen Konoba am späten Nachmittag ihre Pforten öffnet. Weiter führt die Tour nach Velo Grablje, wo verwitterte Hausfassaden Geschichten flüstern. Durch das Lavendeldorf Brusje radelst du zurück und genießt die Aussicht, die bis nach Hvar reicht. **Insider-Tipp** Im Juni, wenn lila Blütenteppiche die Landschaft um die Dörfer prägen, lockt das Lavendelfest in Velo Grablje mit Handwerk und Lavendelprodukten – ein Fest für die Sinne.

Start/Ziel am Busbahnhof in Hvar | dalmatia-bike.com/staze/malo-grablje ⏲ Lavendelblüte im Juni 📍 43.172971, 16.444515 (Busbahnhof Hvar), 43.187962, 16.503181 (Lavendelfelder bei Brusje)

Durchs antike Feld

17 Einfache Fahrradtour durch die Ebene von Stari Grad, 16 km, 1 Std.

Setz dich aufs Fahrrad und lass dich auf eine Reise zurück in die Antike ein. Diese historische Route beginnt in dem netten Küstenstädtchen Vrboska, an der Nordküste und führt auf Schotterwegen durch das Unesco-geschützte Ager-Feld, das schon die alten Griechen kultiviert haben. Hier, auf den von Trockenmauern umgebenen Parzellen, wurden schon vor Jahrhunderten Weinreben und Olivenbäume gepflanzt, deren Nachfahren auch heute noch liebevoll gepflegt werden. Mach einen kurzen Abstecher in die Konoba Hora, wo du dich mit Gerichten aus der traditionellen Küche Hvars stärken kannst *(horahvar.com)*.

Start/Ziel Marina Vrboska, nach Westen durch das Starigradsko polje (Ager-Feld) | GPS-Karte auf visit-stari-grad.com (> What to do > Active vacation > Cycling - Trail 705 Kroz Dračevicu) | Verleih Bota in Vrboska (bota-vrboska.com) ⏲ Frühjahr bis Herbst 📍 43.179996, 16.673472 (Start/Ziel)

Paddling und Fullmoon-Party

18 Kajaktour zu den Pakleni otoci vor Hvar

Versprenkelte kleine Inseln, gerade mal einen Kilometer vor der Altstadt von Hvar – das sind die Pakleni otoci, auch Paklinski otoci. Da gibt es wunderbare kleine Buchten, zu denen man gut

Die Pakleni otoci wollen umrundet werden

Uvala Stiniva – ein Paradies hinter den Klippen

paddeln kann. Die Inseln sind schattig, mit Kiefern bestanden. Mehr Action? Dann komm nachts auf die Insel Marinkovac, in die Stipanska-Bucht. **Insider-Tipp** Dort findet im Sommer die Fullmoon-Party statt, bei der unter Palmen getanzt wird. Sie wird vom Ableger der legendären Strandbar Carpe diem aus Hvar organisiert, die dort sonst eine chillige Beachbar betreibt. Taxiboote verkehren dann von Mitternacht bis zum Morgengrauen.
ⓘ *Strand Bonj beim Hotel Amfora | Selbstgeführte Kajaktour, Mitte April–Mitte Okt., mind. 1 Tag vorher reservieren, auch SUP-Board-Verleih | kayaksup-hvar.com | €€€ Sommer 43.171838, 16.434018*

INSEL VIS

Treppauf in die Geschichte

19 Einfache Wanderung vom Berg Hum zur Höhle Titova špilja, 3 km, 1 Std.

Die beiden Tito-Höhlen auf Vis sind ein Stück lebendige Geschichte. Hier koordinierte der jugoslawische Staatschef Josip Broz Tito im Zweiten Weltkrieg seinen Partisanenkampf. Der Höhleneingang ist teilweise zugemauert, der Innenraum jedoch frei zugänglich. Stell dir vor, wie hier wichtige Entscheidungen getroffen wurden, die den Lauf der Geschichte veränderten. Dein Abenteuer beginnt in Komiža an der Ostküste. Da Vis sehr hügelig ist, fährst du am besten mit dem Auto oder E-Bike zur Kirche Sveti Duh (Hl. Geist) auf den Berg Hum. Von dort sind es nur rund 150 hm, die vor dir liegen. Dort warten 100 Stufen, die hinaufführen. Zurück geht es auf demselben Weg oder über die Asphaltstraße.
ⓘ *Mit dem Auto oder E-Bike ab Komiža auf den Berg Hum (Borovik), unweit der Kirche Sv. Duh parken Ganzjährig, im Sommer am besten früh oder spät Ausreichend Wasser mitnehmen 43.034404, 16.116019 (Start/Ziel Kirche Sv. Duh) Download GPX-Track*

Traumstrand hinter Klippen

20 Uvala Stiniva

Ein Paradies versteckt hinter Klippen – das ist die Bucht (Uvala) Stiniva an der Südküste von Vis. Der

Magische Blautöne locken Ausflugsgäste in die Grotte Modra špilja auf Biševo

weiße Kieselstrand ist umgeben von hohen Felsen – perfekt für ein Bad im klaren Wasser oder ein kühles Getränk an der kleinen Strandbar. Beim Schnorcheln entdeckt man Fische und Krebse in Felsspalten. Lust auf Nervenkitzel? Probiere das Klippenspringen! Um zu diesem Abenteuer zu kommen, hast du zwei Optionen: Schnür deine Wanderschuhe für den schmalen Pfad oder schippere entspannt mit dem Taxiboot hinüber, das dich außerhalb der Bucht absetzt – und nach einem Tag voller Sonne und Meer auch wieder abholt.

ℹ *Mit dem Taxiboot, z. B. rentaboatkomiza.com | Mit dem Auto ab Vis über Plisko Polje an die Südküste (20 Min., 10 km), vom Parkplatz 15 Min. Abstieg in die Bucht* ◷ *Sommer* ⚲ *43.024283, 16.169092 (Parkplatz), 43.021506, 16.171549 (Bucht)*

Magisches Lichtspiel in Blau

21 Bootsausflug zur Blauen Grotte (Modra špilja) auf der Insel Biševo

Blitzblau funkelt das Wasser in der Blauen Grotte auf Biševo! Am Vormittag, wenn die Sonne ihre Strahlen in die Meereshöhle wirft, ist der Farbton magisch. Im Sommer ist dieser Ort sehr beliebt, also plane, früh dort zu sein, um den Menschenmassen zu entgehen. Ausflugsboote gibt es reichlich, sie starten vom Hafen in Komiža oder anderen Urlaubsorten. Alternativ kannst du auch das Linienboot nehmen, was zwar umständlicher, aber durchaus machbar ist. Nimm dir dabei Zeit, Biševo zu entdecken: Die Insel ist klein, hat aber neben der Grotte auch ein modernes Besucherzentrum in der alten Schule zu bieten. Die umliegenden kleinen Buchten und der Strand sind perfekt für ein entspanntes Picknick oder ein erfrischendes Bad im Meer. In der Grotte selbst ist das Schwimmen nicht erlaubt, aber das Staunen umso mehr.

ℹ *Ausflugsboote ab vielen Urlaubsorten; kürzester Seeweg ab Komiža-Hafen, z. B. über bluecave-bisevo.com, Taxiboot von rentaboatkomiza.com; Linienfähre Nr. 612 (nicht täglich), mit Umstieg in Mezoporat auf Biševo | €€€* ◷ *Nur im Sommer bei gutem Wetter* ⚲ *42.980296, 16.022086 (Grotte)*

DER SCHÖNSTE SONNENUNTERGANG

Rauf auf die Serpentinenstraße

22 Panoramaplattform hoch über der Stadt Vis

Erlebe einen spektakulären Sonnenuntergang oberhalb der Stadt Vis. Eine geschlängelte Straße führt zu einer Aussichtsbucht, wo die Abendsonne alles in goldenes Licht taucht. Beobachte, wie die Häuser und Boote in der Dämmerung leuchten und sich die Silhouette der Franziskanerinsel gegen die Bergkulisse von Vis abzeichnet – ein perfekter Inselabend.

Ab Vis die Zagrebačka ulica bergauf nehmen, Panoramapunkt an der Einmündung der Landstraße D117 *Sommer* *43.057925, 16.206115*

LOKALE SPEZIALITÄTEN

*UND WO DU SIE PROBIEREN KANNST

In Rotwein mariniert, mit hausgemachten Gnocchi serviert: dalmatinische Pašticada

Dalmatiens Tafeln locken mit gegrilltem Fisch und Mangold als Beilage, aber auch festliche Fleischgerichte wie die Pašticada kennt man hier. Mitteldalmatien glänzt jedoch mit eigenen Köstlichkeiten wie herzhaftem Soparnik, puristischem Fischeintopf Hvarska Gregada oder krossem Fladen Komiška pogača – Gaumenfreuden, die die Vielfalt der Region widerspiegeln.

Schmorbraten in Rotwein

1 Pašticada

Der kulinarische Star Dalmatiens, die Pašticada, ist ein Rinderschmorbraten, der mit Nelken gespickt, auf Karotten und Speck gebettet und nach einer Nacht in Rotwein zu einem saftigen Genuss schmort. Mit Gnocchi serviert, wird er zu einem wahren Festtagsmahl. Das Traditionsgericht solltest du dir auf keinen Fall entgehen lassen!

ℹ *Zu finden in authentischen Konobas wie* **Kod Joze** *in Split | Sredmanuška ul. 4, Split | €€*

Herzhafter Mangoldkuchen

2 Soparnik

Als traditionelle dalmatinische Pizza-Variante präsentiert sich der Soparnik: ein mit Mangold gefüllter Fladen, gewürzt mit Zwiebeln und Petersilie – im Grunde ein ganz einfaches Gericht. Diese Spezialität wurde vom Staat sogar zum immateriellen Kulturerbe Kroatiens erklärt.

ℹ *Den Mangoldkuchen bekommst du nach Vorbestellung im Ausflugslokal* **Radmanove Mlinice** *(Mühlen von Radman) | In der Cetina-Schlucht, im Hinterland von Omiš, Josipa Franje 2, Podašpilje | mlinice.com | €€*

Fischeintopf von Hvar

3 Hvarska Gregada

Die Hvarska Gregada ist nicht einfach ein traditioneller Fischeintopf – es ist vielmehr die Verschmelzung von Einfachheit und Raffinesse. Ursprünglich aus kleinen Fischen des Tagesfangs zubereitet, schwimmen nun edle Stücke von

Weißfisch, Wolfsbarsch und Garnelen in diesem duftenden Sud – ein kulinarisches Erbe der Fischer von Hvar. Aufgrund der hochpreisigen Zutaten und der Location – Hvar gehört zu den teuersten Orten Kroatiens – hat die Spezialität jedoch auch ihren Preis!

ⓘ *Die raffinierte Fischsuppe Gregada kannst du in der* **Konoba Luvlij rooftop** *in der Altstadt von Hvar probieren (für 2 Pers.) | Jurja Novaka 6/1, Hvar | konoba-luviji-rooftop.business.site | €€€*

Insel-Focaccia von Vis

4 🍴 Komiška pogača

Knusprig wie Focaccia und doch einzigartig: Die Komiška pogača, mit Sardellen, sonnengereiften Tomaten und Zwiebeln reich gefüllt, bringt den puren Geschmack der Insel Vis auf den Teller. Ob als Snack oder Beilage, sie ist ein Muss.

ⓘ *Die Komiška pogača gibt es in der* **Konoba Zadruga** | *Riva Sv. Mikule 33, Komiža | €*

Alles in einem

5 🍴 Buffet Fife

Schnörkellose dalmatinische Küche wird in diesem Kultlokal auf dem Weg zum Marjan an der Uferpromenade serviert: Probiere wie die Einheimischen frittierte Häppchen aus dem Meer (Fritto Misto) oder den Schmorbraten Pašticada.

ⓘ *Trumbićeva obala 11, Split | €€*

Soparnik: Dünner Teig, mit Mangold gefüllt

Geschichtsträchtige Mauern mit Blick auf die Adria: Dubrovnik

Süddalmatien

INSELGRÜN, FESTUNGS-ZAUBER UND AUSTERN

Süddalmatien, ein Küstenstreifen zwischen steilen Bergen und dem funkelnden Meer, ist ein Eldorado für Outdoor-Fans. Dieses sonnenverwöhnte Land, umgeben von Bosnien-Herzegowina und Montenegro, fasziniert mit einem beeindruckenden Angebot auf engem Raum. Freu dich auf Kitesurfen und SUP im Neretva-Delta, genieße Wein und frische Austern oder erlebe Windsurfabenteuer auf der lang gestreckten Halbinsel Pelješac, die fast wie eine Insel wirkt. Entdecke verträumte Buchten auf Korčula, die beiden Salzseen auf der grünen Insel Mljet und die Sternennächte über dem abgelegenen Lastovo. Dubrovnik, der strahlende Mittelpunkt, verzaubert mit seinem Hausberg und verlockenden Ausflugsinseln. Konavle, die beschauliche Region südlich von Dubrovnik, lädt mit Cavtat zum Baden, Wandern oder Reiten ein. Süddalmatien ist ein Mix an Erlebnissen!

AUF EINEN BLICK

*SÜDDALMATIEN

MARCO POLO OUTDOOR-HIGHLIGHTS ★

★ Gechillt durchs Neretva-Delta radeln
Eine Mischung aus Surfervibes und herbstlicher Mandarinen-Romantik → S. 168

★ Treppenwandern in Ston
Historische Stufen versprechen schöne Aussichten und salzige Geschichten → S. 170

★ Im Zickzack auf Dubrovniks Hausberg
Der geschichtsträchtige Gipfel Srđ ist der perfekte Platz fürs Panorama → S. 172

★ Sonne, Strand und Sattel auf Korčula
Ein zerklüftetes Kap, knorrige Oliven und die Weinberge rund um Lumbarda → S. 174

★ Die Ruhe hoch über der Adria
Eine Bergtour auf alten Militär- und Hirtenwegen mit Meeresblicken → S. 176

★ Foto-Hotspots und Mungos auf Mljet
Kroatiens grünste Insel hält zwei Salzseen bereit – inklusive Badestopp → S. 178

Čitluk
HERCEGOVAČKO-NERETVANSKA ŽUPANIJA
Čapljina
Stolac
Gacko
BOSNA I HERCEGOVINA
REPUBLICA SRPSKA
Ljubinje
Bileća
NIKŠIĆ
Treppenwandern in Ston
5
Ston
1
Im Zickzack auf Dubrovniks Hausberg
Trebinje
11
12
25
13
9
8
14
Dubrovnik
10
5
15
Die Ruhe hoch über der Adria
16
Cavtat
18
4
19
52 km, 1 Std.
CRNA GORA
HERCEG NOVI
Herceg Novi
17
Prevlaka

OUTDOOR-HIGHLIGHTS

*DIE BESTEN ERLEBNISSE DRAUSSEN

Gechillt durchs Neretva-Delta radeln ★

Bist du bereit für eine Reise zur Mündung der Neretva? Hier an der schmalen Landzunge hat sich im Sommer eine Art Surfer-Hippietown entwickelt, mit improvisierten Strandbuden und dem entspanntesten Chill-Soundtrack seit den 1970ern. Im Sommer sorgen Kitesurfer für Unterhaltung auf dem Wasser. Mit dem Fahrrad kommt man hier prima voran.

Lässige Atmosphäre am Strand

Für eine Radtour sollte das eigene Bike ins Gepäck, denn Verleihstationen sind hier Mangelware. Der Start ist am Landzipfel, wo die Neretva kurz vor ihrer Liaison mit dem Meer verweilt. Dafür fährst du von Ploče aus über die Brücke, biegst dann rechts ab und immer am Damm entlang. Besonders im sonnigen Herbst zeigt sich die Gegend von ihrer besten Seite. Dann geht es nämlich an Mandarinenbäumen vorbei, die zu dieser Zeit Früchte tragen und dem Neretva-Delta seinen coolen Beinamen „Kroatisches Kalifornien" verpasst haben. Am Damm kannst du parken, und die Sandstrände sind gleich daneben.

Insider-Tipp In den Holzhütten am Strand werden bei schönem Wetter Getränke verkauft, hier steht Kitesurfen im Mittelpunkt, und ein Hauch Hippie-Stimmung liegt in der Luft. Der feine Sandstrand verlockt dazu, den Tag hier zu verbringen. Die Sonne wirft einen magischen Schleier über die gegenüberliegende Pelješac-Halbinsel, die sich wie ein Drache im Meer aufbäumt.

Vorbei an schaukelnden Booten

Genug gechillt? Dann kann es losgehen: Wieder am Damm entlang, vorbei an modernen Vogelbeobachtungshütten aus Holz. Wo der Damm endet, geht es rechts am Ufer entlang nach Blace.

In dem kleinen Örtchen schaukeln ein paar Boote im Hafen und von der Anhöhe aus sieht man die Mala Neretva in der Landschaft, aber auch die verzweigten Wasserwege des Neretva-Deltas. Autos kommen hier nur wenige vorbei, weshalb es umso mehr Spaß macht, in die Pedale zu treten.

Zurück zum Strand

Ein wenig steiler wird es oberhalb von Blace, aber der Ausblick – vor allem bei Sonnenuntergang – entschädigt dafür. Ein lautes Seufzen ist erlaubt, es ist wirklich eine schöne Ecke! An der Uferstraße von Blace kannst du im Caffe Azzurro ein gekühltes Getränk oder Pizza genießen: Unter einem Schilfdach sitzt man direkt am Meer. Zurück geht es dann wieder auf gleichem Weg über den Damm, immer am Meer entlang. Und vielleicht trifft sich ja noch jemand auf einen Plausch am Strand.

Die Tour im Überblick

Einfache Radtour rund um die Mündung der Neretva, ca. 13 km, 1 Std.

Mit dem Auto ab Ploče über die Brücke Rogotinski most bis zur Neretva-Mündung, auf dem Damm parken

Ganzjährig, am schönsten bei gutem Wetter

Eigenes Fahrrad, Snacks, Wasser, Badesachen

43.019797, 17.447626 (Start), 43.001996, 17.486484 (Aussichtspunkt bei Blace)

DOWNLOAD GPX-Track

Das Neretva-Delta bietet einen chilligen Sandstrand (li.) und zahllose Mandarinenbäume (re.)

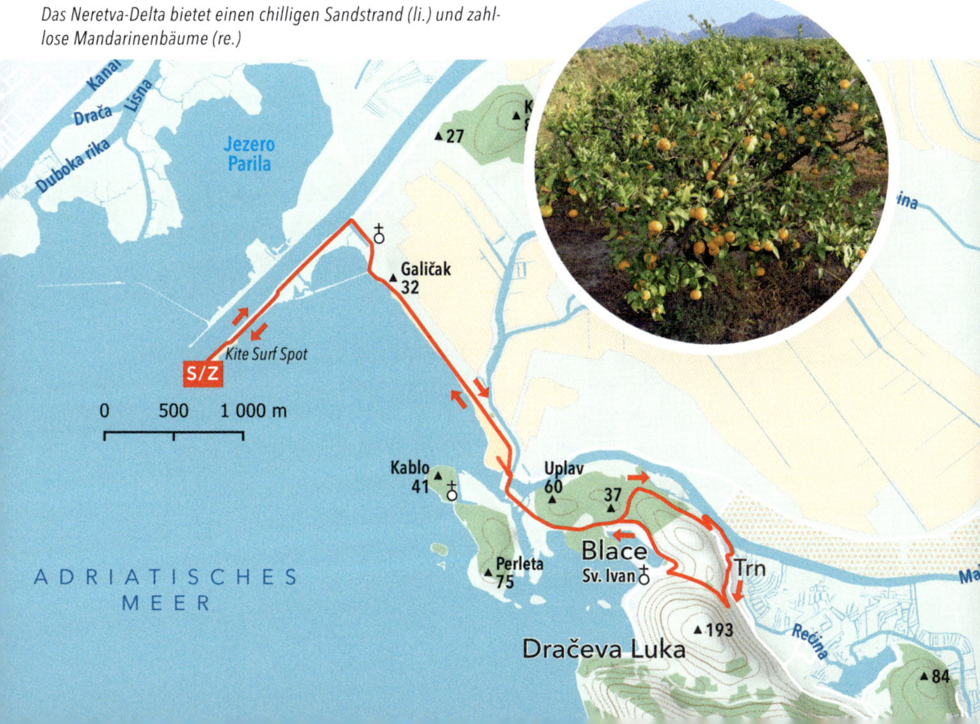

Treppenwandern in Ston ★

Bereit für ein Abenteuer, das Beine und die Muskeln trainiert, die für das Staunen zuständig sind? Dann ab nach Ston und Mali Ston auf der Halbinsel Pelješac! Hier wartet eine Mauer, die nicht nur rekordverdächtig lang ist, sondern auch ein mittelalterliches Geheimnis birgt. Warum genau wurde dieses gigantische Bauwerk errichtet? Die Antwort liefert der Blick von oben – und der ist atemberaubend!

Steile Stufen führen hinauf

Ston und Mali Ston, die beiden charmanten Nachbarorte, sind durch mehr als nur einen Namen verbunden: Eine beeindruckende, rekordverdächtig lange Mauer zieht sich zwischen ihnen entlang. Sie misst heute noch 5,5 km! Die Wanderung startet in Ston, dessen Gassen scheinbar mit dem Lineal gezogen wurden. Dort enthüllt die Mauer ihre Geschichten, sobald das Ticket in der Tasche steckt. Der Aufstieg zur Festung Korona entlang des Treppenwegs auf der Mauer mag zwar schweißtreibend sein, aber die Panoramaaussicht ist der Knaller! Unterhalb breiten sich die Salinen aus, Dubrovniks einstige Goldgrube. Noch heute wird hier Salz auf die gute alte Art von Hand geschöpft. Und genau das erklärt, warum diese imposante Festungsmauer überhaupt existiert. Ein echter Aha-Moment aus der Vogelperspektive!

Bergab zum Austerngenuss

Nach der Kletterpartie über den Bergkamm ist es Zeit für kulinarische Höhenflüge. **Insider-Tipp** Mali Ston lockt mit Austern, die im Meeresarm zu echten Delikatessen heranwachsen. Eine Handvoll Restaurants im Ort bieten sie an, ebenso Miesmuscheln. Hier gibt's die Meeresfrüchte unkompliziert und ganz frisch ohne lange Transportwege. Schon im 17. Jh. begann man mit der

Austernzucht, und selbst die Römer kannten das Gebiet schon für dieses natürliche Aphrodisiakum. Das Geheimnis des Austern-Hotspots: Der Fluss Neretva mündet hier ins Meer, und wo sich Salz- und Süßwasser in dem geschützten Meeresarm vermengen, gedeihen die Meeresfrüchte besonders gut.

Entspannter Rückweg

Für den Rückweg nach Ston empfiehlt sich der Fußweg neben der Autostraße. Der ist zwar weniger romantisch, dafür aber nicht steil, sondern schön eben. Außerdem ist das die perfekte Gelegenheit, das erlebte Abenteuer Revue passieren zu lassen. Ein Treppenspaziergang, der von mittelalterlichen Mauern, salzigen Geheimnissen und kulinarischen Höhepunkten geprägt ist – das bleibt in Erinnerung!

Die Tour im Überblick

Mittelschwere Wanderung von Ston nach Mali Ston über die Wehrmauer, ca. 4 km, 1 Std.

Werktags verkehren Regionalbusse von und nach Dubrovnik (Linie 15, Mo–Sa), auch Fernbusse machen hier Halt | Am Ortseingang von Ston befindet sich ein großer Parkplatz (Gebühr) | Online-Tickets über shop.citywallsdubrovnik.hr (> Stonske zidine) | €

Frühjahr bis Herbst, im Sommer früh oder spät starten (kein Schatten)

Feste Schuhe, Snacks und Wasser

42.837990, 17.697633 (Parkplatz)

DOWNLOAD GPX-Track

Treppauf, treppab: Schritt für Schritt geht es durch die lange Geschichte von Ston (li.), zu der auch der seit dem Mittelalter bestehende Salzhandel gehört (o.)

Im Zickzack auf Dubrovniks Hausberg ★

Der Srđ, ausgesprochen als „Srrrdsch", ist Dubrovniks markanter Hausberg, der die Waden all derer fordert, die ihn besteigen. Im Zickzack geht es auf den 415 m hohen Gipfel. Oben wartet nicht nur ein traumhafter Ausblick, sondern auch ein tiefgreifender Einblick in die jüngste Geschichte Kroatiens. Und für den Abstieg steht die Seilbahn bereit.

Ein Kreuz als Wegweiser

In Dubrovnik wird es steil. Der Aufstieg zum Srđ ist definitiv nichts für Zartbesaitete, aber jede Schweißperle wert. Die Altstadt mag ein Labyrinth sein, aber sobald die Adriamagistrale überquert ist und der richtige Einstieg in den Wanderweg gefunden wurde, gibt es kein Verlaufen mehr, es geht nur noch bergauf!

Der Anfang des Wegs ist steil, felsig und wurzelig, aber zumindest noch schattig. Dann aber heißt es: Tschüss Bäume, hallo Sonnenglut – gut, dass der Hut fest sitzt. An kühleren Tagen lohnt ein Windbreaker. In engen Schlangenlinien wird der Berg erobert. Im Frühjahr blühen Ginster und Affodill, Rosmarinbüsche wachsen an dem mit Felsen gesäumten Weg. Unterwegs bieten Kreuzwegstationen am Wegrand Gelegenheit zum Durchatmen. Wer braucht hier schon GPS? Das eindrucksvolle Gipfelkreuz, ein Geschenk Napoleons, ist der Wegweiser! Es wurde im Krieg der 1990er-Jahre zerstört und später ersetzt. Das neue Kreuz dient als stumme, aber eindrucksvolle Wegmarke für Wanderer und Wanderinnen.

Geschichte auf dem Gipfel

Oben angekommen, wird die Geschichtsstunde greifbar: Das Fort Imperial, ebenfalls ein Überbleibsel aus Napoleons Zeiten, dokumentiert ein-

Zwei Kilometer Mauerwerk wirken auch von oben beeindruckend (li.). Abgekürzt wird der Wanderweg mit der Gondel (re.)

drucksvoll die Belagerung Dubrovniks im jüngsten Krieg in den 1990er-Jahren. Ein bewegender Moment, der die grandiose Aussicht von der benachbarten Panoramaterrasse noch intensiviert.

Die Seilbahn als Alternative

Bergab ins Tal? Die moderne Seilbahn schafft den Abstieg in nur vier Minuten. Ein Spektakel, wenn sich Dubrovniks rote Dächer immer näher zoomen – besonders bei Sonnenuntergang! Wer noch Energie übrig hat, steigt zu Fuß hinab.
Insider-Tipp Erst geht es die Autostraße entlang, ins Dörfchen Bosanka, dann über einen Treppenweg zurück in die Altstadt. Auch hier bieten sich schöne Ausblicke, die man in aller Ruhe genießen kann – denn Kroatiens meistbesuchte und bekannteste Stadt ist einfach unglaublich fotogen, egal aus welcher Perspektive!

Die Tour im Überblick

Mittelschwere Wanderung auf den Berg Srđ, ca. 7 km, 3–4 Std.

Mit dem Stadtbus bis zur Haltestelle vor dem Pile-Tor, der Bergweg beginnt jenseits der Adriamagistrale D 8 | Keine Parkmöglichkeit! | dubrovnikcablecar.com (Seilbahn) | €€€

Frühjahr bis Herbst, im Sommer am besten früh oder zum Sonnenuntergang
Wanderschuhe, Snacks, viel Wasser
42.642005, 18.106029 (Start/Ziel), 42.647215, 18.105227 (Einstieg Bergweg)

DOWNLOAD GPX-Track

Sonne, Strand und Sattel auf Korčula ★

Die Insel Korčula entfaltet sich als ein Paradies für alle, die die Sonne anbeten, den Strand lieben oder Fahrrad fahren. Eine Tour um Lumbarda verspricht Panoramen, die jede Postkarte blass aussehen lassen. Und der östlichste Zipfel der Insel? Ein rauer Charakterkopf, der die Natur in ihrer ursprünglichsten Form zeigt.

Durchs Weingebiet radeln

Die Tour startet in Lumbarda und führt rasch an Weinbergen vorbei, die Spalier stehen, wenn die Räder vorbeizischen. Hier gedeiht die seltene weiße Rebsorte Grk, die fast nur in dieser Ecke der Insel Korčula zu finden ist. Lumbarda selbst thront auf einem Mini-Hügel, umspült von azurblauem Wasser – ein Panorama, das den Badeort mit seinen berühmten Sandstränden und dem sonnenverwöhnten Wein in Szene setzt.

Die wilde Küste erkunden

Ein schmaler, welliger Schotterweg führt an der Küste entlang zum östlichsten Ausläufer von Korčula, dem Kap Rt Ražnjić. Ein unberührtes Stück Natur, das wie ein Daumen ins Meer ragt und zum Staunen einlädt. Den Landstrich säumt eine zerklüftete Küste, während die Mitte grün ist. Dort versteckt sich auch ein kleiner quadratischer Leuchtturm. Das Fahrrad kann oberhalb der rauen Felszunge abgestellt werden, die eine nähere Erkundung geradezu herausfordert. **Insider-Tipp** Im Sommer trifft man an der Südseite des Kaps auch Wagemutige, die den Sprung vom Felsen aus ins Meer wagen.

An Olivenhainen vorbei

Die Route setzt sich fort durch die belebte Bucht Pržina, wo der Sommer in voller Pracht strahlt. Dabei öffnet sich der Blick auf Lumbarda und den gegenüberliegenden Berg Sv. Ilija auf der Halbinsel Pelješac. Beim Dörfchen Gornje Blato, westlich von Lumbarda, ist die Landschaft grün und zwischen Hügel eingebettet. Das Meer ist weit weg. Hier wachsen besonders viele Trauben – aus denen der Grk gekeltert wird – und Oliven. Die Ölbäume könnten Geschichten erzählen. Sie wurzeln zwischen Trockenmauern, die nicht nur den Boden von Steinen befreien, sondern auch vor dem rauen Bora-Fallwind schützen und eine Vermischung der Schafherden verhindern. Das aus den Früchten gewonnene Olivenöl ist flüssiges Gold, das Geschichten von Wind, Erde und harter Arbeit in sich trägt. Auf dieser Radtour erlebst du, was das Inselleben prägt und ausmacht! Und zum Abschluss? Lumbarda selbst bietet die perfekte Gelegenheit, den Tag in einem urigen Lokal oder an einem der malerischen Sandstrände ausklingen zu lassen.

Die Tour im Überblick

Einfache Radtour rund um Lumbarda auf der Insel Korčula, ca. 13 km, 1,5 Std.

Mit der Autofähre geht es ab Orebić (Halbinsel Pelješac) nach Dominče (Korčula), Fährinfos auf jadrolinija.hr, € | Vom Fähranleger nach Lumbarda (Ortskern/Hafen), dort parken | Radverleih im Hafen, z.B. bei Boana (boana.hr)

Frühjahr bis Herbst

Mountainbike, Snacks, Wasser

42.924019, 17.168311 (Start), 42.917542, 17.201618 (Rt Ražnjić)

DOWNLOAD GPX-Track

Lumbarda ist umgeben von sanft geschwungenen Weingärten (li.) und Sandstränden wie Vela Pržina (re.)

Die Ruhe hoch über der Adria ★

Erkunde den Ronald-Brown-Wanderweg und lass dich von der atemberaubenden Aussicht auf Cavtat und Dubrovnik verzaubern. Diese Wanderung auf den Gipfel des Berges Stražišće ist ein Muss in Süddalmatien und verspricht Abgeschiedenheit, hoch über dem Meer.

Gipfelsturm mit Extras

Zugegeben, diese Wanderung ist alles andere als ein Sonntagsspaziergang im Park. Aber keine Sorge, der Pfad schlängelt sich im Zickzack den Berg hinauf, auf 670 m Meereshöhe. Trittsicher sollte man sein, denn die alten Hirten- und Militärwege sind felsig und verlaufen stellenweise schmal am Hang entlang. Unterwegs muss ein rotes Viehgatter geöffnet und wieder geschlossen werden. Mediterrane Heilkräuter wie Rosmarin, die hier in der Wildnis wachsen, duften würzig. Geckos huschen über sonnige Felsen, auch die ungiftige Leopardennatter ist hier anzutreffen. Schatten ist unterwegs Mangelware: Also, Sonnenhut auf und Wasserflasche griffbereit!

Auf dem alten Militärweg

Der Startpunkt liegt oberhalb des gemütlichen Küstenstädtchens Cavtat. Von dort aus folgt man der Straße in Richtung Adriamagistrale, bis man im Dörfchen Gornji Obod auf den alten österreichischen Militärweg trifft. Der Weg war einst Teil der österreichisch-ungarischen Verteidigungsstrategie und schlängelt sich sanft und angenehm bergauf.

Nur ein Steinwurf zur Grenze

Nach gut anderthalb Stunden taucht der Weiler Velji do auf. **Insider-Tipp** In der Konoba Konavoski Komin kann man traditionelle Peka-Gerichte genießen, die unter der Schmorglocke zubereitet werden, allerdings ist eine Vorbestellung nötig.

Bergauf, bevor es zu heiß wird: Der Ronald-Brown-Weg geizt zwar mit Schatten (li.), aber nicht mit traumhaften Ausblicken (re.)

Und für die Unerschrockenen: Risotto mit Fröschen ist eine lokale Spezialität in der Region Konavle. Von hier aus sind es übrigens nur wenige Hundert Meter bis zur Staatsgrenze, Bosnien-Herzegowina ist nur einen Steinwurf entfernt.

Ein Kreuz zum Innehalten

Das letzte Stück zum Gipfelkreuz dauert noch etwa eine halbe Stunde, dabei verläuft eine Schleife am Berggrat. Oben bietet sich ein Moment der Ruhe und des Gedenkens an den tragischen Flugzeugabsturz von 1996, bei dem auch US-Handelssekretär Ronald Brown ums Leben kam. Der Ausblick? Ein mediterranes Panorama, das Cavtat, das Konavle und Dubrovnik umfasst. Ein guter Moment zum Innehalten. Der Abstieg führt zurück durch Velji do – mit dem Unterschied, dass das Meer nun immer näher rückt, Schritt für Schritt.

Die Tour im Überblick

Mittelschwere Wanderung auf den Stražišće bei Cavtat, ca. 10 km, 5 Std.

Mit dem Auto nach Cavat, dort am Šetalište Žal parken, 700 m unterhalb des Starts (42.585757, 18.227289) | restaurantkonavoskikomin.com

Frühjahr bis Herbst (bei klarem Wetter), bei Sommerhitze möglichst früh starten

Hohe Wanderschuhe, Snacks, viel Wasser, evtl. Stöcke (Schlangen!)

42.585805, 18.232373 (Start/Ziel), 42.598450, 18.245367 (Konoba)

DOWNLOAD GPX-Track

Foto-Hotspots und Mungos auf Mljet ★

Mljet ist der grüne Star unter den kroatischen Inseln – eine Oase, durchzogen von Weinbergen und Olivenhainen. Nirgendwo sonst mitten im Meer ist es so grün! Und das Sahnehäubchen? Zwei Salzseen, die nicht nur zum Baden einladen, sondern auch mit einer Klosterinsel wie aus dem Bilderbuch aufwarten. Hier ist Wandern nicht nur Sport, sondern Wellness für die Seele!

Das Salz in der Suppe der Adria

Im Nordwesten von Mljet bleibt der Motor aus! Seit 1960 ist dieser Teil der Insel ein Nationalpark, hier haben Fahrräder und Wanderschuhe das Sagen. Wer in Pomena von der Fähre steigt, steht schon bald am Ufer des Malo jezero, des Kleinen Sees. Und der hat einen großen Bruder, den Veliko jezero. Beide sind keine isolierten Gewässer, sondern stehen in direkter Verbindung zur Adria. Das hat sogar Gezeiten zur Folge! Entstanden sind die beiden Seen vor ein paar Tausend Jahren, als sich der Boden absenkte und mit Meerwasser füllte. Ein 11 km langer Rundweg sorgt dafür, dass man keinen Instagram-Moment verpasst.

Immer am Ufer entlang

Startpunkt ist Pomena. Ein kurzer Spaziergang führt entlang der Straße, dann biegt der Weg rechts ab zum Kleinen See. Und jetzt kommt der Knaller: Mali most, die Kleine Brücke. Ein echter Foto-Hotspot und der perfekte Ort für ein erfrischendes Bad. Weiter geht es zu Babine Kuće, einer Mini-Siedlung am See, die aus gerade mal einer Handvoll Häuser besteht. **Insider-Tipp** Für alle, die nicht genug vom Wasser bekommen können: Im Nordosten des Großen Sees wartet mit einer schönen Badestelle eine weitere Einladung zum Planschen. Dann führt der Weg zur elegant geschwungenen Großen Brücke (Veliki most) und entlang des Ufers. Das Marienkloster (Sveta Marija) thront auf der kleinen Insel Melita – ein Postkartenmotiv, wie es im Buche steht. Der Rundweg schließt seine Schleife an einer kleinen Halbinsel und führt am Kleinen See vorbei wieder zurück nach Pomena.

Ungewöhnliche Schlangenjäger

Und jetzt der furiose Fun-Fact zum Abschluss: Mljet ist die VIP-Lounge für Mungos! Diese katzenartigen Tiere wurden vor über einem Jahrhundert aus Indien importiert, um die Insel von Hornvipern zu befreien. Mission erfüllt! Aber jetzt hat Mljet ein ganz anderes Problem: Die Tiere sind zu kleinen Plünderern mutiert, die Hühnerställe und Mülltonnen unsicher machen. Scheu, aber unverkennbar – wenn du einen siehst, weißt du jedoch jetzt: Das kann nur ein Mungo sein!

Die Tour im Überblick

Einfache Wanderung von Pomena um die beiden Salzseen im Nationalpark Mljet, ca. 11 km, 3 Std.

Anreise mit dem Katamaran ab Split oder Dubrovnik (krilo.hr) | np-mljet.hr | €-€€€ (Nationalpark, je nach Saison)

Am schönsten ist es bei Badewetter

Feste Schuhe, Snacks, Wasser und Badesachen

42.787407, 17.343636 (Start/Ziel Pomena), 42.783016, 17.351103 (Mali most), 42.768763, 17.374520 (Veliki most)

DOWNLOAD GPX-Track

Kroatiens vielleicht grünste Insel Mljet: Salzseen, Klosteridylle (li.) und ein Wanderweg über eine Bogenbrücke (re.)

MEHR ERLEBEN

*WEITERE ABENTEUER & AUSFLÜGE

Die Kleinstadt Opuzen ist auf den zweiten Blick spannend – vor allem wegen ihrer Street Art!

Action und Outdoor-Abenteuer warten in Süddalmatien: Auf der Halbinsel Pelješac treffen sich Surffans, Dubrovniks Wehrmauer lässt sich aus dem Seekajak bestaunen und Kroatiens Südzipfel auf dem Fahrrad, beim Reiten oder einem Spaziergang entdecken. Und die Inseln? Erlebe grüne Spazierwege auf den Inseln Korčula oder Mljet sowie Tauchgänge auf Lastovo. Ein Paradies für den Aktivurlaub!

RUND UM DAS NERETVA-DELTA

Bunte Hausfassaden aufstöbern

1 Spaziergang zu Street-Art-Murals in Opuzen, 30 Min.

Opuzen mag auf den ersten Blick ein vergessenes kleines Städtchen im Neretva-Delta sein, doch hinter seinen unauffälligen Fassaden verbirgt sich eine vibrierende Street-Art-Szene. Fernab der Touristenpfade kannst du hier durch die Straßen schlendern und eine offene Galerie bestaunen, die das ganze Jahr über mit Murals und Graffiti begeistert. Insider-Tipp Ein Indie-Street-Art-Festival „Zen Art" findet jeden Sommer statt. Drei Tage erwecken Street-Art-Künstler aus Kroatien und der Welt die Stadt mit ihren Visionen zum Leben. Ein Highlight sind – neben den Performances – auch die Sand-Art-Mandalas auf Sandbänken!

Mit dem Bus ab Dubrovnik (1 Std.) | Mit dem Auto nach Opuzen, direkt über die Adriamagistrale (D 8) Murals ganzjährig, Festival: Ende Juni/ Anf. Juli, Termine: zenopuzen.com oder Facebook: ZenOpuZen 43.017759, 17.559416 (Grundschule, Mural), 43.018109, 17.559076 (Sporthalle)

Über sieben Seen

2 Mit dem SUP auf den Baćinska jezera, 1–2 Std.

Lust auf eine kleine Auszeit auf dem Wasser? Die Baćinska jezera, sieben malerische Seen bei Ploče, sind ein echtes SUP-Paradies. Dort paddelst du ganz entspannt von See zu See, bis zum geheimnisvollen Crniševo-See – mit 34 m der tiefste. Ein echter Wow-Moment! Rund um die Seen gibt's einen 10 km langen Radweg – perfekt, um sich nach dem Paddeln noch die Wadenmuskeln zu lockern. Direkt am Ufer wartet der Campingplatz

Die Baćinska jezera mit ihrem Campingplatz sind noch ein Geheimtipp

Kiten ist der Trend in der Neretva-Mündung bei Ploče

Baćinska jezera, wo du nicht nur das Zelt aufschlagen, sondern auch direkt vom Steg ins kühle Nass hüpfen kannst *(camping-bacinskajezera.com)*. Ein Stück weiter ist eine nette Beach Bar: Die haben nicht nur coole Drinks, sondern organisieren auch Fahrten in flachen Ausflugsbooten, typisch für das Neretva-Delta und „lađa" genannt.

ℹ *Mit dem Auto an der Adriamagistrale (D 8) am Restaurant abbiegen, links und dann rechts am Ufer halten, dort sind Beach Bars, Verleih-Stationen und der Campingplatz (Fahrradverleih, Bootstour): bacinskajezera.com | Paddle Surf (SUP-Verleih und Kurse): paddlesurfcroatia.com | Beach Bar Capitano (Kajak-, SUP-Verleih, Bootstour): Tel. 099 5 25 18 09* ⏲ *Sommer* 📍 *43.070261, 17.420508 (Beach Bar Parić), 43.070237, 17.420781 (Paddle Surf), 43.074996, 17.419239 (Beach Bar Capitano)*

Kiten in lässiger Atmosphäre

3 Kitesurfen an der Neretva-Mündung Kominsko ušće bei Ploče

Eingebettet in die unberührte Natur bei Ploče wartet die Neretva-Mündung darauf, von Kitesurfing-Begeisterten entdeckt zu werden. Ein Ort, an dem sich entspannte Einheimische und Kite-Gäste der Leidenschaft für Wind und Wasser hingeben. Hier gibt's kein Chichi – nur endlosen Himmel, klare Luft, viel Sand und die Freiheit des Sports. Während du über das Flachwasser gleitest, genießt du den beeindruckenden Panoramablick auf die Halbinsel Pelješac, die wie ein schlafender Drache im Meer wirkt. SUP-Boards sind hier auch unterwegs. **Insider-Tipp** Camper kommen mit ihren WoMos, chillen in einer der beiden Strandbars und genießen die nette Atmosphäre – fernab der Touristenströme.

ℹ *Mit dem Auto oder Fahrrad ab Ploče über die Brücke Rogotinski most, auf dem Neretva-Damm bis zum Ende fahren; parken auf dem Damm* ⏲ *Am besten bei Badewetter* ⚙ *Im Sommer gibt es zwei Bars, sonst Wasser und Snacks mitnehmen* 📍 *43.020179, 17.451387*

HALBINSEL PELJEŠAC

Ein Päuschen unterm Olivenbaum

4 Einfache Rundwanderung auf dem Olivenölweg von Trpanj zur Bucht Velika Prapratna, 7 km, 2 Std.

Du liebst gutes Olivenöl und willst wissen, wo es herkommt? Dann schnür deine Wanderschuhe und folge dem Olivenölweg rund um Trpanj

Die Halbinsel Pelješac ist für ihre Weinberge bekannt

(Trpanjski putevi maslinovog ulja). Keine Angst vor Höhenmetern: Die Route ist angenehm flach, stellenweise jedoch ein wenig zugewachsen. Entlang des Weges erwarten dich sehr alte Olivenbäume und traditionelle Trockenmauern. Und wenn du deine Beine mal ausstrecken möchtest, gibt's unterwegs Steinbänke: perfekt für eine Verschnaufpause und um die faszinierende Mischung aus Oliven, Stein und Natur zu genießen.

Mit dem Auto bis Campingplatz Vrila, von dort nach Osten zur Bucht Velika Prapratna und zurück | Infotafeln unterwegs | Tour auf peljesacoutdoor.hr (Walking Trail 04) Frühjahr bis Herbst 43.003347, 17.285142

Auf Napoleons Pfaden

5 Einfache Wanderung auf dem Napoleonski put Pelješac von Ston nach Ponikve, 6 km (einfach), 2,5 Std.

Lust auf Wein und Wandern? Auf der Halbinsel Pelješac passt das zusammen wie Korken und Flasche. Starte die Wanderung im Salinenstädtchen Ston, über den historischen Napoleonweg (Napoleonski put) kommst du ins Weindörfchen Ponikve. Der alte Weg wurde restauriert, auch Radfahrfans sind hier unterwegs. Unterwegs genießt du einen Ausblick auf die kargen, steinigen Böden, die einige der besten dalmatinischen Weine hervorbringen, wie den schweren Dingač oder Posip. **Insider-Tipp** Als Extra gibt's in Ponikve ein kleines Weinmuseum und die Möglichkeit, den vorzüglichen Plavac mali beim Winzer zu verkosten *(milos.hr)*. Falls du in der Dämmerung, früh oder spät, unterwegs bist, kannst du sogar Goldschakale entdecken, die durch die Weinberge von Pelješac streifen. Lust auf den gesamten Napoleonweg? Der ist 61 km lang und führt von Ston nach Orebić.

An den Salinen stadtauswärts laufen, kurz hinter der Kirche Sv. Nuncijate links, bei Sv. Mihovil rechts halten, über Velika Crnjava, Mala Crnjava, Brjestovci, Gornje selo nach Ponikve | Bus ab Dubrovnik oder Orebić | Mit dem Auto bis Ston, dort großer Parkplatz (Gebühr) | Wegweiser an der Brücke Sumića most beachten (rote Route) und am besten fotografieren! April–Okt. 42.837203, 17.696332 (Parkplatz)

Mit ein wenig Glück trifft man auf der Halbinsel Pelješac auf Wildpferde

In Viganj bei Orebić gibt es Wind zum Surfen bis spät in den Herbst

Ab auf den Berg

6 Anspruchsvolle Wanderung auf der Halbinsel Pelješac von Orebić auf den Sveti Ilija, 15 km, 6 Std., kürzere Variante zum Franziskanerkloster 6 km, 2 Std.

Vom Küstenstreifen direkt in luftige Höhen: Der Berg Sveti Ilija ist die Top-Wanderdestination auf der Halbinsel Pelješac. Diese Tour fordert dich mit 15 km und rund sechs Stunden Gehzeit. Oben angelangt, belohnt dich eine spektakuläre Aussicht auf die Insel Korčula. **Insider-Tipp** Kürzer, aber nicht weniger reizvoll ist die Rundwanderung vom Hafen in Orebić zum Franziskanerkloster. Nur 300 hm sind zu überwinden, etwa vergleichbar mit dem Aufstieg zum Eiffelturm. Die Route nimmt circa 2 Std. in Anspruch und bietet ebenfalls grandiose Aussichten. Das Kloster hat täglich geöffnet, allerdings mit einer längeren Mittagspause.

Mit dem Auto bis Orebić, am Hafen parken | Frühjahr bis Herbst | 42.977865, 17.153635 (Kloster), 42.996420, 17.159430 (Gipfel Sveti Ilija) | Download GPX-Track

Surfspot mit lässiger Atmosphäre

7 Wind- und Kitesurfen in Viganj

Konstanter Wind, weite Strände und Campingplätze gleich ums Eck – Viganj bei Orebić ist der Hotspot fürs Kite- und Windsurfen. Auf der Halbinsel Pelješac ist der Wind so verlässlich wie ein Schweizer Uhrwerk, ideal für Pros und Newbies. Der schöne Strand plus Panoramablick auf die Insel Korčula gegenüber runden das Paket ab. Bring deine eigene Ausrüstung mit oder leih sie dir bei den drei Hauptstationen. Wer denkt, die Nebensaison wäre lau, hat sich getäuscht: Der Wind bläst dann sogar noch heftiger, allerdings ist das eher was für die Profis. Lust auf was Neues? Dann ab ans Wingfoiling, das ist eine Mischung aus Windsurfen und Foiling: Ein Hydrofoil-Flügel hebt das Board aus dem Wasser, reduziert Reibung und ermöglicht dadurch mehr Speed!

Mit dem Auto nach Viganj, Einstieg bei den Landzungen am Südende | Kitestation Liberan (Verleih beim Campingplatz Anthony), liberansurf.eu, Water Donkey (zwischen Campingplatz Ponta und Camping Maestral), windsurfing-kitesurfing-viganj.com oder Juta Wind Adventures (westl. der Landzunge), wind-adventures.eu | €€€ | Ende April – Ende Okt., Profis auch länger | 42.978906, 17.103633 (Strand Sveti Liberan)

Wer die Ćiro-Bahntrasse ganz nach Süden radelt, kommt zur Festung Sokol, an der Grenze zu Montenegro

Unterwegs auf der grünen Halbinsel Lapad

RUND UM DUBROVNIK

Dubrovniks grüne Lunge

8 **Spaziergang auf der Halbinsel Lapad auf den Gipfel Velika Petka, 5,5 km, 2 Std.**

Entdecke die weniger bekannte Seite Dubrovniks auf der grünen Halbinsel Lapad. Ein Spaziergang durch den duftenden Pinienwald führt auf die Bergkuppe Velika Petka, 192 m hoch. Unterwegs erlebst du die grüne Seite der Stadt. Ob bei Sonnenaufgang oder Sonnenuntergang, der Ausblick oberhalb der Klippen ist atemberaubend: Das glitzernde Meer, die malerische Altstadt und die Elafitischen Inseln bilden eine traumhafte Kulisse. Nach der Wanderung lockt der Halbinselabschnitt Babin kuk, bekannt für seine Hotels, mit seinen feinen Kiesstränden und felsigen Buchten – der perfekte Ort, um einen wunderbar sonnigen Tag mit einem erfrischenden Bad in der Adria ausklingen zu lassen.

Start des Aufstiegs zum Velika Petka beim Palace Hotel in der Uvala Lapad | Endhaltestelle Bus 4 (ab Pile) Frühjahr bis Herbst 42.653689, 18.109167

Auf der alten Bahntrasse radeln

9 **Mittelschwere Rad-Rundtour auf der alten Ćiro-Bahntrasse ab Dubrovnik, 19 km, 2 Std.**

Die legendäre Eisenbahnstrecke Ćiro ist zwar seit 1976 stillgelegt – aber der Fahrrad- und Wanderweg Ćiro ist frischer denn je! Auf 157 km cruist man an vergessenen Bahnhöfen vorbei, überquert spektakuläre Brücken und düst durch alte Tunnel. Wenn du ein kleines Stück Ćiro-Trasse schnuppern willst, starte am Hafen Gruž in Dubrovnik, folge dem Uferweg nach Norden und biege unterhalb der Tuđman-Spannbogenbrücke ins Tal der Ombla ein. Am Ende der Schlucht geht es bergauf, bis zum Grenzübergang Gornji Brgat – dann aber auf einer Nebenstraße nach Dubrovnik zurück.

Fern- und Stadtbusse stoppen am Hafen Gruž, westl. der Altstadt von Dubrovnik (Start) | Mit dem Auto bis Hafen Dubrovnik-Gruž, Parkplätze (Gebühr) | Fahrradverleih bei bikingcroatia.com | Geführte Touren, 3 Std., du-tour.com/tour/giro-de-ciro, €€€ | Infos und Karte auf ciro-trail.com Frühjahr bis Herbst 42.663427, 18.083089 (Start) Download GPX-Track

Paddeln, wo „Game of Thrones"-Fans hinpilgern: Festung Lovrijenac in Dubrovnik

Kajak-Kick in Dubrovnik

10 Seekajak-Tour vor Dubrovnik

Eine neue Perspektive auf Dubrovnik gefällig? Dann ab ins Seekajak! Startpunkt ist der malerische Strand Šulić, direkt unter dem Pile-Tor, wo dir ein Guide die Grundlagen vermittelt. Paddelnd erreichst du die Insel Lokrum, umgeben von kristallklarem Wasser – atemberaubende Ausblicke sind sicher! Für Abenteuerlustige bietet sich die Betina-Höhle an, ein verstecktes Juwel, nur vom Meer aus zugänglich. Bei dem Trip siehst du Dubrovnik von seiner schönsten Seite. Bei den geführten Touren gibt's auch eine Erholungspause zum Schwimmen und Schnorcheln. **Insider-Tipp** Für romantische Menschen ist die Sonnenuntergangstour ein Muss – sie verleiht deinem Abenteuer eine extra Portion Zauber, wenn die Sonne ins Meer eintaucht und den Himmel magisch rot färbt.

Plaža Šulić, westl. des Pile-Tors | Seekajak-Tour bei verschiedenen Anbietern, z. B. X-Adventure, kayak-dubrovnik.com | €€€ Sommer Sonnenhut, Sonnenbrille, Badesachen 42.641739, 18.103719 (Start Plaža Šulić)

Mein schöner Garten

11 Spaziergang durch das Arboretum Trsteno, 1–2 Std.

Lust auf einen grünen Trip in die Vergangenheit? Dann nichts wie ab zum Arboretum in Trsteno, gerade mal 18 km von Dubrovnik entfernt. Die beiden Bäume am Eingang sind so riesig, die könnten Geschichten erzählen! Seefahrer haben vor über 500 Jahren den Garten mit internationalen Pflanzenschätzen wie Palmen, Feigen und Bougainvillea bestückt. Aber halt, da gibt's auch noch Kunst! Ein Neptunbrunnen und eine Grotte machen das Grünzeug erst richtig schick. Seit „Game of Thrones" hier gedreht wurde, ist der Garten übrigens ein echter Publikumsmagnet. Und wenn du genug von Flora und Fantasy hast? Pack die Badehose ein! Unterhalb der Steilküste kannst du herrlich baden und schnorcheln – und das vor einer traumhaften Kulisse.

Regionalbusse ab/bis Dubrovnik (30 Min.) | Mit dem Auto bis Arboretum Trsteno, 18 km nordwestl. von Dubrovnik, Parkplätze davor | € Ganzjährig geöffnet 42.714044, 17.978673 (Eingang)

Stolz ist er ja schon, der Neptun auf seinem Brunnen in Trsteno

Ein magischer Traumstrand auf einer kleinen Insel: Šunj auf Lopud

DUBROVNIKS INSELN

Von Hafen zu Hafen wandern

12 Einfache Wanderung von Suđurađ nach Šipanska luka auf der Insel Šipan, 7 km, 2 Std.
Mach dich bereit für eine entspannte Wanderung über die Insel Šipan, ein echtes Naturparadies im Elafiten-Archipel. Die Route führt von einem Fährhafen zum anderen: von Suđurađ nach Šipanska luka. Unterwegs entdeckst du, warum Šipan für seine Olivenbäume bekannt ist – hier gibt's nämlich mehr pro Einwohner als irgendwo sonst in der Region. Aber nicht nur das: Grüne Weinberge und altehrwürdige Renaissance-Villen wie der Rektorenpalast säumen deinen Weg. Und die Aussichten? Einfach grandios! Die Jadrolinija-Fähre bringt dich für ein paar Euro zur Insel und wieder zurück. Also, Schnürsenkel binden und los geht's!
Anreise mit der Fähre ab Dubrovnik-Gruž, Fährzeiten auf jadrolinija.hr *Frühjahr bis Herbst* *42.710881, 17.911169 (Start Mole in Suđurađ), 42.729148, 17.860492 (Ziel Mole in Šipanska luka)*

In der Hängematte chillen

13 Spaziergang auf der Insel Lopud vom Hafen an den Strand Šunj, 2 km, 45 Min.
Lopud, diese kleine, autofreie Insel im Elafiten-Archipel, ist perfekt zum Runterkommen. Nachdem du am Hafen angekommen bist, geht's los: entlang der Küste, vorbei an Ufercafés, wo das Leben gemächlich pulsiert. Der Spaziergang führt durch einen Park, vorbei an stolzen Zypressen, und dann über einen Hügel – die Aussicht hier oben ist einfach klasse. Am Ziel wartet der Strand Šunj, fast einen Kilometer lang und im Südosten der Insel, berühmt für sein seichtes Wasser, perfekt für einen entspannten Tag mit der Familie. Am Strand gibt's zwei Lokale für den kleinen Hunger. **Insider-Tipp** Wenn du mal richtig relaxen willst: Im Rajski kutak („Paradieseck") Bindo, einem Familienbetrieb, gibt's nicht nur leckeres Essen, sondern auch Hängematten unter Bäumen (Facebook: RajskiKutakBindo). Du magst es bequem? Dann schnapp dir einen Golf-Caddy, der dich zurück zum Fähranleger bringt.
Anreise mit der Fähre ab Dubrovnik-Gruž, jadrolinija.hr | Parkplätze am Hafen Dubrovnik-Gruž | € | Golf-Caddys im Hafen verfügbar *Sommer* *42.690571, 17.941293 (Lopud-Hafen), 42.679516, 17.951572 (Šunj)*

Dubrovniks Hausinsel Lokrum ist ein grünes Paradies

In die Grotte schwimmen

14 Tagesausflug auf die Insel Koločep

Eine kleine, straßenlose Insel mit zwei Namen: Das ist Koločep, auch Kalmota genannt. Eine Oase der Ruhe, ohne Lärm – nur eine halbe Stunde von Dubrovnik entfernt und ebenfalls günstig an die staatliche Fähre angebunden. Die Insel ist so klein, dass du sie zu Fuß erkunden kannst – Autos gibt es ohnehin nicht. Zwei bewohnte Dörfchen gibt es, Gornje Čelo und Donje Čelo. Du kannst durch dichte Kiefernwälder laufen, kommst an Oliven- und Zitrusbäumen sowie ein paar Kirchenruinen vorbei. Wenn du mit Kindern unterwegs bist, findest du nur ein paar Fußminuten von der Mole entfernt einen kleinen Sandstrand, Ingalo. Dort wird gechillt. Die Blaue Grotte (Modra špilja) erreicht man mit einem Ausflugsboot. **Insider-Tipp** Badesachen mitnehmen, denn du musst reinschwimmen – das ist der einzige Weg. Die Grotte ist deutlich kleiner als die gleichnamige auf Biševo – und nur für sehr gute Schwimmer geeignet.

Anreise mit der Fähre mehrmals tgl. ab Dubrovnik, jadrolinija.hr | Parkplätze am Hafen Dubrovnik-Gruž | € Mai–Okt. 42.663589, 18.016348

Im Fantasy-Reich lila Höhlen erkunden

15 Halbtagesausflug auf die Insel Lokrum vor Dubrovnik

Nur ein Katzensprung von Dubrovnik und du bist auf Lokrum, der kleinen grünen Hausinsel der Stadt. Das Begrüßungskomitee? Ein paar frei herumstolzierende schillernde Pfauen! Schlendere durch den Botanischen Garten, vorbei an Kakteen und Palmen, bis du zum Highlight für alle Serienjunkies kommst: Eine Nachbildung des Eisernen Throns aus „Game of Thrones" wartet im alten Kloster, inklusive einer Mini-Ausstellung zu den Dreharbeiten. Aber das ist noch nicht alles! Nach dem obligatorischen Selfie geht es ab ins Solebad im nahe gelegenen Salzsee. Wer's freizügig mag, findet einen FKK-Strand und kann von dort weiter zur magischen Purpur-Höhle. Das Lila an den Wänden kommt vom Seegras! Der krönende Abschluss ist der Aufstieg zum Fort Royal in der Inselmitte, mit Wow-würdigem Blick auf Dubrovnik. Mehr geht wirklich nicht auf so kleinem Fleckchen Erde!

Alter Hafen (Stara luka) in Dubrovnik, am östl. Ende des Stradun | 10 Min. Bootsfahrt auf die Insel

Das Meštrović-Mausoleum in Cavtat lohnt einen Abstecher

Kroatiens Südzipfel ist gut bewehrt durch die Festung Prevlaka

Lokrum, €€€ Boot April–Okt., in der Hauptsaison ca. 30-Min.-Takt 42.625523, 18.122660 (Fähranleger)

RUND UM CAVTAT

Marmor im Schatten

16 Spaziergang auf der Halbinsel Rat in Cavtat, 3 km, 45 Min.

In Cavtat ist es herrlich grün! Folge der Uferpromenade bis zu den letzten Häusern, wo die Statue eines lesenden Mannes steht. Von hier aus umrundest du das schattig-grüne Kap der Halbinsel Rat. Begleitet vom Duft der Kiefern führt dich der Weg zu einem Strand mit einer einladenden Bar – perfekt für eine kleine Pause. Weiter geht es durch den Wald und dann hinauf zum Friedhof. Hier findet man das Mausoleum der Familie Račić, ein Meisterwerk des berühmten kroatischen Bildhauers Ivan Meštrović. Nimm dir einen Moment Zeit, um die feinen Details dieses Kunstwerks zu bewundern. Wirf auch einen Blick ins Innere (kleiner Einritt)! Der Rückweg führt hinunter, zurück zur Promenade.

Bus oder Schnellboot ab Dubrovnik | Parken am Hafen | € (Eintritt Mausoleum) Mausoleum April–Okt., Mo–Sa 42.584792, 18.213816 (Maulsoleum) Download GPX-Track

Ein Stück Mega-Trail erleben

17 Spaziergang an die Südspitze Kroatiens, 1 Std.

Bist du bereit für ein kleines Abenteuer auf einem der längsten Wanderwege Europas? Der „Via Dinarica", ein Fernwanderweg, der sich über 2000 km von Slowenien bis Albanien erstreckt, führt auch auf drei Wanderstrecken (blau, gelb, weiß auf der Karte) durch Kroatien. Auf der Halbinsel Prevlaka, dem südlichsten Zipfel des kroatischen Festlandes, kannst du einen Teil dieses Mega-Trails erleben. Starte am ruhigen Felsstrand Vitaljina, wo auch eine lässige Beach Bar zum Verweilen einlädt. Park dein Auto dort und folge dem schattenlosen Pfad zur Spitze Punta Oštro. Unterwegs siehst du die alte K.u.k.-Festung Prevlaka und einen verlassenen Bunker auf der anderen Seite der Halbinsel. An der Spitze genießt du den Blick

Das schönste Glück auf Erden ... findet man u. a. in der Region Konavle

Bei der Radtour nach Čilipi sieht man alte Steinhäuser im Konavle

direkt nach Montenegro und auf die ehemalige Gefängnisinsel Mamula. **Insider-Tipp** Falls dir dieser Abschnitt des Trails gefällt, gibt's die coole Möglichkeit einer Patenschaft für ein Stück der Via Dinarica. Mit deiner Spende hilfst du, „deinen" Wegabschnitt in Schuss zu halten.

Mit dem Auto nach Prevlaka, über die Adriamagistrale (D 8) zur letzten Ausfahrt vor dem Grenzübergang Vitaljina | Karte des Fernwanderwegs auf viadinarica.com Ganzjährig 42.406201, 18.510828 (Beach Bar Vitaljina), 42.392743, 18.532713 (Punta Oštro)

Durchs Konavle pedalieren

18 Einfache Radtour von Cavtat nach Čilipi, 6 km, 30 Min. (einfach)

Alle aufsteigen! Nimm in Cavtat die Hauptausfahrt auf den Berg hinauf, aber Vorsicht, es wird steil. An der Georgskapelle vorbei, geht es so richtig los: Halte dich rechts auf der Straße Stjepana Radića, die sich bald in einen Holperweg verwandelt. Dafür erlebst du schöne Ausblicke und das authentische Flair der Region Konavle. Bei Močići drehst du rechts ab und gleich wieder links. Nach einer 6-km-Fahrt landest du in Čilipi. **Insider-Tipp** Wer das Glück hat, sonntags hier zu sein, bekommt Folkloretänze nach dem Kirchgang um 11:15 Uhr zu sehen. Für eine gemütliche Einkehr empfiehlt sich der Agrotourismus Kameni mlin in Čilipi *(kameni-mlin.com*, €€, nicht tägl. geöffnet). Für den Rückweg nimmst du die südliche Route, die dich entlang des Flughafens und fern der belebten Adriamagistrale (D 8) führt.

Bus oder Personenfähre ab Dubrovnik | Mit dem Auto nach Cavtat, Parkplatz neben dem Busbahnhof (Gebühr) | Radverleih über www.lovacrent.com | Karte „Biciklistička ruta Cavtat – Močići – Čilipi" bei der Tourist Information Cavtat oder visit.cavtat-konavle.com.de (> Angebot > Ausflüge und aktiver Urlaub) Frühjahr bis Herbst 42.581250, 18.218417 (Busbahnhof Cavtat)

Das schönste Glück auf Erden

19 Reitausflüge mit Kojan Koral in Radočići

Die Region Konavle, die sich zwischen Bergen und Meer erstreckt, kannst du prima bei einem

Zypressen säumen die 102 Stufen hinauf zur Kapelle bei Korčula

Palmen und eine Promenade: das Inselstädtchen Vela Luka

Reitausflug erleben. Die Gegend ist bekannt fürs Reiten, und egal ob du Profi oder Neuling bist – du findest hier deinen Ausflug. Ein Guide begleitet dich vier Stunden durch die Landschaft, es geht durch Olivenhaine, vorbei an Trockenmauern und antiken Ausgrabungen. Nach der Rückkehr bewirtet dich die Betreiberfamilie der Pferderanch mit selbst hergestelltem Wein und Sandwiches. Ganz entspannt kannst du dann deine Eindrücke teilen und dich austauschen.

Mit dem Auto nach Radočići bei Gruda, Abholung in Dubrovnik möglich | kojankoral.com | €€€ Geführte Reitausflüge Mo–Sa abends, 11 km, Frühjahr bis Herbst 42.515296, 18.336296

INSEL KORČULA

102 Stufen erklimmen

20 Spaziergang zur Zypressenallee mit der Kapelle Sveti Antun ab Korčula-Stadt, 4 km (hin/zurück), 1 Std.

Schnür deine bequemsten Schuhe und mach dich auf zu einem netten Spaziergang in Korčula. Dein Ziel? Der Hügel Glavica, oberhalb des Stadttrubels. Hier findest du eine Treppe, eingerahmt von hohen Zypressen – eine echte grüne Oase. Es sind genau 102 Stufen bis nach oben, aber zählen musst du sie nicht. Oben angekommen, hast du einen coolen Blick über das Meer, die Küste von Pelješac und die kleinen Inseln rund um Korčula. Und als kleines Extra gibt's die Kapelle Sveti Antun zu sehen. Ein schöner Ort für eine kurze Verschnaufpause.

Bus nach Korčula-Stadt | Parkplätze u. a. im Einkaufszentrum an der Stadtzufahrt | Geh am Hafen entlang, vorbei am Stadtpark (Gradski park), überquere die Umgehungsstraße (D 118) oberhalb von Korčula, halte dich links und biege in den Put Sv. Antuna ein. Kurz darauf startet rechts die Aleja Ćempresa Ganzjährig 42.944756, 17.143070 (Kapelle Sv. Antun)

In Vela Luka eine Runde drehen

21 Einfache Rundwanderung von Vela Luka zur Höhle Vela špilja, 4 km, 1 Std.

Ein Kunstwerk in ständiger Veränderung: So präsentiert sich die Hafenpromenade von Vela Luka am westlichen Zipfel von Korčula. Mehr als eine Million Mosaikstücke aus Granit und Kalkmarmor

Die Große Höhle ist zwar nicht riesig, aber einen kleinen Abstecher wert

zieren den Boden, und die kreative Oase wächst täglich – auch dank fleißiger Gäste. **Insider-Tipp** Hast du einen Lieblingsmenschen an deiner Seite? Dann nichts wie hin zum „Kissing-Spot"! Vier verspielte Fußabdrücke zeigen, wo's langgeht. Wer sich für Geschichte interessiert, steigt bei der Apotheke die Gasse steil empor. Oben angekommen, hält man sich links und macht einen Abstecher zur Vela špilja (Große Höhle), einer steinzeitlichen Grotte. Ein kurzer Ausflug in die Vergangenheit, dann schlendert man durch Olivenhaine und im Bogen zurück nach Vela Luka.

Auto-/Personenfähre Split–Vela Luka (3 Std., ganzjährig) | Weg zur Grotte auf tzvelaluka.hr/de/vela-spila-1 | € Grotte nur im Sommer, Mo–Sa 42.963136, 16.717225 Download GPX-Track

Ahoi, Wasserratten!

22 Kieselbucht Plaža Pupnatska luka auf der Insel Korčula

Pupnatska luka wartet mit einem schönen Strand in einer Bucht auf, wo man es ganz entspannt unter der Sonne aushalten kann. Mehr Kies als Sand und eine hölzerne kleine Bar mit gekühlten Getränken. Bist du Burger-Fan? Das Restaurant vor Ort wird dich begeistern. Liege und Sonnenschirm

Korčula lockt mit Traumstränden – wie hier in Lumbarda

stehen zur Miete, aber pack deine Badeschuhe ein – der Kies kann ziemlich piksen. **Insider-Tipp** An der Südseite von Korčula gibt es wunderschöne Badebuchten!

Mit dem Auto ab Korčula (30 Min.), bei Pupnat zur Pupnatska luka abbiegen Am besten bei Badewetter 42.928689, 17.003535 (Parken), 42.928131, 17.002478 (Strand)

Paddelspaß vor der Küste

23 Kajaktour bei Lumbarda vor der Insel Korčula, ab 1 Std.

Im Meer vor Lumbarda auf Korčula ist das Unterwasser-Kino inklusive, und du sitzt in der ersten Reihe! Da schwimmt ein quirliger Fischschwarm direkt auf dich zu, dann unter dir entlang – unglaublich beeindruckend. Nur das Kajak trennt euch. Paddel zu versteckten Buchten, wo man sonst nicht hinkommt, oder ganz gemütlich zu den malerischen Inselchen Vrnik und Planjak. Gönne

Grün sieht man auf Mljet vom Aussichtspunkt Montokuc besonders gut

dir danach eine Auszeit an den in Kroatien so seltenen Sandstränden, die es rund um Lumbarda gibt. ℹ *Mit dem Auto bis Lumbarda-Hafen, dort Kajak-Verleih bei SeaAdventures, sea-adventures.com/kayak | € ⏱ Sommer 📍 42.922776, 17.172200 (Verleih)*

DIE INSELN MLJET UND LASTOVO

Ab zur Feuerwache hinauf

24 Einfache bis mittelschwere Wanderung im Nationalpark Mljet – von Goveđari auf den Berg Montokuc, ca. 5 km, 1,5 Std.

Start ist am Eingang in den Nationalpark Mljet, beim Dörfchen Goveđari. Du bist sofort mittendrin und dich erwartet eine lohnenswerte Wanderung auf den Montokuc. Auf nur 253 m Höhe thront die Feuerwache, von hier oben wirst du mit einem atemberaubenden Rundumpanorama belohnt – ein Blick, der bis nach Korčula und Lastovo schweift. Unter dir breiten sich die beiden Salzseen Veliko jezero und Malo jezero aus. Der letzte Abschnitt verlangt dir etwas ab, aber die Aussicht ist es wert. Auf dem Rückweg winkt der gleiche Pfad, mach einen Schlenker für neue Perspektiven.

ℹ *Nationalpark-Eingang in Goveđari, der Wegmarkierung „Montokuc" folgen | Katamaran Split/Dubrovnik – Pomena, von dort nach Goveđari (2 km) | Online-Tickets: np-mljet.hr | €€€ ⏱ Am schönsten bei Sonnenuntergang ⚙ Ausreichend Wasser mitnehmen 📍 42.778500, 17.368456 (Parkplatz), 42.772916, 17.383226 (Gipfel Montokuc) ✓ Download GPX-Track*

Herumdümpeln am Traumstrand

25 Plaža Limuni auf der Insel Mljet

Am Strand Limuni kannst du das Nichtstun perfekt praktizieren. Dort, im äußersten Südosten der Insel Mljet, stehst du im Wasser und es reicht dir überall in der malerischen Bucht grad mal bis zu den Knien. Hier findest du dein persönliches Chill-out-Areal. Der Weg zum Strand ist allerdings ein kleines Abenteuer für sich, er ist nämlich ziemlich schmal und holprig. Aber keine Sorge, genau deswegen wird's hier nie zu voll. Du kannst also in aller Ruhe das Wasser plätschern und die Vögel zwitschern hören – das ist der Soundtrack deines Tages. Und für die Kleinen? Perfekt, weil es nirgendwo schnell tief wird.

In der Unterwasserwelt von Lastovo sieht man Gorgonien, Riffe und Zackenbarsche

Jadrolinia-Fähre nach Sobra, mit dem Auto bis Saplunara (15 km), schmale Zufahrtsstraße und nur kleiner Parkplatz oberhalb des Strandes Bei Badewetter Wasser und Snacks mitnehmen, keine Toiletten 42.691293, 17.740902 (Strand), 42.690034, 17.738516 (Parkplatz)

Adrenalin-Kick beim Helden

26 Meereshöhle Odisejeva špilja

Bist du bereit, in die Fußstapfen eines mythischen Helden zu treten? Die Meereshöhle Odisejeva špilja auf der Insel Mljet ist genau der richtige Ort dafür. Laut Überlieferung verbrachte Odysseus hier ein paar Jahre mit der Nymphe Kalypso. **Insider-Tipp** Steh früh auf, um das morgendliche Lichtspektakel in der Höhle zu erleben – ein Anblick, der selbst Odysseus beeindruckt hätte! Bevor du in diese legendäre Welt der griechischen Antike eintauchst, heißt es: festes Schuhwerk schnüren und den felsigen Pfad hinabsteigen. Am Eingang der Höhle angekommen, wartet der ultimative Adrenalinschub: ein Sprung ins kühle Nass! Schwimme durch die geheimnisvolle Grotte, an deren Ende ein Seil für den Rückweg bereitliegt. Danach kannst du in der Bar entspannt in einer Hängematte liegen, ein kühles Getränk genießen und das Erlebnis Revue passieren lassen.

Mit dem Auto bis Babino polje, weiter zu Fuß Bei Badewetter 42.729598, 17.543797

Abtauchen zu Amphoren

27 Tauchen im Naturpark Lastovo

Lastovo, die größte Insel einer Gruppe, ist ein Tipp für Tauchfans. Die Unterwasserwelt um die 46 Eilande ist ein Traum: farbenfrohe Gorgonien, Steilwände und Riffe, die von Fischen umschwärmt werden. Aber das Highlight? Alte Amphoren und das Wrack eines Dampfschiffes, die am Meeresboden auf Neugierige warten. Du gleitest schwerelos zwischen diesen historischen Schätzen hindurch, umgeben von Zackenbarschen. Für den Unterwasser-Trip findest du in den Ortschaften Pasadur und Zaklopatica Tauchzentren, die dir alles Nötige bereitstellen.

Jadrolinija-Fähren ab Split und Dubrovnik auf die Insel Lastovo | pp-lastovo.hr | Tauchzentrum Ankora in Zaklopatica, lastovo-diving-ankora.com, und Ronilački raj in Pasadur, hotel-solitudo.com | €€€ Sommer 42.767066, 16.825974 (Pasadur)

HIMMELSGUCKER
SONNENSCHIMMER ODER MILCHSTRASSENFLIMMER?

28 Himmelskörper bestaunen auf Lastovo

Wenn die Sonne am Horizont von Lastovo im Meer versinkt und der Himmel in spektakulären Farbtönen erstrahlt, öffnet sich das Fenster zur Blauen Stunde – ein wunderbarer Zeitpunkt, um sich auf den Sternenhimmel einzustimmen. Lastovo ist nämlich so weit weg von hellen Städten, dass die Insel gerade auf dem Weg ist, als internationaler „Dark Sky Park" anerkannt zu werden. Komm zum Sunwatching und bleibe noch, bis die Milchstraße blitzt und funkelt. Ein Teleskop oder eine Sternerkennungs-App helfen dir weiter. Auf dem Heliodrom, dem Helikopterlandeplatz, triffst du andere Himmelsgucker, die sowohl die Sonne als auch die Sterne bestaunen. Mitte August, zur Nacht der „Tränen des hl. Laurentius" (Sveti Lovro), rechne mit einem beeindruckenden Meteoritenschauer!

Vom Fährhafen Ubli 4 km östl., Heliodrom (Heliport), Insel Lastovo *Frühjahr bis Herbst* *42.743403, 16.855856*

LOKALE SPEZIALITÄTEN

*UND WO DU SIE PROBIEREN KANNST

Austernbänke im geschützten Meeresarm bei Mali Ston

Erkunde Süddalmatiens kulinarische Vielfalt, von den berühmten Austern aus Ston bis zu den edlen Rotweinen von Pelješac. Genieße die handgemachten Žrnovski makaruni auf Korčula und lass dich von der süßen Rožata verzaubern – Gaumenfreuden, die den Geist der Adria widerspiegeln.

Austern von Ston

1 Stonske oštrige

Direkt aus den sauberen Gewässern der Bucht von Mali Ston, sind diese Austern (oštrige) ein Fest für die Sinne. Du solltest sie einfach pur genießen, nur mit einem Spritzer Zitrone, um ihre natürliche Salzigkeit und die Frische des Meeres herauszukitzeln. Legende oder Wahrheit, ihr Ruf als Aphrodisiakum lädt zum Probieren und Genießen ein!

ℹ *Im Hafen von Mali Ston gibt es vier Restaurants. Günstiger ist es in der* **Oyster Bar Bebek**, *einem Austern-Imbiss | Obala maršala Tita 1478, Mali Ston | €*

Kräftiger Rotwein von Pelješac

2 Dingač, Postup

Die sonnige Halbinsel Pelješac bündelt das Aroma Dalmatiens in ihren Rotweinen aus der autochthonen Rebsorte Plavac mali (Kleiner Blauer). Samtiger Dingač, Plavac mali und robuster Postup, geprägt von der sengenden Sonne und den kargen Hängen, spiegeln das tiefe Blau des Adriatischen Meeres wider.

ℹ *Erkunde diesen flüssigen Reichtum bei* **Grgić** *in Trstenik (grgic-vina.com), einem Weingut, das der berühmte kroatisch-amerikanische Winzer Miljenko (Mike) Grgić aufgebaut hat*

Nudeln von Korčula

3 Žrnovski makaruni

Diese traditionellen, handgerollten Nudeln von Korčula sind das kulinarische Erbe der Insel. Zu besonderen Anlässen serviert, offenbaren sie in Kombination mit einem rustikalen Ragout oder feiner Meeresfrüchtesauce ihre ganze Pracht.

ⓘ *Probieren kann man diese Spezialität in der wunderbaren* **Konoba Maslina** | *Lumbarajska ulica bb, Korčula* | *konoba-maslina-restaurant.business.site* | *€€*

Puddingdessert

4 🍴 Rožata

Die typische Süßspeise aus Süddalmatien ist der berühmten Französischen Crème Brûlée ähnlich – mit einem kroatischen Twist. Dieses cremige Dessert wird aus Milch, Eiern und Zucker hergestellt und erhält seinen so charakteristischen Geschmack durch den Zusatz von einigen Tropfen Rosenlikör, von dem sie ihren Namen hat (roža = Rose) – zum Niederknien gut!

ⓘ *Im Ausflugsrestaurant* **Konavoski Dvori Eco Green Restaurant** *kannst du die Köstlichkeit probieren* | *Ljuta bb, Ljuta* | *esculaprestaurants.com/restaurant-konavoski-dvori* | *€€€*

Einer für alles

5 🍴 Markt in Dubrovnik

Der Bauernmarkt in Dubrovnik ist ein Fest für die Sinne. Hier findest du alles, von frischem Obst und Gemüse bis hin zu lokalen, traditionellen Süßigkeiten wie Arancini, getrockneten Feigen und gezuckerten Mandeln oder Nüssen.

ⓘ *Gundulićeva poljana, Dubrovnik, Mo–Sa 7–18 Uhr* 📍 *42.640403, 18.109932*

Die sonnige Hanglage auf Pelješac sorgt für vorzügliche Rotweine

Gut zu wissen

Mächtige Wehrmauern umspannen das beliebte Reiseziel Dubrovnik

OHNE FLIEGER AN DIE KROATISCHE KÜSTE

Wenn Istrien oder Kvarner deine Ziele sind, bietet sich die Anreise mit dem Bus oder dem Zug nach Rijeka an.

DEINE ROUTE

1 Mit dem Nachtzug geht's im Sommer von Stuttgart über München nach Rijeka (ÖBB). Aus dem Osten Österreichs ist der Nachtzug von Bratislava nach Rijeka eine Option (RegioJet).

2 Wenn du tagsüber fahren willst, kommst du von Frankfurt a.M. oder Wien nach Ljubljana, dort steigst du in den Regionalzug nach Rijeka (3 Std.).

3 Ab Zürich hast du einen Nachtzug nach Zagreb, steigst aber schon in Ljubljana (12 Std.) in den Regionalzug nach Rijeka um (3 Std.).

DU WILLST NACH DALMATIEN?

Split ist der südlichste Bahnhof an der kroatischen Küste, nach Dubrovnik gibt es keine Zugverbindung.
Infos findest du unter bahn.de, oebb.at und sbb.ch.
Anbieterübergreifend arbeiten Trainline (thetrainline.com) und Rail Europe (raileurope.com) sowie, ohne Buchungsfunktion, Railcc (rail.cc).

HINKOMMEN

*VON D, A, CH

Mit Auto und Wohnmobil

Von Süddeutschland aus rollst du auf der Autobahn über Österreich (Salzburg, Villach) und Slowenien (Ljubljana), ab der Schweiz über Gotthard-Milano-Triest. Für Istriens Westküste hältst du dich in Richtung Koper, dann weiter nach Kroatien (Poreč, Pula). In Richtung Kvarner Bucht? Ab Postojna heißt es: Abfahrt nehmen und ein bisschen Landstraßenromantik genießen. Für Dalmatien bietet sich die Strecke über Karlovac an, alternativ die durchgehende Autobahn über Ljubljana und Zagreb. Vignette? Unverzichtbar für Österreich und Slowenien. Es gibt sie bei Automobilclubs, Tankstellen oder online. Achtung: Slowenien setzt nur noch auf E-Vignetten *(evinjeta.dars.si/selfcare/de)*. Tauern-, Katschberg- und Karawankentunnel in Österreich kosten Extra-Maut. In Kroatien ist die Maut abhängig von der Größe des Autos oder WoMos, bezahlt wird nach gefahrener Strecke, aber Änderungen sind im Gespräch!

Bus

Direkte Fernbusverbindungen von vielen Städten in Deutschland, Österreich und der Schweiz machen die Anreise nach Kroatien zum Kinderspiel. Zum Beispiel verbindet eine Linie Dortmund direkt mit Split (22 Std., *flixbus.de*). Günstig bekommst du Tickets auf Suchmaschinen wie *getbybus.com* und *rome2rio.com*.

Mit der Fähre

Auf dem Landweg nach Dalmatien? Dann ist die Fähre ab Italien eine Option. Mit der Bahn geht es nach Ancona, dort steigst du direkt auf die Fähre nach Zadar oder Split um. Von Bari aus erreichst du Dubrovnik *(jadrolinija.hr* oder *snav.it)*. Auch Venedig, mit dem Tag-/Nachtzug ab München erreichbar, bietet Anschluss: Mit der Fähre geht's weiter nach Poreč, Rovinj oder Pula *(venezialines.com)*. Ideal für Bahnreisende (z. B. Interrail), die einen Umweg nicht scheuen.

Vorsicht: Auf Kroatiens Straßen darf gehoppelt werden

Mit dem Flugzeug

Schnell und bequem erreichst du Kroatien per Flieger. In der Sommersaison bieten zahlreiche Airlines Direktflüge nach Pula, Rijeka/Krk, Zadar, Split und Dubrovnik an. Sogar die Insel Brač hat einmal wöchentlich eine direkte Anbindung an Zagreb.

Grün & fair reisen

Du willst beim Reisen deine CO_2-Bilanz im Hinterkopf behalten? Dann kannst du deine Emissionen kompensieren *(atmosfair.de; myclimate.org)*, deine Route umweltgerecht planen *(routerank.com)* oder auf Natur und Kultur *(gatetourismus.de)* achten. Mehr über ökologischen Tourismus erfährst du hier: *oete.de* (europaweit); *germanwatch.org* (weltweit).

VOR ORT UNTERWEGS

*ENTDECKE DIE MÖGLICHKEITEN

Vorortzug mit Nostalgie-Charme: Von Split kommt man damit rasch nach Kaštela

Mit dem Auto

Die Autobahnmaut in Kroatien wird nach gefahrener Strecke berechnet, ein neues System ist in Planung. Die Preise variieren je nach Fahrzeuggröße, WoMos kosten mehr als Pkw. Beachte: Einige Inseln sind autofrei. Strenge Parkregeln (z. B. auf Behindertenparkplätzen) beachten, sonst droht eine Wegfahrkralle. Strafzettel werden zum Teil auch ins Ausland verschickt. Tempolimits einhalten: 50 km/h innerorts, 90 km/h außerorts, 110 km/h auf Schnellstraße, 130 km/h auf Autobahnen; Alkoholverbot unter 25 Jahren strikt einhalten. Ersatz-Glühlampen nicht vergessen! E-Ladestationen gibt es an Autobahnen, Hotels und in Touristenorten – es werden immer mehr.

Mietwagen buchen

Mietwagen gibt es an allen kroatischen Flughäfen und oft auch in den Innenstädten. Reserviere jedoch unbedingt vorab! Online-Vergleichsportale bieten günstigere Tarife *(billiger-mietwagen.de* oder *mietwagen.check24.de)*. Eine Kreditkarte ist für die Anmietung erforderlich. Zusätzliche Gebühren für Newbies, Fährnutzung und Grenzübertritt werden fällig, Ausflüge auf Inseln oder z. B. nach Montenegro müssen vorher angekündigt werden.

Mit dem Mitfahrservice und Taxi

Bolt ist in Kroatien ein weit verbreiteter Mitfahrdienst für kurze Strecken *(bolt.eu)*. Cammeo ist eine günstige Taxioption in vielen Städten, bequem buchbar über deren App *(cammeo.hr)*.

Mit der Fähre

Die staatliche Reederei Jadrolinija *(www.jadrolinija.hr)* dominiert die Fährverbindungen. Wer mit dem Auto oder Fahrrad unterwegs ist, muss ein Trajekt buchen. Auf Katamaranen (Personenschnellbooten) sind keine Fahrzeuge zugelassen. Online-Ticketkauf empfohlen. Wichtige Häfen: Pula, Rijeka, Zadar, Šibenik, Split, Dubrovnik. Samstags früh am Hafen sein!

OHNE AUTO UNTERWEGS

MIT DEM BUS

Damit kommst du in fast jedes Dorf

Das Busnetz ist sehr dicht und bringt dich in fast jedes Dorf. Diese Anbieter solltest du zuerst checken: Arriva *(arriva.hr)* und Flixbus *(flixbus.de)* für längere Strecken, *getbybus.com* für die Routensuche. Rabatte gibt es für Kinder, Studierende und Rentner:innen, die App-Buchung kann ein wenig Preisnachlass bringen. Kleingeld für Gepäckgebühren beim Busfahrer oder bei der Busfahrerin bereithalten.

MIT DEM FAHRRAD

Nicht nur für Sportliche

Flexibel und schnell – Fahrradverleih gibt es in Städten und Urlaubsorten. E-Bikes sind auf hügeligen Inseln eine gute Option. Bike-Sharing geht in vielen Städten über *nextbike.hr.* Vorsicht auf der Adriamagistrale in der Hauptsaison, viel Verkehr – also lieber meiden! Ein Helm ist nicht Pflicht, aber empfehlenswert.

MIT DER BAHN

So klappt es zwischen großen Städten

Das Bahnnetz ist dünn. Aber: Es gibt tagsüber eine bequeme IC-Verbindung Zagreb-Split (6 Std., buchbar über *prodaja.hzpp.hr*) und im Sommer Nachtzüge. Für die Bahnstrecke Zagreb–Rijeka braucht man (noch) 4,5 Stunden. Kompliziert ist die Verbindung nach Pula. Regionalzüge gibt es von Split nach Knin. Ein Tipp ist die Strecke von Split in die Kaštela-Vororte. Die Trasse Šibenik–Split ist nur etwas für Geduldige.

PRAKTISCHE INFOS

*VON A–Z

Die meisten Campingplätze gibt es entlang der Küste, so wie das Kamp Glavotok auf Krk

In diesem Infokapitel findest du alles Wissenswerte für deinen Aufenthalt in Kroatien: Was ist wichtig, wenn du zum Essen gehst, worauf solltest du beim Einkaufen achten, wie verhält es sich mit dem Camping, wen kannst du im Notfall anrufen, wenn einmal nicht alles ganz rund läuft. Antworten auf diese und viele andere Fragen gibt es hier.

Allein unterwegs

Kroatien ist ein recht sicheres Pflaster, auch wenn du allein unterwegs bist. Solo-Reisende, besonders Frauen, können sich hier frei bewegen, auch fernab vom Trubel. Wie überall gilt jedoch: Augen auf bei den persönlichen Wertsachen und auf das Bauchgefühl hören!

Campen

Campen am Meer? Kroatien bietet zahlreiche Küsten-Campingplätze, viele mit Strandzugang. Die Preise und die Ausstattung variieren, Schnäppchen am Meer sind jedoch selten wie rosa Einhörner. Im Hinterland ist es günstiger. Die Saison startet oft zu Ostern, spätestens im Mai und endet in Istrien Ende September, während in Dalmatien noch im Oktober gecampt wird. Ganzjahresplätze sind Exoten, etwa in Split oder Mali Lošinj. Mobilheime sind begehrt – früh buchen lohnt sich.

Wildcampen ist verboten und wird streng geahndet. Die Ordnungshüter begrüßen dich gerne früh morgens mit einer Geldstrafe, wenn du mit deinem WoMo an der Adriamagistrale campst. Weitere Infos unter *camping.hr*.

Diplomatische Vertretungen

Deutsche Botschaft Zagreb
Ul. grada Vukovara 64, 10000 Zagreb | Tel. 01 6 30 01 00 | *zagreb.diplo.de*

Österreichische Botschaft Zagreb
Radnička cesta 80, 9. Stock (Zagreb Tower), 10000 Zagreb | Tel. 01 4 88 10 50 | *bmeia.gv.at/botschaft/zagreb.html*

Restaurants, Bars und Cafés: Alles da auf dem Trg Sv. Stjepana in Hvar-Stadt

Agroturismen locken mit kulinarischen Köstlichkeiten – natürlich homemade

Schweizerische Botschaft Zagreb
Ul. Augusta Cesarca 10, 10000 Zagreb | Tel. 01 4 87 88 00 | *eda.admin.ch*

Einkaufen

Beim Einkaufen in Kroatien lohnt sich der Blick über den Supermarkt-Regalrand hinaus. Aufgrund der 25 % Mehrwertsteuer sind viele Produkte teurer als daheim! Kulinarisches bekommst du auf lokalen Märkten oder direkt auf den Höfen. Damit zauberst du nicht nur frische, köstliche Produkte direkt in deinen Einkaufskorb, sondern unterstützt auch die lokale Wirtschaft. Wenn es um Mitbringsel geht, stehlen Liköre, Weine und Olivenöl allen die Show.

Essen und Trinken

Kaffee ist Kult in Kroatien – die „Caffe bar" ist Treffpunkt für stundenlangen Austausch bei einem Espresso, den man übrigens bekommt, wenn man einen „Kaffee" bestellt.
Insider-Tipp Agroturismen sind nicht nur familiäre Bauernhöfe, sondern kulinarische Erlebnisse. Dort genießt man Hausgemachtes wie Olivenöl und Käse. Anmeldung ist empfohlen, in Istrien gibt es die meisten Höfe.
In Restaurants (restoran) finden sich von Steaks bis zu hausgemachten Salate vielfältige Speisen. Ćevapčići, Grillgemüse und frischer Fisch, verfeinert mit Olivenöl, sind die Klassiker in Urlaubsorten. In einem Riblji restoran spezialisiert man sich auf Fisch, während Pizzerien mit ihren Klassikern vor allem für Vegetarier eine gute Auswahl servieren. Konobas bieten traditionelle Gerichte und regionale Weine in gemütlicher Atmosphäre.

Für Notfälle

Allgemeiner Notruf Tel. 112
Musst du einen Notruf absetzen, bleibe dabei ruhig und berichte:
- Wo ist es passiert?
- Was ist passiert?
- Wie viele Verletzte gibt es?
- Welche Verletzungen liegen vor?

Warte dann auf Rückfragen der Leitstelle, beende das Gespräch nicht unaufgefordert.

Pannenhilfe
vom Festnetz Tel. 19 87
vom Handy Tel. +385 1 19 87

Fruchtig frische Produkte gibt es auf dem Bauernmarkt in der Altstadt von Dubrovnik

Geld

Tschüss Kuna, hallo Euro! Seit dem Neujahrstag 2023 wird in Kroatien mit dem Euro bezahlt. Für die meisten Zahlungen in Hotels, Restaurants, Tankstellen oder Supermärkten reicht die Plastikkarte – ob Giro oder Kredit, das ist hier keine Frage. „Samo gotovina" heißt aber, dass nur Bargeld zählt.

Handy und Telefon

Das Handy-Netz in Kroatien ist top, nur auf Inseln oder abseits der Pfade kann's mal haken. Keine Sorge um Roaming-Kosten in der EU, aber Achtung an der Grenze zu Bosnien-Herzegowina oder Montenegro – da lauert manchmal ein fremdes Netz, und das kann teuer werden. Für Anrufe nach Kroatien tippst du die 00385 vor der Nummer, ohne die Ortsnull. Und falls du mal Heimweh hast: Für Deutschland wählst du die 0049, für Österreich die 0043 und die Schweiz die 0041.

Haustiere

In den meisten Unterkünften fällt für sie eine Extra-Gebühr an, frag zur Sicherheit immer vorher nach. Vierbeiner sind in den meisten Restaurants willkommen. Baden? Nur an ausgewiesenen Hundestränden. Ein Muss für die Reise: der EU-Heimtierausweis. Und achte darauf, dass dein Hund in den letzten sechs Monaten gegen Tollwut geimpft und gechipt wurde.

Märkte

Kroatiens Märkte sind ein Fest für die Sinne – frisches Obst und Gemüse, Marktgespräche und das Flair des lokalen Lebens. Täglich öffnen sie in Großstädten, während kleinere Orte oft nur einige Stände bieten. Highlights sind der Markt in Pula mit seiner K.u.k.-Architektur und die Jugendstil-Hallen von Rijeka. In Zadar und Šibenik ist die Auswahl groß, in Split am größten. Auch für regionale Delikatessen wie Liköre und Olivenöl ist der Grünmarkt die richtige Adresse. **Insider-Tipp** Arancini, getrocknete Orangenschalen, sind in Dubrovnik der Renner.

Medien

In Kroatien bleibst du auf dem Laufenden: Der kroatische Rundfunk HRT versorgt dich mit Nachrichten

DRAUSSEN UNTERWEGS MIT KINDERN

Lieblingstouren
Touren entlang von Bächen oder kleinen Seen sind wunderbar. Wenn's heiß ist, können alle ihre Füße kühlen, Rindenschiffchen bauen oder flache Steinchen hüpfen lassen.

Mit allen Sinnen
Eine süße Blume und ein herbes Kraut riechen, Moos und Steinchen barfuß spüren, mit geschlossenen Augen das Knacken und Rascheln hören, mit Lupe oder Fernglas Tiere beobachten: Ein Naturspaziergang ist für Kinder wie ein toller Sinnespfad.

Wie weit mit Kids?
Wie lang darf eine Wanderstrecke mit Kindern sein? Als grobe Orientierung nennt der Deutsche Wanderverband: das Lebensalter mal 1,5 nehmen. Eine Siebenjährige könnte danach 10,5 km schaffen, einen Kilometer je 100 Höhenmeter abziehen. Als Zeitbedarf plane die doppelte Zeit ein, die für erwachsene Wanderer angegeben wird.

Notausstieg
Wähle Wanderrouten aus, die du leicht abkürzen kannst – je nach Kondition und Stimmung. Beziehe bei der Vorbereitung einer Tour die Kinder unbedingt mit ein: gemeinsam die richtige Wanderkarte auswählen und unterwegs zusammen gucken, wie der Weg weitergeht.

Lesefutter
Toll illustrierte Kinderbücher über Pflanzen, Tiere, Gewässer und Gebirge machen Lust auf den Naturausflug. Der passende Band wandert mit – damit es noch mehr zum Entdecken gibt.

Abenteuer am Wegesrand
Wohnt ein Räuberhauptmann in der Burgruine? Und sind hier wirklich Steinzeitjäger an den Felsklippen entlanggeschlichen? Wähle Wanderrouten aus, die an besonderen Orten vorbeiführen. Kleine Geschichten machen sie für den Nachwuchs zu spannenden Abenteuerplätzen.

Der Hitze entkommen
Vor allem mit kleineren Kindern kann sehr heißes Sommerwetter richtig anstrengend sein. Wenn mal alle nach einer Abkühlung lechzen: Macht doch einfach einen Tagesausflug in die Berge. Ein Picknick im Wald, ein kühler Bergbach – und der Tag ist gerettet. Richtwert: Pro 100 Höhenmeter ist es ca. ein Grad kühler.

Matschverhüterli
Große, stabile Mülltüten sollte man als Eltern immer im Auto haben. Warum? Kinder sind mobil und immer gerne dort unterwegs, wo es spannend und oft auch schmutzig ist, zum Beispiel im Matsch. Aber sooo ins Auto? Kein Problem: Steck dein Kind vor der Weiterfahrt einfach bis zur Taille in die Tüte und der (Miet-)Wagen bleibt sauber.

RUCKSACK-APOTHEKE

Wer draußen unterwegs ist, sollte immer ein Erste-Hilfe-Set dabei haben. Und natürlich solltest du wissen, wie du Binden und Kompressen anwendest – ein Erste-Hilfe-Kurs schadet nie.

Sei auf Notfälle vorbereitet

- Pflaster (zum Abschneiden) für kleine und größere Schürf- und Schnittwunden
- Blasenpflaster
- Mullbinden und Kompressen zum Abdecken von Wunden
- Dreieckstücher zum Ruhigstellen von Gelenken bei Brüchen
- Desinfektionsmittel
- Allergiemittel
- Schmerztabletten
- Wundheilsalbe
- Insektenschutz
- Verbandschere
- Pinzette
- Einmalhandschuhe
- Rettungsdecke als Schutz vor Unterkühlung
- Kältekompresse
- Signalpfeife
- Zeckenzange

Schon gewusst?

Im Notfall kannst du drei Minuten ohne Sauerstoff, drei Tage ohne Wasser, drei Wochen ohne Nahrung – aber nur drei Stunden ohne Schutz vor Wind, Nässe und Kälte aushalten. Hab also auch immer Kleidung für alle Eventualitäten im Rucksack.

in deutscher Sprache *(glashrvatske.hrt.hr/de)*. Auf HR2 bekommst du während der Ferienzeit sogar stündliche Verkehrs-Updates auf Deutsch. Lust auf mehr Infos? Stöber auf *kroatien-nachrichten.de* oder schnapp dir News auf Englisch bei *total-croatia-news.com*. Filme? Laufen im TV im Original mit Untertiteln.

Medizinische Versorgung

Die medizinische Versorgung entlang Kroatiens Küste ist solide, mit Krankenhäusern in Großstädten und Ambulanzen auf Inseln – die oft nur stundenweise besetzt sind. In Ferienanlagen und auf großen Campingplätzen gibt es auch ärztliche Hilfe. Das Personal spricht oft Englisch oder Deutsch, und Apotheken (ljekarna) sind weit verbreitet. Die EHIC-Karte sichert eine kostenlose Behandlung, sie ist auf der Rückseite deiner Plastikkarte der gesetzlichen Krankenkasse aufgedruckt; bei Privatbehandlung zahlst du erst selbst und reichst die Rechnung zu Hause ein. Eine extra Reise-Krankenversicherung empfiehlt sich, etwa für den Rücktransport im Notfall.

Notrufe

Hilfe im Notfall („Euro-Notruf"): Tel. 112 (Polizei, Feuerwehr, Krankenwagen, Seenotrettung)
Pannenhilfe: Tel. 1987
ADAC Auslandsnotruf: 0049 89 22 22 22, auch über die ADAC Pannenhilfe App oder die Pannenhilfe Online *(adac.de)*

Öffnungszeiten

Wenn du in Kroatien auf Souvenirjagd gehst oder der Magen knurrt, sind die Supermärkte meist von frühmorgens bis 20 Uhr am Abend auf, und die großen Supermärkte halten ihre Türen bis 22 Uhr offen – auch sonntags, besonders im Sommer. Und wenn dein Auto nach Treibstoff lechzt, keine Sorge: An den Autobahnen versorgen dich Tankstellen rund um die Uhr, und auch in den Städten findest du oft bis spät in die Nacht geöffnete Zapfsäulen.

Austern kommen in Ston auf der Halbinsel Pelješac frisch aus dem Wasser

Die Altstadt von Korčula mit der schönen Promenade erstreckt sich auf einer Halbinsel

Post

Willst du Grüße aus Kroatien verschicken? Schnapp dir Briefmarken bei der Hrvatska pošta oder am nächsten Kiosk. Deine Postkarte braucht rund eine Woche bis ins europäische Ausland. Für das Porto wirf am besten einen Blick auf *posta.hr* – da findest du alle Infos auch auf Englisch.

Preise

Kroatien kann das Portemonnaie schon mal herausfordern, vor allem seit der Euro das Ruder übernommen hat und erst recht in touristischen Orten. Aber verlass die ausgetretenen Pfade an der Küste und du wirst feststellen, dass das Preisniveau durchaus angenehm sein kann – sogar günstiger als in Deutschland! Beim Tanken hilft die staatliche Preisregulierung, dein Budget zu schonen, und für die Erkundungstouren sind die öffentlichen Verkehrsmittel eine Sparoption. Doch im Hochsommer? Da schnellen die Kosten fürs Übernachten stark in die Höhe. Das gilt auch für Parkgebühren und Eintrittsgelder: Wenn's um berühmte Orte wie die Nationalparks Plitwitzer Seen und Krka oder die altehrwürdige Stadtmauer von Dubrovnik geht, dann rechne mit Sommerpreisen von 35–40 Euro fürs Ticket!

Restaurantbesuch

In kroatischen Restaurants wird fürs Gedeck üblicherweise keine Extra-Gebühr erhoben. Bargeld ist in kleineren Lokalen oft unerlässlich. In den Sommermonaten ist eine Tischreservierung überall ratsam. **Insider-Tipp** Für Peka-Gerichte oder das Essen in einem Agroturizam plant man besser einen Tag Vorlauf für die Reservierung ein. Die Betriebszeiten der Restaurants reichen meist von 11 bis 23 Uhr,

Was kostet wie viel?

Espresso 1,50–2,50 €
Karaffe Hauswein 2,50–5 € (0,25 l)
Glas Bier 2,50–5 €
Pizza Margarita 7–10 €
Liegestuhl 10–20 €
Liter Super 1,70 €
Bus für 100 km Überlandfahrt 7–8 €
Stadtmauer Dubrovnik 35 € (Saison)

oft mit einer Mittagspause. Im Winter sind die Öffnungszeiten eingeschränkt. **Insider-Tipp** Manche Lokale öffnen dann nur am Wochenende oder schließen von November bis Ostern komplett.

Toiletten

Keine Sorge, die Suche nach einer Toilette ist unkompliziert: Ob „toilet" oder „WC", die Wege zu den stillen Örtchen in Kroatien sind klar beschildert. Achte einfach auf „ženski" für die Damen und „muški" für die Herren.

Tourist-Information

Kroatische Zentrale für Tourismus: *croatia.hr*
Istrien: *istra.hr*
Kvarner Bucht: *kvarner.hr*
Region Zadar: *zadar.hr*
Region Šibenik: *visit-sibenik.eu*
Region Mitteldalmatien/Split: *dalmatia.hr*
Region Dubrovnik: *visitdubrovnik.hr*

Trinkgeld

In Kroatien freuen sich die Bedienungen über ein Trinkgeld von 5 bis 10 % – das ist gute Sitte. Auch wer Taxi fährt, die Koffer trägt und das Housekeeping macht, sieht eine kleine Anerkennung gern. Ein paar Münzen zaubern ein Lächeln ins Gesicht.

Zeitzone

Kroatien ist in der gleichen Zeitzone wie Deutschland, Österreich und die Schweiz: MEZ. Kein Jetlag, kein Stress, kein Uhrumstellen.

Zoll

Bei Reisen innerhalb der EU kannst du Waren für den Eigenbedarf zollfrei mitführen. Aber Achtung, es gibt Limits wie maximal 800 Stück Zigaretten. Hilfreiche Apps: für Deutschland die „Zoll- und Reise-App" *(zoll.de)*, für Österreich die BMF-App *(oesterreich.gv.at)* und für die Schweiz „QuickZoll" *(bazg.admin.ch)*. Damit bist du auf der sicheren Seite.

Touristeninfos verraten dir Spots wie das Kliff Grpašak im Naturpark Telašćica

APPS & KARTEN FÜR DRAUSSEN

ERKENNE, WAS UM DICH IST

Apps für Naturfreunde

Geschafft! Der Gipfel ist erobert, die Rundsicht auf die Bergwelt der Hammer. Aber wie heißen die ganzen Spitzen, die da am Horizont in den Himmel piksen? Das verrät die App PeakFinder – einfach mit der Kamera in die gewünschte Richtung halten. Das Ganze gibt's übrigens auch für den Nachthimmel, Apps wie SkyMap oder SkyView sind wie ein Astronom für die Hosentasche, der dir das Weltall erklärt.
Für Pflanzen z. B. PlantNet, Flora incognita (v. a. für D) und iNaturalist, für Vogelstimmen NABU Vogelstimmen oder BirdNET.

SO KOMMST DU BESSER ANS ZIEL

Navi-Unterstützung für Aktive

Mit Apps wie Komoot, Maps 3D, GPSies oder von Runtastic wird dein Smartphone zum Navi, egal ob du zu Fuß oder auf zwei Rädern unterwegs bist. Google Maps funktioniert zwar auch, findet aber oft nur die Haupt- und nicht die schönen, verkehrslosen Nebenrouten. Zur Sicherheit solltest du immer eine Powerbank für eine Extraakkuladung im Gepäck haben, denn die GPS-Funktion des Smartphones ist energiehungrig.

ANALOG UNTERWEGS

Die passende Karte finden

Mist, der Akku des Smartphones ist leer. Nimm deshalb immer auch eine gute Karte deines Wandergebiets mit. Bist du in einem kleineren Gebiet unterwegs, ist der Maßstab 1: 25 000 perfekt, dann sind vier Zentimeter auf der Karte ein Kilometer im Gelände. Hast du eine Tour über größere Entfernungen vor, dann greif zum Maßstab 1:50 000. Zwei Zentimeter auf der Karte entsprechen dann einem Kilometer.

Auf der Karte kannst du übrigens auch sehen, wie steil das Gelände wird: Je enger die Höhenlinien – jene Linien, die dem Geländeverlauf folgen – liegen, desto steiler wird's. Bei einer 50 000er-Karte sind zwischen zwei Höhenlinien meist 20 m. Wenn dein Wanderweg einer Höhenlinie folgt, hast du Glück: Der Weg ist (relativ) eben.

OUTDOOR-EVENTS

*DURCHS JAHR

Traditionelle Glöckner gehören zum Karneval in Rijeka – mit Schaffellen, Tiermasken und Riesenglocken

In Kroatien ist das ganze Jahr über was los: Bei Outdoor-Events treffen sich Sport-, Musik-, Kino- und Theaterfans oder Gourmets. In der kühleren Jahreszeit locken Wein-, Adventsmärkte und Karneval unter freiem Himmel.

Februar

Karneval in Rijeka: Größter Karneval Kroatiens, mit Umzug, Kinder-Parade und Maskenball. *visitrijeka.hr*

März

Life on Mars-Trail, Insel Pag: Aufgrund des kargen Gesteins, das an den Mars erinnert, wurde dieser Trail so benannt. Für Wander- und Kletterfans ein Traum mit Distanzen von 7, 15, 24 km. *lifeonmarstrail.hr/utrka*

April

Zadar Outdoor-Festival: Hier kannst du dich in verschiedenen Disziplinen beim Trail-Running, im Kajak, auf dem SUP-Board oder dem Mountainbike messen. *zadaroutdoor.com*

Mai

Kletterfestival, Nationalpark Paklenica: Freikletterfans treffen sich, um die Steilwände zu bezwingen. Ein Super-Event. *np-paklenica.hr*

Spring Break, Zrće: Kroatiens Partystrand Nr. 1 feiert, mit Open-Air-Events und Partyschiffen. *zrce.eu*

Juni

Plitvice Marathon: Ob ganz, halb oder nur 10 km, dieses Lauf-Event im grünen Ambiente der Plitwitzer Seen zieht internationales Publikum an.

Triathlon, Insel Pag: Schwimmen, Radfahren, Laufen auf der Insel Pag, ein jährliches Highlight.

Juli

Ultra Europe Festival, Split: Elektronische Beats unterm Sternenzelt, ein Riesen-Event. *ultraeurope.com*

Filmfestival Pula: Kinoerlebnis unter freiem Himmel im römischen Amphitheater. *pulafilmfestival.hr*

Juli/August

Fischerfeste: Traditionelle Musik und Tänze sowie lokale Spezialitäten, vor allem Fisch, an Sommerwochenenden. Meist an der Uferpromenade, z. B. in Makarska. Informationen bei lokalen Tourist-Informationen oder Aushänge beachten (Ribarske večeri).

Patronatsfeste: Jedes Dorf feiert seinen Schutzheiligen auf den zentralen Plätzen, z. B. der hl. Rochus (Sveti Rok) am 16. August.

Sommerfestspiele von Dubrovnik (Dubrovačke ljetne igre): Kulturelles Freiluftspektakel mit Musik, Tanz und Schauspiel. *www.dubrovnik-festival.hr*

Sinjska alka, Sinj: Ein traditionsreiches Reitfestival im Hinterland der Küste mit Bekanntheit über die Region hinaus. *alka.hr*

Marathon von Ston: Laufen über die imposante Wehrmauer und entlang der Küste mit Ausblicken auf Salzgärten und Austernbänke. Mit Musik, Tanz und Gaumenfreuden. *ston-wall-marathon.com*

Oktober

Marunada, Lovran: Maronenfest zu Ehren der Esskastanien aus dem Učka-Gebirge mit Konzerten. Auch in Dobrec und Liganj. *visitlovran.com*

Wine & Walk by the sea, Novigrad: Eine Verbindung von Weinverkostung und Wandern, bei der man durch die Weinberge spaziert und lokale Weine genießt. *coloursofistria.com* (> Suche: wine & walk)

November

Martinje: Weinsegnung am Festtag des hl. Martin (11. November) in Weinorten wie Momjan. *coloursofistria.com* (> Suche: martinje)

Dezember

Adventsmärkte: Festlicher Hüttenzauber in vielen Städten wie Rijeka, Split, Zadar, Dubrovnik.

Feiertage

1. Jan.	Neujahrstag (Nova godina)
6. Jan.	Dreikönigstag (Sveta tri kralja)
März/April	Ostern (Uskrs)
1. Mai	Tag der Arbeit (Praznik rada)
30. Mai	Staatsfeiertag (Dan državnosti)
Mai/Juni	Fronleichnam (Tijelovo)
22. Juni	Tag des antifaschistischen Kampfes (Dan antifašističke borbe)
5. Aug.	Tag des Sieges und der heimatlichen Dankbarkeit (Dan pobjede i domovinske zahvalnosti)
15. Aug.	Mariä Himmelfahrt (Velika Gospa)
1. Nov.	Allerheiligen (Svi sveti)
18. Nov.	Gedenktag für die Opfer des Heimatkrieges und von Vukovar und Škabrnja (Dan sjećanja na žrtve Domovinskog rata i Dan sjećanja na žrtve Vukovara i Škabrnje)
25./26. Dez.	Weihnachten (Božić)

Sinjska alka: Im Galopp wird ein hängender Metallring mit der Lanze aufgespießt

LIFEHACKS FÜR DEN URLAUB

Erinnerungsstütze

Kennst du sie auch, die panische Frage, kaum hast du dich Richtung Urlaub in Bewegung gesetzt: Habe ich auch wirklich die Wohnungstür abgeschlossen? Versuch es beim nächsten Mal mit einer ungewöhnlichen Aktion: Spring beim Abschließen hoch in die Luft, mach eine tiefe Kniebeuge oder sage dir laut vor: Jawohl, ich habe abgeschlossen. Daran erinnerst du dich dann bestimmt und der Urlaub beginnt mit einem breiten Grinsen im Gesicht.

Erst mal einen Überblick verschaffen

Erster Tag auf unbekanntem Terrain? Bevor du dich voller Elan in Erlebnisse stürzt, such dir einen großartigen Aussichtspunkt und genieße es, dir einen Überblick über Lage und Ausdehnung der Stadt oder Region zu verschaffen. Das gibt ein tolles Bild für den ersten Social-Media-Post, und danach wirst du dich mit gestähltem Orientierungssinn bewegen.

Handy nachladen im Flug(s)modus

Ja, wir kennen das alle: Die Batterie des Smartphones neigt sich gefährlich dem einstelligen Prozentbereich zu, viel Zeit zum Aufladen bleibt nicht. Bewährter Tipp: Der Akku lädt um ein Vielfaches schneller, wenn du dein Smartphone währenddessen in den Flugmodus versetzt. Und weil die Batterie unterwegs viel schneller schwächelt, steck eine Powerbank ein.

Übergepäck? Nur für Anfänger!

Durch geschicktes Minimieren der Farbpalette deiner Kleidung brauchst du weniger Einzelteile und kannst besser kombinieren. Achte auch bei Schmuck und Schuhen darauf, dass du sie mehrfach einsetzen kannst.

Koffer packen für Könner

Um nicht mit einem Haufen zerknitterter Wäsche am Urlaubsort anzukommen, beachte die Grundregel: Schweres gehört nach unten, d. h. an die Seite des Gepäcks, die während des Transports in Richtung Boden zeigt. Zu den schweren Gegenständen zählen Waschbeutel und Schuhe. Außerdem wichtig: Je kompakter alles im Koffer verstaut wurde, desto weniger kann verrutschen.

Kleidung klein und faltenfrei

Spart Platz im Koffer und minimiert Falten: Shirts und Pullis falten und rollen. Bei Jacken die Ärmel nach innen falten, dann die Jacke mittig zusammenlegen. Voluminöses in Zip-Beutel stecken und die Luft vor dem Verschließen herausdrücken. Unterwäsche kann auch gerollt werden.

Schutz für Handy & Co.

Technische Geräte mögen weder Sand noch Wasser. Am Strand oder bei der Bootstour sind Handy und Co. in einem kleinen Plastikbeutel mit Zip-Verschluss unkompliziert geschützt.

Kleidung waschen & reparieren

Mit nur wenigen Zutaten kann man unterwegs prima Wäsche waschen und auch mal Kleidungsstücke reparieren. Als Wäscheleine eignen sich 3 m normale Schnur aus dem Baumarkt. Eine Handvoll kleiner Gardinenclips ersetzt die Wäscheklammern. Fehlt das Waschmittel, tut es auch Shampoo. Mit einer Nagelbürste kann man bei der Handwäsche beste Ergebnisse erzielen. Etwas Gaffa-Tape fixiert aufgelöste Säume und ein Tröpfchen Nagellack eine Laufmasche oder einen losen Faden.

Alleskönner Klebeband

Eine Rolle Klebeband gehört in jeden Rucksack. Aber nicht irgendein Klebeband, sondern Duct- oder Panzer-Tape. Ob Riss in der Outdoor-Jacke oder im Zelt, ob gebrochene Zeltstange oder die lose Sohle am Wanderschuh: Mit dem unverwüstlichen Gewebeband meisterst du jede Reparatur an der Ausrüstung. Wenn selbst die NASA Duct-Tape im All dabeigehabt haben soll …

Reisekrankheit vermeiden

Du kennst das schon: Spätestens wenn's kurvig wird, wird dir … blümerant zumute. Schwindelgefühle und Übelkeit entstehen durch Störungen des Gleichgewichtssinns. Wehre den Anfängen: Leg Buch oder Handy weg, setz dich nach vorne oder schnapp dir das Steuer, denn wer strikt geradeaus schaut, ist kaum gefährdet. Im Bus ist der beste Platz in der vordersten Reihe, im Flugzeug solltest du versuchen, auf Höhe der Tragflächen zu sitzen, und auf dem Schiff hilft ein Gang an die frische Luft mit festem Blick auf den Horizont.

Dolmetscher in der Tasche

Reisen in einem Land, in dem man die Sprache nicht versteht, kann schwierig werden. Die kostenlose Smartphone-App Google Übersetzer (iOS und Android) macht die Verständigung leichter und ein Wörterbuch überflüssig. Man kann für den Urlaub bestimmte Sprachpakete herunterladen, damit die App auch ohne Internetzugang übersetzt. Damit spart man die Kosten für mobiles Internet, verliert aber gleichzeitig wegen der Größe der Sprachpakete viel Speicherplatz. Man kann sogar Wörter abfotografieren, um sie übersetzen zu lassen, oder sich ganze Sätze erklären und vorsprechen lassen.

Weniger ist mehr

Ach, und das Buch sollte auch noch mit. Und vielleicht noch einen Pullover, weil der eigentlich doch ganz schick ist? Brichst du zu einer Wanderung auf, dann geize mit Platz und Gewicht. Zu schweres Gepäck macht jeden Ausflug zur Tortour. Als Faustregel gilt: Was du auf dem Rücken trägst, sollte nicht mehr als 20 Prozent deines Körpergewichts betragen. Für eine Tageswanderung reichen sechs Kilo Gepäck.

Ab in die Sonne!

Was bringt die schönste Landschaft bei Dauerregen, wenn 50 km weiter die Sonne vom Himmel lacht? Hängen also wieder mal die Wolken tief, befrage das Internet nach dem Wetter, such dir den nächstgelegenen Ort heraus, wo die Sonne scheint – und fahr hin! Vielleicht entdeckst du dann sogar wundervolle Orte, die du zunächst gar nicht auf der Reiseroute hattest.

Anhang

Urbanes Rijeka: Graffiti prägen die Kružna ulica

REGISTER

*NACH ORTEN

REGISTER

*NACH AKTIVITÄTEN

Highlights

Zu Fuß

Mit dem Fahrrad

Am & im Wasser

Fun & Action

Naturgenuss

NOCH MEHR OUTDOOR-SPASS

Nach der Reise ist vor der Reise:
Hier findest du noch mehr beste Frischluftabenteuer für deinen Urlaub.

ISBN 978-3-575-01920-2

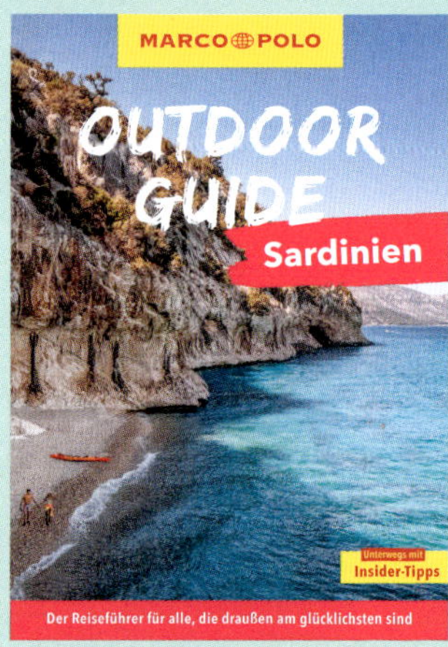

ISBN 978-3-575-01926-4

ISBN 978-3-575-01919-6

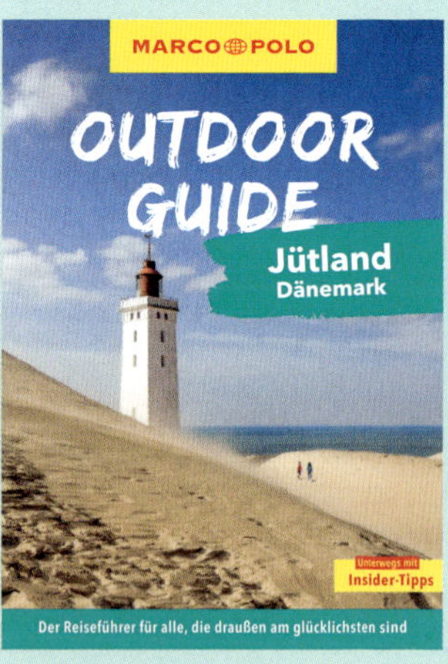

ISBN 978-3-575-01917-2

ISBN 978-3-575-01924-0

ISBN 978-3-575-01901-1

ISBN 978-3-575-01928-8

ISBN 978-3-575-01922-6

ISBN 978-3-575-01921-9

ISBN 978-3-575-01923-3

ISBN 978-3-575-01916-5

ISBN 978-3-575-01927-1

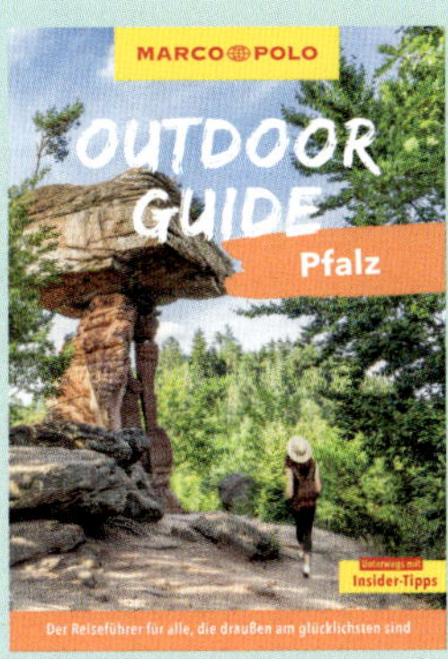

ISBN 978-3-575-01925-7

IMPRESSUM

*WER HAT WAS GEMACHT?

1. Auflage 2024

ISBN 978-3-575-01918-9

Texte: Veronika Wengert, mit Ausnahme S. 26, 207, 208 (Rucksack-Apotheke), 211, 218/219, Umschlaginnenseiten (Jens Bey, Stuttgart)
Konzept & Projektleitung: Monique Sorban
Gestaltung Umschlag & Layout: Nicola Hammel-Siebert, Tanja Schnurpfeil, Weimar & Leipzig, zebraluchs.de
Illustrationen: Nicola Hammel-Siebert (S. 13), Carolin Weidemann, Köln, weidemann-design.com (Umschlag, S. 26, 200, 203)
Lektorat und Satz: booklab, München
Korrektorat: Kirsten Skacel, Wölpinghausen, lektorat-rotstift.de

Kartografie: © 2024 KOMPASS-Karten GmbH, Karl-Kapferer-Straße 5, A-6020 Innsbruck unter Verwendung von © OpenStreetMap Contributors, osm.org/copyright
Als touristischer Verlag stellen wir bei den Karten nur den De-facto-Stand dar. Dieser kann von der völkerrechtlichen Lage abweichen und ist völlig wertungsfrei.

Printed in Poland

FSC www.fsc.org MIX Papier | Fördert gute Waldnutzung FSC® C018236

Lob oder Kritik? Wir freuen uns auf deine Nachricht! Trotz gründlicher Recherche schleichen sich manchmal Fehler ein. Wir hoffen, du hast Verständnis, dass der Verlag dafür keine Haftung übernehmen kann.
MARCO POLO Redaktion, MAIRDUMONT, Postfach 3151, 73751 Ostfildern, info@marcopolo.de

Plitwitzer Seen: Der angestaute Fluss Korana ergießt sich in traumhafte Wasserlandschaften

Titelbild: Brela an der Makarska Riviera (Mauritius Images: Fabian Krause/EyeEm)
Motive Umschlagrückseite: Goldenes Horn (Zlatni rat), Insel Brac (l.), Blick von der Festung auf Strand und Altstadt von Omiš (r.)

Fotos: Arhiv cable-pag.com (125 l.); Bike Park Rabac: Ulf Beckmann (59 l.); Bistro Mornar, Milica Urban (101 o.); Blue Nautica (151 r.); Boris Baran/Colors of Istria (40); Bozidar Vukicevic/CROPIX (29 M., 151 l.); DuMont Bildarchiv: Frank Heuer (Umschlagrückseite l., 1 o., 4/5, 6, 10/11, 12, 14, 15, 17 o., 19, 20, 24, 25 l., 27, 28/29, 64 l., 70/71, 74, 77, 90 r., 91, 112, 146, 147, 196, 197 u., 204, 205 l., 209 r., 209 l., 210, 220/221, 228, 230), Hans Madej (9); Gerit Schulze (98 r.); Gloriana Ševerdija (113, 117 o.); Hercegovina bike: Toni Zorić (184); Igor Brautović (185); Kojan Koral (190 r.); Mauritius Images: anna.q/Alamy Stock Photos (46), imageBROKER (144), John Warburton-Lee/Sabine Lubenow (186), Jumping Rocks/Alamy Stock Photos (138); Nationalpark Brijuni: NuNu production (55 l.); Nationalpark Krka (102/103, 128 r.); Nationalpark Paklenica: Ivan Čorić (110, 111); Neven Jurjak AKA Merlo De Graia/Colors of Istria (41); Pula Outdoor (57); Sebastian Schneider (1 u., 88 r., 96 r., 231); Shutterstock.com: Ajan Alen (191 r.), Ajdin Kamber (17 l. M. u.), Andrea Cimini (28 u.), Andrzej Lisowski Travel (96 l.), Anna Lurye (188), aquapix (55 r.), Barbara Vallance (18 M. r.), Bildagentur Zoonar GmbH (18 r. u.), Christopher Moswitzer (76), Cocosss (68), Creative Travel Projects (90 l.), csp (154), Danita Delimont (133 o.), David Jaros (101 u.), Dawid K Photography (8), Den Rozhnovsky (29 o.), denis1402 (99), Diana Taliun (18 l. M. u.), djakon (81), Donnebryant (174), Elisabetta Danielli (53 r., 116, 117 u.), Fabian Junge (128 l.), feelthedrone (127 r.), Fh Photo (197 o.), Fineart1 (43), Flower_Garden (18 l. u.), flyingv3 (17 l. M. o.), Flyoften (28 o.), fokke baarssen (51), Gaspar Janos (67), Giuseppe Piazzese (187 r.), goran_safarek (54, 123, 153 r., 181 r., 194), Hieronymus (213), IJPhoto (18 l. M. o.), Ilija Ascic (36/37, 108), InFocus.ee (29 u.), Irina Wilhauk (134/135), Isabella Pfenninger (119 r.), Ivan Nemet (229), Ivica9 (62 r., 63 l., 89 li.), Jakub Curik (114), Jakub Maculewicz (16), jaroslava V (42), javarman (163 o.), Jef Wodniack (109), Jelena990 (163 u.), Joachim Bago (150), Julia Lav (87 r.), Kutasi Xenia (124 r.), LianeM (149), LucileB (86), Maciej Czekajewski (156 l.), mairu10 (157), MariaMaslova (158), Mario Krpan (61 l., 78), Marrilena (212), Martina Strihova (156 r.), Matej Kastelic (93 r.), melei5 (69 u., 162), mislaw (30), moreimages (48), ninopavisic (106, 159 r.), Oakland Images (28 M.), OkFoto (178), OPIS Zagreb (31), Pack-Shot (206), Pajor Pawel (139), Passion Travel Fruit (148), photoJS (22), photomaster (17 r. M. o.), PhotosOfTheWorld (92 r.), Pointers production (132),

Die leuchtenden Kräne der Uljanik-Werft in Pula

Przemek Iciak (119 l.), Rene Walter (50, 58), rkl_foto (88 l.), Robert Kuzmic (79), SchnepfDesign (164/165), Serenity-H (Umschlagrückseite r., 142, 143), Sergiy Vovk (153 l.), SmilingHotei (65), Stefano Da Mommio (133 u.), Stjepan Tafra (160, 161, 195, 205 r.), Summit Art Creations (25 r.), Susy Baels (60), Tatiana Diuvbanova (189 r., 198/199), TBarb (17 r. M. u.), Tomas Marek (155), trabantos (80, 179, 193), Viliam.M (124 l.), Vladimir Korostyshevskiy (32), xbrchx (85, 93 l., 97, 100, 121, 129, 131, 159 l., 192 l., 232), zaferkizilkaya (17 r. u.), Zaruba Ondrej (125 r.), zhukovvvlad (7); Speleo adventure - Pazinska jama: Julien Duval (64 r.); Tourismusverband Cavtat (176, 177); Tourismusverband Dobrinj: Luka Tabako/TZO Dobrinj (92 l.); Tourismusverband Dubrovnik (173, IB (187 l.); Tourismusverband Dugi otok: Boris Kacan (126, 127 l.); Tourismusverband Kaštela (152 r.); Tourismusverband Lošinj: Hrvoje Sedar (94, 95 l.), Marko Vrdoljak (95 r.); Tourismusverband Makarska (141, Matko Begovic Photography (140); Tourismusverband Novi Vinodolski (98 l.); Tourismusverband Orebić (183 r., 183 l.); Tourismusverband Ston (170, 171, 182); Tourismusverband Vodice: Andrija Carli (130); Tourismusverband Zadar: Fabio Šimičev (122 l.); Tourist Board of Split (152 l.); Touristinformation Rab: petar lupic (84); Tunaholic Fish Bar: Ana Knežević (69 o.); Veronika Wengert (18 o., 44, 45, 47 u., 47 o., 49, 52, 53 l., 56 r., 56. l., 59 r., 61 r., 62 l., 63 r., 66 r., 66 l., 75, 82, 83 o., 83 u., 87 l., 89 r., 107, 115, 118, 120 l., 120 r., 122 r., 145, 168, 169, 172, 175, 180, 181 l., 189 l., 190 l., 191 l., 192 r., 201, 202); Wikimedia Commons: CC BY-SA 3.0/Dapaan (17 l. u.)

Die Festung Trsat gilt als der schönste Platz für den Sonnenuntergang in Rijeka

Ob zu Fuß, mit dem Fahrrad, im Klettergurt oder auf dem SUP – auf über 150 Ausflügen und Abenteuern war Veronika Wengert für den OUTDOOR GUIDE unterwegs. Was war besonders, was bleibt noch zu sagen?

5 FRAGEN AN VERONIKA WENGERT

1 Was ist deine Lieblingsaktivität und bei welcher Tour im Buch hattest du am meisten Spaß?

Ich gehöre zum Team Sonnen, Baden und Wandern. Meine Glücksmomente finde ich an zerklüfteten Küsten und Gipfeln mit Meerblick, etwa im Učka- oder Velebit-Gebirge. Der Gorski kotar ist meine grüne Sommeroase. Nie langweilig wird eine Radtour am Kap Kamenjak, inklusive Stopp in der kultigen Safari Bar.

2 Was darf in deiner Ausrüstung nicht fehlen?

Meine Kamera oder mein Urban-Sketching-Block! Egal ob ich die Orte, die ich besuche, durch die Linse einfange oder per Buntstift skizziere (ich übe noch!), ich bin ein visueller Typ und so bleibt mir alles besser im Gedächtnis.

3 Deine Film- und Lesetipps aus Kroatien?

Für Filmfans empfehle ich „Marschall Titos Geist", eine skurrile Komödie über das überraschende Auftauchen des früheren jugoslawischen Staatschefs Tito bei der Beerdigung eines alten Kommunisten. Musikalisch schwöre ich auf Oliver Dragojevićs dalmatinische Chansons – das ist purer Herzblut-Sound! Besonders lesenswert finde ich Slavenka Drakulić.

4 Was war dein verrücktestes Erlebnis, das dir in guter Erinnerung geblieben ist?

Im Neretva-Delta habe ich bei der Recherche im Oktober überall Mandarinen geschenkt bekommen. Teilweise durfte ich die Früchte selbst vom Baum pflücken. Bald hatte ich einen ganzen Berg Mandarinen im Mietwagen und habe jede einzelne davon genossen!

5 Wohin gehst du an der kroatischen Küste am liebsten mit deinem Besuch?

Rijeka! Die Stadt pulsiert, ohne zu erdrücken. Hier genieße ich die Fischlokale, den Hafen und die entspannte Art der Locals. Und der Direkt-Nachtzug ist für mich purer Luxus, damit komme ich nämlich ohne Umsteigen von Bayern direkt ans Meer!

BLOSS NICHT!

*FETTNÄPFCHENFREI IM URLAUB

Vorsichtig mit Kippen

Im Sommer gibt es immer wieder großflächige Waldbrände. Also Zigarettenstummel richtig entsorgen, nie aus dem Autofenster werfen und offenes Feuer im Freien vermeiden.

Die Launen der Bora

Bevor du losziehst, check bitte den Wetterbericht! Die Winde Bora oder Jugo können ungemütlich werden. Nicht selten muss die Küstenwache Unbedarfte, die dann noch auf dem Wasser unterwegs sind, vor plötzlichen Stürmen retten.

Aus dem Weg, hier komm' ich! – oder doch nicht?

Du willst mitten im August oder genau dann, wenn die Kreuzfahrtschiffe anlegen, Dubrovnik erkunden? Mutig. Aber vielleicht überlegst du dir das noch mal. Denn zur Hochsaison platzt die Stadt aus allen Nähten. Das Gleiche gilt für die Autobahn-Anreise ans Meer an einem „Bettenwechsel-Samstag", also wenn alle unterwegs sind. Ähnlich ist es beim Warten auf die Fähre, etwa in Split. Der 5. und 15. August sind Feiertage in Kroatien. Dann ist gefühlt das ganze Land am Meer.

Getrennt bezahlen

Eine simple Rechenregel solltest du dir in Kroatien merken: Zwei gehen ins Café, aber immer nur einer bezahlt! Ist die Rechnung höher, etwa bei mehreren Leuten, legt jeder großzügig einen Geldschein auf den Tisch.

Blindlings ins Wasser

Dalmatiens Traumstrände haben einen stachligen Haken: Das glasklare Wasser zieht nicht nur Urlaubsgäste an. Seeigel lieben sauberes Wasser, doch ihre Stacheln tun höllisch weh. An besonders spitzsteinigen und seeigeligen Plätzchen retten Badeschuhe das Planschvergnügen.

Wildcampen? Lieber nicht!

Die Freiheit auf vier Rädern ist verlockend, aber Vorsicht: Wildcampen ist in Kroatien verboten, auch im WoMo auf einem Parkplatz entlang der Adriamagistrale. Frühmorgens sind oft Polizeistreifen unterwegs, die Bußgelder verteilen. Wer sorglos in den Tag starten möchte, sollte einen der offiziellen Campingplätze ansteuern. So bleibt die Urlaubskasse geschont und das Aufwachen ist entspannter. Das gilt auch für Nationalparks: Auf Mljet etwa ist ein Ranger unterwegs, der wild Campende aufspürt.

Wildcampen? Nicht so der Hit in Kroatien. Campingplätze gibt es genug, etwa in Stara Baška auf Krk